民國文化與文學^{研究文叢}

三 編

李 怡 主編

第 2 冊

雅俗之爭：新文學與鴛鴦蝴蝶派的場域占位鬥爭考察（1896～1949）

余 夏 雲 著

國家圖書館出版品預行編目資料

雅俗之爭：新文學與鴛鴦蝴蝶派的場域占位鬥爭考察（1896
～1949）／余夏雲著 -- 初版 -- 新北市：花木蘭文化出版社，
2014〔民103〕
序2+ 目2+214 面；19×26 公分
（民國文化與文學研究文叢 三編：第1冊）
ISBN：978-986-322-774-8（精裝）
1. 中國當代文學　2. 鴛鴦蝴蝶派　3. 文學評論
541.26208　　　　　　　　　　　　　　　　103012740

特邀編委（以姓氏筆畫為序）：

ISBN-978-986-322-774-8

民國文化與文學研究文叢
三 編　第 二 冊　　　　　ISBN：978-986-322-774-8

雅俗之爭：新文學與鴛鴦蝴蝶派 的場域占位鬥爭考察（1896 ～ 1949）

作　　者	余夏雲
主　　編	李怡
企　　劃	四川大學現代中國文化與文學研究中心
	民國文學與海外漢學研究中心（籌）
	北京師範大學民國歷史文化與文學研究中心
總 編 輯	杜潔祥
副總編輯	楊嘉樂
編　　輯	許郁翎
出　　版	花木蘭文化出版社
社　　長	高小娟
聯絡地址	235 新北市中和區中安街七二號十三樓
	電話：02-2923-1455／傳真：02-2923-1452
網　　址	http://www.huamulan.tw 信箱 hml810518@gmail.com
印　　刷	普羅文化出版廣告事業
初　　版	2014 年 9 月
定　　價	三編 20 冊（精裝）新台幣 35,000 元

雅俗之爭：新文學與鴛鴦蝴蝶派的場域占位鬥爭考察（1896～1949）

余夏雲　著

作者簡介

余夏雲，男，1982 年生，浙江蘭溪人。西南交通大學文學學士（2005）、碩士（2008），蘇州大學文學博士（2012），復旦大學中文系博士後（2014），現爲西南交通大學藝術與傳播學院副教授。曾先後在《中國現代文學研究叢刊》、《文藝理論研究》、《中國比較文學》等核心期刊發表論文多篇。主要研究興趣涉及清末民初的小說製作與文化生產、海外的中國現代文學研究現狀及反思。

提　　要

　　既往的文學史書寫，因受制於特定的意識觀念，常常展開將「新文學」定於一尊的單軸敘述，本書寄希望於在「現代文學發生論」的意義上，重新省思清末以來持續不已的通俗文學實踐，特別考察它與「新文學」長達十數年的「場域」之爭，明瞭今日所謂的「雅俗高卑」定位，乃有一個複雜的歷史化進程。在這個進程裏，論辯雙方儘管表面上水火不容，不時動用各種象徵資本、文化資源以爲自用、打擊敵手，但是，兩者亦存在互通聲氣的一面，有著相互融通的表現。在此，所謂「雅俗」、「新舊」不再是鐵板一塊，雙方的互動互通，塑造了一個時代，同時，也爲其時代所塑造，在在見證了現代文學理念緣起的多重景致。

「民國熱」與民國文學研究
——第三輯引言

李　怡

　　經過多學界多年的倡導和努力，「民國文學」的概念在越來越大的範圍內獲得了人們的理解和接受，從民國歷史文化的角度闡述文學現象也正在成為重新定位「現代文學」的重要思路，從某種意義上看，這可以說是近年來中國文學研究的一大動向。當然，面對我們業已熟悉的一套概念、思路和批評方式，「民國文學」的價值、意義和研究方式也依然需要更多的學者共同參與，並貢獻自己的創造性思想，在更獨特更具規模的「民國文學史」問世之前，種種的疑問是不可避免的。其中之一，就是困惑於社會上越來越強烈的「民國熱」：在不無喧鬧、魚龍混雜的「民國消費」的浪潮中，所謂的「民國文學研究」又意味著什麼？它根源於何方？試圖通往何處？如何才能將流俗的迷亂與學術的理性劃分開來？

　　在這個意義上，釐清當前中國社會的「民國熱」與學術研究的「民國文學」思潮之相互關係，也就成了一件極有必要的事情。

作為當代大眾文化的民國熱

　　民國熱，這個概念的所指本身並不明確：一種思想潮流？一種社會時尚？一種消費傾向？我們只能先這樣描述，就目前一般報章雜誌的議論而言，主要還是指由媒體與出版界渲染之後，又部分轉入社會時尚追求與大眾想像的「趣味的熱潮」。

　　在一個相當長的時期內，「民國」這一概念通常被另外一個色彩鮮明的詞語代替：舊中國，它指涉的就是那一段早已經葬身歷史墳墓的「軍閥當道，

萬馬齊喑，民不聊生」的時代，因早已結束而記憶發黃，因過於黑暗而不願詳述。而所謂的「民國熱」就是對這些固化概念的反動，重新生發出瞭解、談論這段歷史的欲望，並且還不是一般的興趣，簡直引發了全社會範圍內的廣泛而強烈的熱潮。據說，當代中國的「民國熱」要追溯到 2005 年。餘世存的《非常道》、美籍華人學者唐德剛的《袁氏當國》、張鳴的《歷史的壞脾氣》相繼出版，一反過去人們對「民國」的刻板印象，種種新鮮的歷史細節和「同情之理解」，喚起了中國人對原本早已塵封的這段「舊中國」歷史的新的興味。接下來的幾年中，陶菊隱、傅國湧、何兆武、楊天石、智效民、邵建、李輝、孫郁等「民國見證人」與「民國史學者」不斷推出各種鮮活的「民國話題」，使得我們在不斷「驚豔」的發現中似乎觸摸到了「真實」的歷史脈搏，而且，這些關於民國往事、民國人物的敘述又不時刺激到了我們當今生活的某些負面，今昔對比，但不再是過去那種模式化的「憶苦思甜」，在不少的時候，效果可能恰恰相反，民國的細節令人欣羨，反襯出今天的某種不足，這裡顯然不無記憶者的美化性刪選，也難免闡釋者的想像與完善，但對於廣大的社會讀者而言，嚴謹考辨並不是他們的任務，只要這些講述能夠填補我們的某種欠缺，滿足他們的某些精神需要，一切就已經夠了。「民國熱」在「辛亥百年」的紀念中達到高峰，如今，在大陸中國的稍具規模的書店裏，我們都能夠看到成套、成架、成壁的民國專題圖書，圖書之外的則是更多的報刊文章、電視節目，甚至服飾的民國懷舊潮流，大陸中國的民國熱還在一定程度上波及到了海峽對岸，在臺灣的圖書與電視中，也不時晃動著「民國記憶」的身影，只是，對於一個自稱「民國進行時」所在，也會同我們一起講述「過去的民國」，多少令人覺得詫異，它本身似乎也生動地提醒我們：民國熱，主要還真是一種大眾趣味的流變，而非知識精英的文化主題，儘管我們的知識界在其中推波助瀾。〔註1〕

作為當代大眾文化體現的「民國熱」是由知識分子津津樂道的「民國掌故」喚起興味的，正是借助於這些「恍如隔世」的故事，人們逐漸看到了一個與我們熟悉的生活格局迥然有別的時代和社會，以及生活於其中的個性色彩鮮明的歷史人物，出於某種可以理解的現實補償心理，人們不免在這一歷史意象中寄予了大量的想像，又逐漸將重塑的歷史意象召喚進現實，成為某

〔註1〕參看周為筠：《「民國熱」之下的微言大義》，載《南方都市報》，2008 年 1 月 20 日。

種時尚趣味的符號,如在一些婚紗藝術照與大學畢業紀念照中流行「民國服飾」。應當說,作為這一社會趣味的推動力量,一些知識分子的「關於民國」的寫作發揮了明顯的作用,但是,作為流行的社會趣味本身的「民國熱」卻還不能是一種自覺的時代思潮,而只是知識分子的個人的某種精神訴求與社會情緒的並不嚴密的合流,一方面,知識界對這些「民國文化」的提取和發掘尚未進入系統的有序的理性層面,本身就帶有明顯的趣味化和情緒性色彩,包括目前流行甚廣的所謂「民國范兒」,這個本來是一個值得深入探討的精神現象,但是到目前為止,依然主要流於種種極不嚴格的感性描述與文學比喻,而且據說提出者本人也還試圖放棄其概念發明權。〔註2〕

大眾文化,不管我們今天對它的評價究竟如何,都應該看到,這是一種與通常所說的由知識分子自覺建構的並努力納入到精英文化傳統的追求所不一樣的「文化」,它更多地與人們的日常生活方式及生活趣味緊密聯繫,是指普通大眾基於日常生活的需要而生成的種種精神性追求和傾向,它與精英知識分子出於國家民族意識、歷史使命或文化獨創性目標而刻意生產的成果有所不同。當然,作為個體的知識分子既致力於精英文化的建構,又同時置身於大眾生活的氛圍之中,所以嚴格地講,他同樣也擁有大眾文化的趣味和邏輯,受到日常生活文化的影響,也自覺不自覺地影響著以日常生活為基礎的大眾文化。

從精英知識分子的邏輯出發,我們不難發現大眾文化的若干消極面,諸如與媒體炒作對真正的個性的誤導甚至覆蓋,工業化生產的趣味同質化,五彩繽紛背後隱含的商業利益,對世俗時尚缺乏真正的批判和反思,甚至對國家意識形態的某種粉飾和媾和等等,當年的法蘭克福學派就因此對資本主義的大眾文化大加鞭撻。的確,源於日常生活需要的物質性、享受性與變異性等特點使得大眾文化往往呈現出許多自我矛盾的形態,這裡就有法蘭克福學派所痛心疾首的「商品性」、「同質化」、「工業生產式的批量化」、「傀儡化」、解構主體意識等消極面,如霍克海默和阿多洛在《啓蒙辯證法》中指出的那樣:「文化工業的產品到處都被使用,甚至在娛樂消遣的狀況下,也會被靈活地消費。」〔註3〕「文化工業反映了商品拜物教的強化、交換價值的統治和國

〔註2〕 舒非:《「民國熱」》,見 2012 年 8 月 10 日「大公網」,http://www.takungpao.com/fk/content/2012-08/10/content_913084.htm。

〔註3〕 霍克海默、阿多諾:《啓蒙辯證法》,洪佩郁、藺月峰譯,重慶:重慶出版社,1990 年版,第 118 頁。

家壟斷資本主義的優勢。它塑造了大眾的鑒賞力和偏好，由此通過反覆灌輸對於各種虛假需求的欲望而塑造了他們的幻覺。因此，它所起的作用是：排斥現實需求或真實需求，排斥可選擇的和激進的概念或理論，排斥政治上對立的思維方式和行動方式。」〔註4〕

所以，我們今天也不難發現大眾「民國熱」中的一些為消費主義牽引的例證。例如今天的「民國熱」也開始透露出不少獵奇和窺隱的俗套，諸如《民國公子》、《民國黑社會》、《民國八大胡同》一類黑幕消費、狹邪消費同樣開始流行一時，走上被法蘭克福學派抨擊的文化解構、文化異化的萎靡之路。

作為學術史演進的「民國文學研究」

上述大眾之熱，在最近一些年給人留下了深刻的印象（有人稱之為「愈演愈烈」），所以當「民國文學研究」的呼聲出現，便自然引起了不少的聯想：這是不是「民國熱」的組成部分呢？又會不會落入獵奇窺隱的窠臼呢？

在我看來，「民國熱」與「民國文學研究」的出現，其最大的相關性可能就在時間上。拋開臺灣學界基於意識形態原因而書寫「中華民國文藝史」不算，中國大陸最早的「民國文學」設想出現在 1990 年代末（陳福康），最早的理論倡導出現在 2000 年代早期（張福貴），但形成有聲有勢的多方位研究則還是在 2000 年代後期（張中良、丁帆、湯溢澤、李怡及「西川論壇」研究群體），這一逐漸成熟的時間剛好與所謂的「民國熱」相重疊，所以難免會給令人從中尋覓關聯。不過，值得我們注意的是，在前述大眾趣味的民國熱之外，其實還有另外一條線索被我們忽略了，這就是學術界對中國近現代歷史的考察和追問方式。

20 世紀初，劍橋史書已經成為英語世界的多卷本叢書典範，《劍橋中國史》從 1966 年開始規劃，迄今已經完成 16 卷，它對歷史的劃分很自然地採用了朝代與政治形態的變化加以命名，至我們所謂的現代與當代分別編寫了《中華民國史》與《中華人民共和國史》各兩大卷，在這裡，「民國」歷史的梳理和描述已經成為國際學界的正常工作，絲毫不涉及流行趣味的興起問題。

在大陸中國，雖然因為政治原因，「民國」一詞一度包含了某種政治禁

〔註4〕斯道雷：《文化理論與通俗文化理論導讀》，楊竹山譯，南京：南京大學出版社，2001 年版，第 71 頁。

忌，需要謹慎使用，但總體來看，除了「文化大革命」這樣的極端的文化專制時期之外，對「民國史」的關注和研究一直獲得了國家層面的包容甚至支持。《中華民國史》的編修工作可以追溯到半個世紀以前，早於《劍橋中國史》的編寫計劃。1956 年，在「向科學進軍」及「百花齊放、百家爭鳴」的熱潮中，國家科學發展十二年規劃中就已經列入了「民國史」的研究計劃。1961 年是辛亥革命 50 週年紀念，作為辛亥革命親歷者的董必武、吳玉章等人又提議開展民國史研究。1971 年全國出版工作會議期間，周恩來總理親自指示，將編纂民國史列入國家出版規劃，具體交由中國科學院哲學社會科學學部（今中國社會科學院）近代史研究所負責組織實施，由著名史學家李新先生負責統籌。由於「文革」的環境所限，編寫工作真正開始於 1977 年，但作為項目卻始終存在。作為民國史研究系列之一，《民國人物傳》第一卷於 1978 年出版，1981 年，《中華民國史》第一卷上下兩冊亦由中華書局正式出版，至 2011 辛亥革命一百週年前夕，全套《中華民國史》共 36 卷全部出齊，被稱為是中國出版界在近年來的一件大事。有趣的是，《中華民國史》第一卷在當年問世之後，遭到了臺灣學界的激烈批評，被認為是政治色彩濃厚、評價偏頗的「官史」，當時大陸方面特意回應，辯解說我們的民國史研究不是政治行為，是完全的學術行為。雖然這辯解未必完全道出了我們學術制度的現實，但是從那時起，「民國史」的研究至少在形式上已經成為學術而不是政治的一部分，卻是值得肯定的事實。到今天，史學界內部的民國史研究已經成為中國學術重要的方向，中華民國史研究被確立為中國社會科學院重點學科也已經十多年了；致力於「民國史」研究的自然也不只中國社會科學院一家，如南京大學、復旦大學、北京師範大學、中國人民大學等諸多學術機構都在這方面投入甚多，且頗有成就，就是一部《中華民國史》今天也不僅有中國社會科學院牽頭版，也另有南京大學版（南京大學出版社，2005 年，張憲文主編）、中國現代史學會版（四川人民出版社，2006 年）等，2000 年 9 月，南京大學中華民國史研究中心被批准為教育部普通高等學校人文社會科學重點研究基地，多年來，他們通過編輯出版《民國研究》、承擔國家重點科研項目、連續舉辦中華民國史國際學術研討會、不斷推出大型研究叢書等方式穩健地推動著民國史的研究。

這一「民國史」的學術努力試圖突破當代「以論代史」之弊、還原歷史真實，承襲的是實事求是的中國學術傳統，與當下社會文化的時尚毫無關

係。

民國文學研究的出現和發展同樣是歷史學界實事求是追求的一種有力回應。

同整個歷史學界一樣，中國文學史研究也一度成為「以論代史」的重災區，甚至作為學科核心概念的「現代」一詞也首先來自於政治思想領域，與中國文學發生發展的事實本身沒有關係，以致到了 1980 年代，我們的文學博士還滿懷疑惑地向學科泰斗請教「何謂現代」。1990 年代的「現代性」知識話語讓中國文學研究在概念上「與國際接軌」了，但同樣沒有解決「以中國術語表述中國問題」的困惑，凡此種種，好像都在一再證實「論」的重要性，於是，「以論帶史」的痕迹依舊存在。

如何回到中國歷史自己的現實，如何在充分把握這些歷史細節的基礎上梳理和說明我們文學的發展，我們需要走的路還很長很長。

「民國文學」概念的重新提出，其實就是創造了一種可能：我們能不能通過回到自己的國家歷史情態之中，就以這些歷史情態為基礎、為名詞來梳理文學現象——不是什麼爭議不休的「現代」，也不是過於感性的「新文學」，就是發生在「民國」這一特定歷史語境中的精神現象和藝術追求，一切與我們自己相關，一切與生存於「民國」社會的我們相關。

就是這樣，本著實事求是的治史傳統，我們可以盡可能樸素地返回歷史的現場，勘探和發掘豐富而複雜的文學現象。實事求是，這本來是當年「民國史」負責人李新先生的願望，他試圖倡導人們從最基礎的原始材料做起，清理和發現「民國」到底有哪些值得注意的史實，這樣的願望雖然在「文革」的當時並不能實現，但卻昭示了一代民國史學人的寶貴的學術理想。今天，文學史研究也正在經歷一場重要的轉型，這就是從空洞的理論焦慮中自我解放，重新返回歷史，在學術的「歷史化」進程中鳳凰涅槃，迎來自己新的生命。

只有在這樣的學術脈絡中，我們才有可能洞悉「民國文學」研究的真諦，也才可能將真正學術的自覺與大眾文化的潮流區分開來，為將來的文學史研究開闢嶄新的道路。

社會的時尚是短暫的，而文學史研究的發展卻有它深遠的思想淵源。

大眾的文化是躁動的，而我們需要的學術卻是冷靜的、理性的。

當下的潮流總是變動不居的，除了「民國」之熱，照樣還有「啓蒙」的

熱，「黨史」的熱，「國學」的熱……不是每一樁的「時髦」都可以牽動學術思想的重大演變，儘管它們可以在某種程度上相遇，也可以發生某種的對話。

　　一切都是如此的不同，一切本來也就是根本不同。

熱中之冷與冷中之熱

　　我如此強調文學史學術的冷靜與理性，與鼓譟一時的社會潮流區別開來，這當然並不意味著我們的工作是封閉於社會，不食人間煙火的學院活動，當代學術向著「歷史化」的方向轉型，這並不意味著學術從此與主體感受無關，與社會關懷無關，從根本上看，這是一種對於研究主體與歷史客體雙向關係的全新的調適，我們必須最充分地尊重未經干擾的事實本身，同時也要善於從歷史事實的豐富中把握我們感受的眞實性，在過去的歷史敘述中，我們對此經驗欠缺，希望「民國文學史」研究能夠讓我們重新開始。

　　這也就是說，雖然我在根本上強調了學術邏輯與時尚邏輯的不同，但是，我也無意拒絕從社會的普遍感受中獲得關於「歷史價值」的追問和思考，包括對大眾文化內在意義的尊重和關注。法蘭克福學派曾經激烈地抨擊了大眾文化的諸多弊端，不過，這不能掩蓋另外一些學者如英國的文化研究（如費斯克的學說）從相反的角度所展開的正面的發掘與肯定，這指的是對大眾文化追求中積極的建構性意義的褒揚。如費斯克所欣賞的反抗性、自由選擇性，正所謂「身體的快感所進行的抵抗是一種拒絕式的抵抗，是對社會控制的拒絕。它的政治效果在於維持著一種社會認同。它也是能量和強有力的場所：即這種拒絕提供強烈的快感，並因而提供一種全面的逃避，這種逃避使身體快感的出現令上層覺得驚慌，卻使下層人民感到了解放。」[註5] 中國的大眾文化是在結束文革專制、社會改革開放的過程中發展壯大的，這樣的過程本身就與法蘭克福學派所警惕的成熟的資本主義文化不盡相同，它在問題重重的同時依然帶有抵抗現實秩序的某些功能，因此值得我們認眞對待。即以我們目前看到的「民國熱」爲例，一方面其中肯定充斥了消費主義的萎靡之態與嘩眾取寵的不負責任，但是，在另外一方面，我們卻也應該承認，帶動了「民國熱」的許多講述者本身也是民國史的研究者和關注人，他們兼具知識

────────────

〔註5〕 費斯克：《理解大眾文化》，王曉珏、宋偉強譯，北京：中央編譯出版社，2001
　　　　年版，第 64 頁。

基礎與人文關懷，即使是對「民國」的浪漫化的想像也部分地指向了某種對理想信念的緬懷——教育理念、文化氛圍、人格風骨等等——顯然不都是歷史的事實，但是提出問題本身卻無不鑒古知今，繼續變革中國、造福民族的意味，這卻不是無的放矢的。這樣的大眾文化包含了某些值得深思的精神訴求，在信仰沉淪、物質至上、唯利是圖的時代，尤其不可為「治民國史」者所蔑視，在某些時候，其本質上胸懷民族未來的激情恰恰應該成為學術的內在動力。

當然，社會情懷的擁有並不就是學術本身。學術自有自己的理念和法則，作為學者，我們思考的不是改變這些法則去遷就大眾的情趣，相反，是更好地尊重和完善法則，讓法則成為社會情懷的合理的延伸和提煉。民國文學的研究首先是學術，不是轉瞬即逝的社會潮流，與那些似是而非的「民國熱」比較，我們起碼還應該在下面幾個方面意識清晰：

第一，作為學者而不是媒體人，思想是學者的第一生命，而思想的提煉必須來自於對現實生活的有距離的觀察和判斷。我們要特別強調一種理性的認知，以代替某些煽情式文字書寫。之所以這樣強調，乃是在「學術通俗化、市場化」的今天，學術著作有時混同於媒介時代大量的「抒情讀物」中，如果單純依從大眾閱讀的快感，難免會模糊掉學者的本位，使思想讓位於抒情。

其次，作為歷史敘述的工作者，我們應該盡力還原歷史的複雜性，以區別於對歷史的想像。作為大眾文化的精神需求，其實不可能「較真」，有時候似是而非的故事更能夠調動人們的情緒，但是對於歷史工作者就不同了，它必須對每一個細節展開盡可能的考察、追問，即使充滿矛盾之處，也必須接受仔細的勘探和分析，當然，這樣的刨根問底可能會打破不少的幻夢，瓦解曾經的想像，就是「歷史見證人」的「口述實錄」也必須接受專業的質疑，未經質疑和考證的材料不能成為我們完全信賴的根據，這樣的「工作」常常枯燥而繁瑣，並不如一般大眾想像的那麼自由和愜意，但是學術的真相必須在直面這樣的事實之中，只有洞察了所有這一切的矛盾困惑，我們方能獲得更高的事實的頓悟，也只有不間斷的疑問，才能推動我們對「問題」的不斷髮現。正如有學人指出的那樣：「民國自有許多值得我們繼承、借鑒的遺產，如自由之精神，如兼容並包的大學氣度等等，但我們不應不加辨析，只選取光鮮處，一味稱歎；更無意於要在民國諸賢中分個高低上下，使孔子大戰耶

穌，魯迅 PK 胡適，只是覺得我們在關注歷史人物時，首先要研究其思想、事功，而非僅僅作爲飯後談資的八卦、段子。」〔註6〕

第三，民國文學的研究最終是爲了解釋說明文學本身的問題而不是其他。這裡的「其他」常常就是大眾豐富的需求，或者爲了各自的政治道德目標，或者爲了心理的釋放，或者就是獵奇與八卦，一切事物都可以成爲談資，一切談論的方式都無不可，超越「專業」的任性而談往往更具某種「自由」的魅力。但是，一旦眞正進入專業研究，這都是學術的大敵。民國文學研究最終是爲了深刻地解釋和說明民國時期的文學何以如此，所有「文學之外」的信息都必須納入到對「文學之內」的認定才有其必要的價值，而且這些信息的眞正性也須得我們反覆校勘、多方考辨。在「文學解釋」的方向上，關於「民國」的種種逸聞趣事本身未必都有價值，未必都值得我們津津樂道，只有能夠幫助我們重新進入文學文本的「故事」才具有學術史料的意義。

最後，也是我們必須格外重視的一點，那就是學術研究所包含的社會情懷主要是通過對社會文化環境的緩慢的影響來實現的，它並不等於就是目標單純的政治抨擊，也不同於居高臨下的道德訓誡。就民國文學研究而言，如何我們能夠在學術研究中發掘某些民國文學的發展規律，揭示某些民國作家的精神選擇，闡述某些文學文本的藝術奧妙，本身就對當前的文學生態發生默默的轉移，又經過文學的啓迪通達我們更大的當代精神，誠如斯，學術的價值也就實現了。學術研究有必要與傳統所謂的「現實隱射」嚴格區別開來，雖然我們能夠理解傳統中國的專制主義壓抑下「隱射」思維出現的理由，但是在總體上看，精神活動對社會現實的影響應當是正大光明的，而「隱射」思維卻是偏狹的和陰暗的，文學研究是排除「預設」的對歷史現象的豐富呈現，「影射」卻將思想牽引到一個特定的主觀偏執的方向之上，不僅不能眞正抵達眞相，而且還可能形成對歷史事實的扭曲和遮蔽，學術擁有更爲開闊的目標和境界，而「影射」則常常被個人的私欲所利用。和一切嚴肅的學術研究一樣，民國文學研究是在健康和積極的方向上爲中國的當代文化貢獻自己的智慧和力量。

恰恰是「民國熱」之中，我們需要一種「冷」的研究，當然，這「冷」並非冷漠，而是學術的冷靜和理性的清涼。

〔註6〕王晴飛：《冷眼「民國熱」》，《文學報》，2012 年 7 月 5 日。

序

　　長期以來，龜縮在 20 世紀中國文學史角落裏的鴛鴦蝴蝶派一直被視爲中國文學向現代轉型進程中的逆流和絆腳石。自五四新文學興起之初，鴛鴦蝴蝶派便與黑幕小說一起成爲新潮批評家和作家攻擊的對象，被批爲與文學革命潮流相對立的「封建」或「幫閒、消遣」的文學。從那以後的半個多世紀中，這一負面的形象一直儲存在主流的現代文學史著作中，被作爲與新文學對立的「民國舊派小說」加以評述。

　　上世紀 80 年代，大陸學界始有魏紹昌、範伯群等先生開始搜集鴛鴦蝴蝶派的相關資料，加以梳理和研究，試圖還其歷史面目與應有地位。其後又有陳平原、孔慶東等學者相繼跟進關注，方使得這一在現代文學初期聲名狼藉的鴛鴦蝴蝶現象逐漸以相對客觀的形象進入當代學人的視野。然而，通俗文學的定位仍然使這一流派難以眞正的登堂入室，獲得與新文學比肩的尊重。

　　新世紀以降，隨著大陸市場經濟改革的發展，繼之而起的商業化、大眾文化的浪潮影響著文學研究的選擇和走向，社會的審美趣味和學界的關注焦點發生轉移，不少學人對通俗文學、流行文化乃至傳統文人士大夫的逸樂情趣都有了不一樣的看法。批評界和文學史家也把目光投向在 20 世紀中國文學的敘事中那些曾經被遮蔽或忽略的現象和側面，都市通俗文學由此成爲研究的熱點之一。於是，關於鴛鴦蝴蝶派的現代性，以及她與新文學之間的新舊、是非和雅俗之爭也就順理成章地成爲了重新討論的話題。

　　夏雲的論文正是以上述問題爲起點的。在努力對中國社會和文化走向現代的歷程做了一番爬梳剔抉的清理之後，他試圖探究的奧秘是：鴛鴦蝴蝶派既然擁有如此繁榮的創作和如此廣泛的讀者群，爲何會被新文學所擊敗，新文學又是怎樣將鴛鴦蝴蝶派擠出歷史舞臺中心的？爲回答此問題，他運用了法國社會學家皮埃爾·布迪厄的文學社會學方法，把文學作爲社會現象加以研究。他通過大量的數據和史實，讓我們「重返現場」，瞭解在社團林立，期刊蜂起的文化高潮中，新文學如何運用主動出擊的策略，通過發動批判、攻

許和論戰，製造雅與俗、新與舊、進步與保守相互鬥爭的情勢；因而能在與鴛鴦蝴蝶派進行的場域占位的競爭中獲得先機，積累了優勢的象徵資本，最終取得了文壇的主導權。

　　夏雲的著作還從新文學陣營和鴛鴦蝴蝶派中分別選取了具有代表性的作家作品加以分析比較，以彰顯他們各具千秋的作品中所包含的不一樣現代性元素，進而讓我們看到，在鴛鴦蝴蝶派作品中所呈現的傳統趣味與現代思想的滲透與融合。由此我們可以發現，鴛鴦蝴蝶派如何在既揮灑名士才情的閒適風流，又迎合大眾的消費趣味的不經意間，讓現代性滲入現代都市的世俗生活，介入到市民的精神之維中。用作者的話來說，便是「通過『重返現場』的方式，勾畫那些被遺忘的歷史角落，豐富現有對『鴛蝴派』理解的單一化與簡單化，糾正目前普遍的『誤解』，同時反思到底何謂『現代』文學史觀？到底何謂『現代』？究竟又是什麼使得『鴛蝴派』堪稱現代，並以之與「五四」傳統所構成的現代話語相對應？又是什麼阻止我們談論『鴛湖派』的這種現代性？並最終為其尋覓一個恰當的文學歸屬。」據此，作者向我們描繪了曾經從我們視野中消失的中國現代文學的另一幅圖畫，向讀者展現了現代中國文壇的不一樣的風景。

　　不過，需要提醒讀者注意的是，我們在重新認識鴛鴦蝴蝶派的歷史地位和作用的同時，也要防止一種傾向掩蓋另一種傾向。畢竟鴛鴦蝴蝶派仍只是現代文學之一翼，她的商業化的訴求必然要求作者迎合讀者的趣味，追逐市場熱點；她對傳統審美標準和形式的堅持，對社會變革的時代潮流所保持的距離，對傳統道德的妥協都不可避免地造成了這個派別創作品質的良莠不齊，魚龍混雜的局限——粗製濫造的作品有之，重複模仿的作品有之，迎合低級趣味的作品亦不乏其例。而五四新文學所代表的社會發展潮流和文學的價值目標在當時的語境下仍然具有不可取代的思想的魅力和藝術的活力。

　　本書的獨特價值正在於它以與眾不同的視角和方法詮釋了新文學與鴛鴦蝴蝶派此消彼長的成長之路。本書是夏雲碩士階段研究所取得的成果，即已令人耳目一新；如今他已完成了博士後階段的研究，相信定會有更加令人欣喜的收穫。我們有理由期待作者更多優秀的著作面世！

徐行言記於成都斑竹苑

2014-5-25

目
次

第一章　緒　論

　　中國現代文學的肇始，因為晚清的發現，已經整整提前了近1／4個世紀。也許，當初魯迅用「譴責小說」四個字來專指晚清小說時〔註1〕，他根本無法預見此後的小說史寫作會發生如此巨大、乃至戲劇性的轉變。如果說，魯迅在上世紀20年代初期對晚清小說所下的結論，並無意要將其導向一種「感時憂國」〔註2〕和「涕淚交零」〔註3〕的流行情結的話，那麼，如今的「重寫文學史」〔註4〕就是要有意與這樣一種歷史「賦魅」的「政治不了情」作一番學術搏鬥了。

　　王德威曾借用「世界末的華麗」一詞，來指稱這個時代的「新舊雜陳、多聲複義」，並通過對狎邪豔情、俠義公案、丑怪譴責、科幻奇譚四大文類的細讀，來重新描述一種在歷史的折縫中一閃而過，但終又「被壓抑的現代性」〔註5〕。

　　「被壓抑的現代性」，試圖開啟的，乃是「五四」典範之外，那個魍魎

〔註1〕魯迅：《中國小說史略》，杭州：浙江文藝出版社，2000，第223頁。
〔註2〕夏志清：《現代中國文學感時憂國的精神》，《中國現代小說史》，劉紹銘等譯，上海：復旦大學出版社，2005，第357～371頁。
〔註3〕劉紹銘：《涕淚交零的現代中國文學》，臺北：遠景出版社，1979，第1～8頁。
〔註4〕「重寫文學史」的概念，是由陳思和與王曉明兩位學者提出來的。從1988年9月開始在《上海文論》開闢專欄，每期約兩三篇文章，對一些重要作家、作品或文學思潮、現象作出重新分析評審，至1989年11月被迫停止。參見陳思和：《關於「重寫文學史」》，《筆走龍蛇》，濟南：山東友誼出版社，1997，第106～152頁。
〔註5〕王德威：《被壓抑的現代性——晚清小說新論》，宋偉傑譯，北京：北京大學出版社，2005。

問影，魂兮歸來的「花花世界」，並也經此展現出中國現代文學另一種「迷人的面向」。然而，這種於線性時間的迷思外圍，尋覓時間「無常」因素下的「迷魅」寫作，並無意要回到理想主義式的位置，或因此玩弄解構主義式正反、強弱不斷易位之遊戲，而是自處於「弱勢思想」，將一個當代詞彙稍加扭轉以爲己用：借拼湊已無可認記的蛛絲馬迹，試圖描畫現代性的播散而非其完成〔註6〕。

　　而本書的寫作目的，亦如前述。它提出的鴛鴦蝴蝶派（以下簡稱「鴛蝴」），以及對其與新文學間的鬥爭考察，並非是要與「五四」這個「既成」的傳統作一決然的分化和對立。借助於它，我試圖對以往的「現代性」研討作出一種有益的補足與豐富，甚至也可以說，只是爲現代性這項未盡的工程作一嘗試和實驗。同時，我也希望，通過重新想像和寫作「現代」的潛在「姿態」，在「五四」這個列維斯（F.R.Leavis）式的「大傳統」〔註7〕路線之外，發現一種雷蒙‧威廉斯（Raymond Willians）意義上的大眾傳統〔註8〕。準此，對新文學與鴛蝴派場域鬥爭的考察，提示的乃是一種現代情境。它不必專執一隅，重返歷史，與各種潛流、暗湧一道，重繪中國現代文學的新圖志，乃是其不變的初衷。

第一節　研究現狀及資料綜述

　　晚清文學六十年的流風餘緒〔註9〕，因其華洋夾雜、新舊互見的品性，一改中國文學的閉守之姿，提供了一種世界語境下的華麗姿態。而小說一躍成爲文類大宗，更是足見傳統文學觀念演進之劇。「新小說」作爲二十世紀中國小說的起點，自是文學史的常識〔註10〕。當年，梁啓超借道日本，高倡政治

〔註6〕王德威：《被壓抑的現代性——晚清小說新論》，第1～65頁。
〔註7〕列維斯：《偉大的傳統》，袁偉譯，北京：生活‧讀書‧新知三聯書店，2002。
〔註8〕威廉斯：《文化與社會》，吳松江、張文定譯，北京：北京大學出版社，1991。
〔註9〕王德威認爲：晚清是指太平天國前後以至宣統遜位的六十年，而百日維新
　　　（1898）到辛亥革命（1911）則爲晚清小說發展的高潮，見《被壓抑的現代
　　　性》，第1～2頁。
〔註10〕陳平原的《中國現代小說的起點——清末民初小說研究》一書，就以此爲題，
　　　展開討論。但哈佛大學的韓南（Patrick Hanan）卻認爲，英人傅蘭雅（John Fryer）
　　　所舉辦的小說競賽，可以看作是「新小說前的新小說」。雖然梁啓超對晚清文
　　　學的影響，遠遠超過了傅蘭雅，但傅對新小說的呼喚比梁早了7年，而且傅
　　　的小說競賽的確在某種程度上影響了晚清小說的總體方向。參韓南：《新小說

小說，試圖借助小說的社會功用，澡雪國民精神。經此一變，曾經的「小道不經之說」也矯然蛻脫成「新民」改良的利器。而其理論實踐的園地——《新小說》的開闢，更是引發了包括《繡像小說》、《月月小說》、《小說林》在內的各類報刊雜誌的風行，翹楚之姿，自不待言〔註11〕。

但嚴格說來，我們並不能把梁啓超看作是文學界人士。儘管他本人也曾涉筆小說創造，甚至一度使得「新民」這個充滿了濃鬱精英意味和政治氣息的概念，「時髦到可以作為報紙副刊遊戲文章的題材」〔註12〕。但實際上，他想要的只是將某些佛教觀念〔註13〕，訴諸「小說和報紙」這兩種形式，進而來「重塑」民族這種想像的共同體（「群」），改良整個中華民族〔註14〕。他「不像後來的胡適那樣對語言本身的問題有興趣，而是對讀者產生的影響感興趣。」所以從這個意義上，李歐梵講：「梁啓超在使小說成為一種重要的媒介手段這一點上頗有功勞，但是他在晚清小說的文學地位方面卻毫無建樹。在這方面，榮譽應當歸功於通商口岸那些教育水平不那麼高、但卻相當有文學天賦的報界人士兼文學家們。」〔註15〕

在這些報界學人中，有大名鼎鼎的韓子雲、孫玉聲、李伯元、吳趼人。他們這些人大多依靠在報館做編輯謀生，而不是專職的小說家。他們在「小說界革命」之前，就已經開始以報人的身份進行小說創作，而其初試筆鋒的地方，卻是於今天看來都不大光彩的「小報」。1897 年，由李伯元的《遊戲報》作俑，開始了上海小報的發軔，其間歷時近半個世紀而終了，培育了一大批引人側目的小報文人。根據李楠的描述，他們大致由晚清文人、鴛蝴派文人和後期的部分海派文人（通俗海派文人）構成。他們站在市民立場上，較深

前的新小說——傅蘭雅德小說競賽》，《中國近代小說的興起》，徐俠譯，上海：上海教育出版社，2004，第 147～168 頁。

〔註11〕 包天笑在回憶錄中說：「在我沒有從山東回上海的時候，上海出版的雜誌已經風起雲湧了，其中小說雜誌更是不少，一半也歸功於梁啓超的《新小說》雜誌，似乎登高一呼，群山響應，雖然商務印書館出版，李伯元編輯的《繡像小說》還在其先，但在文藝社會上，沒有大影響，《新小說》出版了，引起了知識界的興味，轟動一時，而且銷數亦非常發達。」包天笑：《釧影樓回憶錄》，香港：大華出版社，1975，第 357 頁。

〔註12〕 李歐梵：《現代性的追求》，北京：生活·讀書·新知三聯書店，2000，第 10 頁。

〔註13〕 米列娜編：《從傳統到現代——19 至 20 世紀轉折時期的中國小說·導言》，伍曉明譯，北京：北京大學出版社，1997，第 6～7 頁。

〔註14〕 李歐梵：《中國現代文學與現代性十講》，上海：復旦大學出版社，2002，第 2～17 頁。

〔註15〕 李歐梵：《現代性的追求》，第 184 頁。

地參與小報運作，他們或者身兼編輯和作者的雙重身份，或者是成爲專職的報刊作家，共同成爲了現代文化斷層中的洋場「世俗才子」〔註16〕。

而其中的「鴛蝴」文人，更是以其獨異的品質和鮮明的市民敍述，成爲一、二十年代最爲壯觀，同時也最不可迴避的文學現象。這些人的作品大多以上海的四馬路爲背景，他們住在那裡，晚睡遲起，下午會友，晚飯叫局，抽鴉片，在報館裏寫文章。而文章的內容又大多關涉到「都市小說讀者的世界」〔註17〕。他們借這種市民的日常生活，表達「對於新潮流和新的『洋務世界』的不安」〔註18〕，試圖勾畫中國的現代性問題，尋覓一種世界格局中的「民族文化身份」。其中，現代性的因素隱約可見。

可惜，五四已降，「鴛鴦蝴蝶派」就開始淪爲罵名，它幾乎成了一切庸俗膚淺、遊戲消遣作品的統稱。在正統的文學史上，它更是一股不入「現代小說流派」的逆流。嚴家炎說：「像鴛鴦蝴蝶派、黑幕派，這些基本上屬於舊小說範圍，當然不屬於我們講的『現代小說流派』之列。」〔註19〕復旦大學中文系編著的《中國現代文藝思想鬥爭史》和《中國近代文學史稿》兩書，則直接目鴛鴦蝴蝶小說爲「反動文藝思潮」和「小說中的逆流」〔註20〕。這其中最重要的原因在於它被新文學作家「欽定」爲「一種攙了假貨的言情小說」「等而下之的變種」。這樣一來，它產生的年代自然就成了中國現代文學史上的「低潮」階段，它的極盛就「是對中國現代文學史的極大嘲諷之一」〔註21〕。

而事實上，這種以訛傳訛的言論，目前已經引起人們的反思和重新書寫。「『鴛鴦蝴蝶派』應該被認真當作一個文學流派來處理、研究，而不應該草草打成『寫壞』的新文學或『舊文學餘孽』，這樣的觀點最近在大陸學者魏紹昌等人的努力下，呈現出其初步的歷史信度（validity）以及學術活力（viability）。」〔註22〕而以范伯群先生爲代表的蘇州學派，更是通過對中國

〔註16〕李楠：《晚清、民國時期上海小報研究——一種綜合的文化、文學考察》，北京：人民文學出版社，2005，第67、37、9頁。
〔註17〕李歐梵：《現代性的追求》，第6頁。
〔註18〕李歐梵：《現代性的追求》，第10頁。
〔註19〕嚴家炎：《中國現代小說流派史》，北京：人民文學出版社，1989，第16頁。
〔註20〕魏紹昌編：《鴛鴦蝴蝶派研究資料》（上卷），上海：上海文藝出版社，1984，第154、155頁。
〔註21〕李歐梵：《現代性的追求》，第189、190頁。
〔註22〕楊照：《「在惘惘的威脅中——張愛玲與上海殖民都會」》，陳子善編：《作別張愛玲》，上海：文匯出版社，1996，第44頁。

近現代通俗文學史的梳理，爲「單翅的中國現代文學史」找回了「另一隻翅膀」，將「鴛鴦蝴蝶派」的性質重新定義爲美國學者林培瑞（Perry Link）所說的「中國傳統風格的都市小說」（urban fiction of traditional style）〔註23〕，眞正使得「鴛蝴派」不僅成爲了「和新文學相峙並立的一個大流派」〔註24〕，而且更是可以和英國、日本等國在「現代化」過程中產生的通俗小說相提並論的世界文學現象〔註25〕。

　　但是亦有像趙孝萱這樣的學者指出，這種所謂的「通俗」定位法，實在是在面對無法放置這些非新文學作品的尷尬局面下所作的退而求其次的選擇，其背後的潛臺詞，仍然「意味著它們永遠是比新文學次一級的二流之作」〔註26〕。

　　甚至更爲嚴重的是，儘管80年代中期起，學界就已經開始嘗試對「鴛蝴」的通俗定性研究，但「效果不太理想」。陳平原先生曾經描述文學史家接納通俗小說的三條途徑，即「在原有小說史框架中容納個別通俗小說家、另編獨立的通俗小說史、強調雅俗對峙乃是20世紀小說的一個基本品格，並力圖將其作爲一個整體來把握。」但是「除了單獨修史，另外兩種策略，都面臨如何爲通俗小說定位的問題」，而這個「學界必須面對、但又尚未眞正面對的課題」，仍然頗多爭議〔註27〕。

　　目前有關「鴛蝴」的研究，就筆者掌握的資料看，港臺和海外較爲零星，早年如夏志清、林培瑞（Perry Link）等人，近人如周蕾、陳建華、李海燕等。所以，目前的「鴛蝴」研究主要集中在大陸地區。

　　這些研究或以史的梳理、現象的描述，或以資料彙編，或以對流派、作家作品的評析等諸種方式推進。第一種方式，以范伯群主編的《中國近現代通俗文學史》和袁進的《鴛鴦蝴蝶派》爲代表；第二種，有魏紹昌等人編撰的《鴛鴦蝴蝶派研究資料》和范伯群、芮和師等人編寫的《鴛鴦蝴蝶派文學資料》；第三種，多以單篇論文或論文集的形式發表，其中包括林

〔註23〕 范伯群主編：《中國近現代通俗文學史》（上卷），南京：江蘇教育出版社，1999，第1～35頁。

〔註24〕 魏紹昌：《我看鴛鴦蝴蝶派》，香港：中華書局，1990，第47頁。

〔註25〕 培瑞·林克：《論一二十年代傳統樣式的都市通俗小說》，賈植芳編：《中國現代文學主潮》，上海：復旦大學出版社，1990，第124頁。

〔註26〕 趙孝萱：《「鴛鴦蝴蝶派」新論》，蘭州：蘭州大學出版社，2006，第3頁。

〔註27〕 陳平原：《「通俗小說」在中國》，舒乙、傅光明主編：《在文學館聽講座：生命的對話》，北京：中國社會科學出版社，2002：187。

培瑞的《鴛鴦蝴蝶派》(*Mandarin Ducks and Butterflies: Popular Fiction in Early Twentieth-Century Chinese Cities*)；范伯群的《禮拜六的蝴蝶夢‧論鴛鴦蝴蝶派》，趙孝萱的《「鴛鴦蝴蝶派」新論》，劉揚體的《流變中的流派——「鴛鴦蝴蝶派」新論》、《鴛鴦蝴蝶派作品選評》，劉家慶的《鴛鴦蝴蝶派散論》等。這類論述雖意在為「鴛蝴」進行客觀定位和評價，但是很難說真正擺脫了新文學的價值標尺，或真正對「鴛蝴」作出了定位。但是，應該肯定的是這類研究為我們進入「鴛蝴」文學提供了一些新的方法和途徑，譬如周蕾（Rey Chow）的大作《婦女和中國現代性》(*Woman and Chinese Modernity: the Politics of Reading between West and East*) 的第二章《鴛鴦蝴蝶派》就以女性主義的觀點分析了包括徐枕亞《玉梨魂》等在內的「鴛蝴」小說。而李海燕則在論著《心靈的革命》(*Revolution of the Heart: A Genealogy of Love in China, 1900～1950*) 中，動用雷蒙‧威廉斯（Raymond Williams）的「情感結構」(structure of feeling) 理論，研討了鴛鴦蝴蝶派作品所表現出來的強烈「儒家」特質。陳建華的博士論文「A Myth of Violer: Zhou Shoujuan and the Literary Culture of Shanghai, 1911～1927」，則取周瘦鵑的個案，優游於文化研究領域，通過不斷調用公共空間、日常生活、消費社會的理論，見證了一種情感現代性的生產。與此相類，吳茂生（Mau-Sang Ng）也借用文化研究理論，通過對秦瘦鷗的小說《秋海棠》分析來看 40 年代的上海的市民生活和倫理結構，寫下了《暢銷小說和日常生活文化》(「Popular Fiction and the Culture of Everyday Life: A Culture Analysis of Qin Shouou』s Qiuhaitang」)。

過去對「鴛蝴」的考察，主要是為了清算極「左」思潮在研究現代文學史領域中的種種表現，這個轉向在范伯群看來，某種程度上是得益於國外研究者的觸動 [註28]。但事實上，直到 80 年代後期，中國現代文學史在西方的面貌，仍為五四運動、以及叢生在其記憶中的文化革新所統轄。作為現代中國研究中一個被充分探討的主題，「五四」已經成了「現代中國文學」的同義詞：其問題的發生是作為中國文學「現代性」的標誌；而其理論和實驗則被認定為中國文學的「現代主義」。這段時期所要強調的，正是中國文學通過「現代性」獲取了一種「世界」身份，而與此同時，「前現代」的中國文學依然停

〔註28〕范伯群：《禮拜六的蝴蝶夢‧論鴛鴦蝴蝶派》，北京：人民文學出版社，1989，
　　　第 1 頁。

留在深奧的「漢學」領域之中〔註29〕。所以這樣一來，儘管夏志清有心要爲鴛蝴的早期著作《玉梨魂》列一專章，但是在他看來，這派的小說仍不一定有什麼文學價值，只是提供了一些寶貴的社會性資料〔註30〕。

　　當然，我們也應注意到，「自夏志清與普實克的著作之後，西方對五四文學最具雄心的研究已轉而集中於該段文學史其他較爲邊緣的取向。」〔註31〕其中的代表性著作就有，林培瑞的《鴛鴦蝴蝶派》，這是西方首部研究鴛蝴文學的專書。與夏志清《〈玉梨魂〉新論》那種通過致力於發掘鴛蝴傑作來追認傳統（reaffirm tradition）的「文學之法」（the "literary" approach）不同，林培瑞更關注「知識」（knowledge），一種「社會學意義上的方法」（the "sociological" approach）。他試圖借助對都市流行文學的研究，來領會中國 20 世紀早期非精英階層（China's non-elite classes）的觀念和想法〔註32〕。用夏志清的話來說，就是要看一看「民國時期的中國讀者喜歡做的究竟是哪幾種白日夢」〔註33〕。

　　儘管說，夏志清也認爲「純以小說技巧來講，所謂的『鴛鴦蝴蝶派』作家中，有幾個人實在是很高明的」〔註34〕。其先兄夏濟安也幾番去信，向他提起：「最近看了《歇浦潮》，認爲美不勝收；又看包天笑的《上海春秋》，更是佩服得五體投地……很想寫篇文章，討論那些上海小說。」甚至認爲「清末小說和民國以來的『禮拜六』派小說藝術成就可能比新小說高，可惜不被注意」〔註35〕。但說到底，這一派的學者之研究鴛蝴，與其說是由於它的文學價值，倒不如說是出於對社會學和民俗學的興趣。

　　而本書寫作則將試圖嘗試一種新的視角。「我們除了研討鴛鴦蝴蝶是現代文學史上的一個有代表的流派之外，還要著重探討我們的新文學，也即革命文學與鴛鴦蝴蝶派進行論爭的歷史。」〔註36〕我試以「新文學」和「鴛蝴派」的場域占位鬥爭爲基本線索和切入點，通過「重返現場」的方式，勾畫那些

〔註29〕Rey Chow. *Woman and Chinese Modernity: the Politics of Reading between West and East*，Minnesota: University of Minnesota Press，1991, p.34、35.
〔註30〕夏志清：《中國現代小說史》，上海：復旦大學出版社，2005，第19～20頁。
〔註31〕安敏成（Marston Anderson）：《現實主義的限制：革命時代的中國小說》，姜濤譯，南京：江蘇人民出版社，2001，第5頁。
〔註32〕Rey Chow. *Woman and Chinese Modernity*, 1991, p.43、47～48.
〔註33〕夏志清：《中國現代小說史》，第20頁。
〔註34〕夏志清：《中國現代小說史》，第19頁。
〔註35〕夏濟安：《夏濟安選集》，瀋陽：遼寧教育出版社，2001，第218、227頁。
〔註36〕范伯群：《禮拜六的蝴蝶夢·論鴛鴦蝴蝶派》，第2頁。

被遺忘的歷史角落，豐富對現有「鴛蝴派」的理解，糾正目前普遍的「誤解」，同時反思到底何謂「現代」文學史觀？到底何謂「現代」？究竟又是什麼使得「鴛蝴派」堪稱現代，並使之與「五四」傳統所構成的現代話語相對應？又是什麼阻止我們談論「鴛湖派」的這種現代性？並最終為其尋覓一個恰當的文學歸屬。

本書的時間跨度從 19 世紀末的 1896 年到新中國成立的 1949 年，即一般認為的鴛蝴文學由集結造勢到鼎盛發展，乃至最後風流雲散的半個世紀的過程。從全國範圍看，這一時期經歷了庚子事變、辛亥革命、軍閥割據、抗日戰爭、內戰到中華人民共和國的成立等一系列重大的社會和政治劇變。從這個研究我們將會看到，全國性的事件是怎樣或多或少地影響文學生產；「政治場」和「經濟場」是怎樣通過「折射」（Refraction）的方式，成為影響「文學場」內部法則的邏輯力量。而且更為重要的是，我們也可以從中發現，「新文學」和「鴛蝴文學」是如何在一種「救亡圖存」的「時代修辭」氛圍中周旋角力，並最終確立其「場域占位」。

第二節　研究方法及行文佈局

「場域」（或「場」，field）理論是法國社會學家皮埃爾‧布迪厄（Pierre Bourdieu）「反思社會學」的重要分析模式。布迪厄認為，「在高度分化的社會中，社會的和諧統一體（comos）是由一些相對自主的社會的微觀世界（microcosm）組成的」，這些相對自主的社會的微觀世界就是其所謂的「場」。「從分析角度看，一個場也許可以被定義為由不同的位置之間的客觀關係構成的一個網絡（network），或一個構造（configuration）。」〔註37〕這也就是說，一個「場」是由各種各樣的位置組成的，而那些位置之間的關係就是能觀察到的客觀事實。通過「重構」這些「客觀關係」和「客觀結構」達到對某一社會（現象）的「瞭解」，而非「證明」、「闡釋」，甚至「解構」，正是布迪厄強調的「反觀性」（reflexivity）原則的精髓所在，也是他把自己的理論稱作「實踐理論」的根由所在〔註38〕。

〔註37〕布爾迪厄（Pierre Bourdieu）：《文化資本與社會煉金術——布爾迪厄訪談錄》，包亞明譯，上海：上海人民出版社，1997，第 142 頁。
〔註38〕賀麥曉（Michel Hockx）：《布狄厄的文學社會學思想》，《讀書》，1996（11），第 76～77 頁。

　　「文學場」、「象徵資本」、「生性」是布迪厄文學社會學思想著力強調的三個關鍵概念，也是本書主要應用的理論術語，以下將予重點介紹。

文學場（the literary field）

　　與其他具有自身邏輯和必然性的社會場域相同，叫做「文學場」的微觀社會也是一個由不同地位之間的客觀關係型構的空間。借助於那些特有的不可化約成支配其他場域運作的邏輯和必然性，文學場完成了它獨立運營的法則。如它通過「雙向否認」（double refusal）的方式拒絕或否定物質利益的法則而形成的一整套疏離普通商業邏輯的「輸者為贏」（the lost win）的機制，就常為人津津樂道。在布迪厄看來，文學場恰是一個「顛倒的經濟世界」，它越是堅持獨立的法則，就越是傾向於將社會空間等級結構原則顛倒或者懸置起來。藝術家只有經濟地位上的失敗，才能在象徵地位上獲勝。純藝術的生產者除了為自己和少數人（批評家，別的作家等）生產外，不承認別的要求，只朝積累「象徵資本」的方向發展，因此其作品一般很少可能是具有商業價值的暢銷書；而另一方面，那些具有公眾效應的流行讀物在文學場內則相應地被排斥到了邊緣位置。這種與外部世界的一般性原則決裂的過程，被布迪厄描述為文學場建立和發展的第一階段，爭取獨立階段。但是，請注意所有的場都只是「半獨立」的，因為貫穿著它們還有一個更大的權力場，它是通過擁有資本和權力的位置之間的種種關係而組成的。

　　在第一階段過後，由於文學場內部的競爭和更新換代，逐漸導致文學場分化為兩個對立的亞場（sub-fields），浮現一對二元結構：「有限生產亞場」和「大規模生產亞場」。其中，「有限生產亞場」處支配性地位，是為生產者的生產，即所謂的「純文學」、「雅文學」的所在地。這個「亞場」的象徵權威是靠大量的社會機構維持的：如博物館、畫廊、圖書館、教育系統、文學史、藝術史、藝術表演中心等。而「大規模生產亞場」則是為消費者的生產，包括我們通常所說的大眾或流行文化，它的生產依賴龐大、複雜的文化工業。由於它需要盡可能多的受眾，所以總是固執地肯定藝術與生活的連續性，堅持藝術形式服從功能，拒絕內容晦澀的形式試驗和對審美間離的強調。它的生產基本上是按照受眾中既存的需要進行的，但也不時會從「有限生產亞場」中汲取新東西來更新自己。布迪厄很顯然地主要對前者感興趣，因為「分佈於布迪厄筆下的文學場的人物主要是作者、編輯、出版家以及有生產能力的讀者，即批評家、教師、學生等其他通過消費文學而重新生產文

化產品的人物」，而至於那些缺乏批評能力和生產能力的大眾則相應地被忽略，甚至遺忘。

文學場發展的第三階段是「象徵產品市場」。到了這個階段，場內各個位置之間的鬥爭幾乎全部圍繞著文學生產本身的細節。那些憑著生性在場內如魚得水的人懂得如何機智地利用各種資源進行「象徵受益」，吸收新人加入，從而有效地實現信仰和時間的生產，變革場內的位置和它們之間的關係。

一個自主和富有生機的文學場，實際上就是一個永無寧日的符號戰場。在這裡，擁有不同文化資本和秉有不同文化習性的文學行動者不斷表演著各種鬥爭遊戲；來自「政治場」和「經濟場」的外部勢力也不斷借用「折射」的方式，變成影響「文學場」內部法則的邏輯力量；而一個更大的「權力場」更是高高在上地統轄著它和其它場域的活動與生產。但無論是文學場內部代際更替的衝突，還是它與外部力量的鬥爭，都同樣形塑著文學意義的生產。文學場的活力和生機，正是體現在這些生生不息的符號革命上。因為通過這些衝突和鬥爭，象徵資本已經轉變為文學場區別其他場域和衡量內部等級獨有的資本形式，文學場的自主性得到了確認。〔註 39〕

象徵資本（symbolic capital）

「文學場」作為一個關係空間，組成其內部結構的團體或個人彼此的關係不是鬆散的，它們按照場內的遊戲規則處於一種相互競爭的網絡之中。為了取得自身的合法性，為了控制這個「場」的「特殊利潤」，它們不斷參與著某種爭奪，以期改善自己的場域占位，強化一種對於他們自身的產物最為有利的等級優化原則。「雖然文學場內的競爭者一般都重視文學，並試圖對文學事業做出積極的貢獻，但並非所有的文學生產者都能得到同行的承認和重視。布迪厄用『象徵資本』來描述這個現象。」〔註 40〕

布迪厄這裡所說的「資本」是從馬克思的資本理論發展而來，但內涵和外延更為廣泛。布迪厄認為，不同的實踐領域具備不同形式的資本，如政治場中的政治資本（即政權）、經濟場中的經濟資本（即金錢）、文化場中的文化資本（即社會地位）等，這些資本形成了行動者在特定場域內賴以憑藉的

〔註 39〕皮埃爾·布迪厄：《藝術的法則：文學產的生成和結構》，劉暉譯，北京：中央編譯出版社，2001。

〔註 40〕賀麥曉：《二十年代中國的「文學場」》，《學人》，第 13 輯，1998，第 298 頁。

資源。但是具備這些較容易「轉換」的資本,「並不意味著在文學場內一定能夠博得象徵資本。文學場之所以在社會裏能夠構成一個比較獨立的實踐,正是因爲其特有的資本分配在很大程度上確定了不同地位之間的關係。」〔註41〕但不可否認的是,那些掌握著其他資本的人總是更易於把一種資本兌換成另一種資本,並憑此兌換加入其它的場;有時他甚至可以改變和影響場的規則和場中所用的話語,譬如毛澤東就曾憑藉著其掌握的政治資本深刻地影響了中國現代文學的寫作〔註42〕。

　　與其他資本不同,象徵資本是指在特定的社會空間中公認的知名度、聲譽、成就感和領袖地位。其它資本可以在社會空間不斷地生產出來,而象徵資本永遠是稀缺的,總量有限的。所以,從這個意義上講,文學場是一個「信仰的宇宙」,其內部的等級是建立在不同形式的「象徵收益」(Symbolic Profit)上的,如聲望、成聖、知名度。而文學場內提供這些象徵收益、維持象徵權威的是各種社會機構,如博物館、畫廊、教育機構、文學史等等。它們總是通過與不同位置上的團體或個人「聯盟」的方式,使自己的資本在互動關係中得到別人和社會的承認,進而轉化或強化爲宰制性的象徵資本。如出版社靠出版被當局禁止的作家作品而博得社會名望,作家則借助出版社的出版建立自己的成名路徑。可以說,文學場內的競爭者正是在場域規則的引導下通過相互間的客觀關係逐步完成了自己的象徵受益過程〔註43〕。

生性(habitus)

　　文學場作爲一個獨立的實踐,總是包含著許多不必言明的默會語(doxa)和潛規則,譬如上述提到的,對象徵資本的追逐就是其中重要的一項。瞭解這些遊戲規則,獲取對場的感受,一方面固然可以通過後天不懈的練習獲得,但是總有部分「場感」是行動者先天具備的,這就是布迪厄所說的「生性」。行動者因爲個人氣質、性別、背景(血統、家庭出身、學校教育和階層階級

〔註41〕賀麥曉:《二十年代中國的「文學場」》,第298頁。

〔註42〕有關毛澤東對現代漢語寫作產生的影響可參閱:李陀:《雪崩何處?》(1989年6月5日《文學報》)、《現代漢語和當代文學》(1991年第1卷6期《新地文學》)、《轉述與毛文體的產生》(《文化中國》1994年9月號)諸文,以及李劼:《毛澤東革命及其語言神話和抗日話語》、《毛澤東的語言神話和中國晚近歷史上的話語英雄》等文章。

〔註43〕布迪厄、華康德:《實踐與反思:反思社會學導引》,李猛、李康譯,北京:中央編譯出版社,1998,第131~186頁。

等）的差異而具有了特殊的習慣、想法、能力、感覺等等，這些特定的身份徽記形成了他「入場」時的「投資資本」，「並且在很大程度上決定了他爲哪些地位所吸引，以及是否能成功地佔領這些地位。」〔註 44〕生性不單純是一種習慣、「自由意志」或者「階級意識」。它是一種綜合氣質，是行動者在社會實踐中所形成的相當穩定的品味、信仰和習慣的總和。在某種程度上，它甚至是一種最重要的身份認同和個性標記。

　　生性決定了一個人的「入場」、「入場方式」以及「入場占位」，但是它卻無法左右「生性」與「場」與場內「位置」間的匹配程度。當事人需要爲他們佔據過的一系列位置，即他們的事業以及他們爲佔據該位置所面臨的問題作出努力，甚至獻身。

布迪厄理論的應用方式（applied method）

　　把文學作爲社會現象去研究是布迪厄場域理論的實質所在，而其理論應用的具體方式，布迪厄也在《藝術的法則》中爲我們點明了。他認爲探究文學唯一正確的方式，必須包含以下三個不可逆序的實施步驟：「第一，分析權力場內部的文學場（等）位置及其時間進展；第二，分析文學場（等）的內部結構……；最後，分析這些位置的佔據者的習性的產生……」〔註 45〕

　　布迪厄認爲，他的「三步法」代表了一個不可悖逆的研究順序，研究者惟有依照此法推進分析方能正確瞭解場本身及其場中人物。「在對福樓拜《愛情教育》的闡釋中，他堅決聲稱，使用『三步法』的收穫，有助於學者更全面地瞭解『真正』偉大的作家在創作過程中面對和克服的種種困難，並最終使讀者的鑒賞經驗更加『豐富』。」〔註 46〕

將現代中國文學實踐作爲場來研究
（studying modern Chinese practice as a field）

　　布迪厄的「文學場域」理論和「文學社會學」以「反觀性」作爲起點，在研究思路上強調「瞭解」、「客觀」，主張在研究中要考慮到研究者本人的背景，並盡量在研究過程中把這個背景客觀化。在研究理念上，他以跨學科的氣魄，倡導設立一種新的學術思維與工作方式，建立學術「聯盟」，組建學術

〔註 44〕賀麥曉：《二十年代中國的「文學場」》，第 299 頁。
〔註 45〕皮埃爾・布迪厄：《藝術的法則：文學產的生成和結構》，第 262 頁。
〔註 46〕賀麥曉：《二十年代中國的「文學場」》，第 300 頁。

「流派」。在研究方法上，他「以場中地位和個人生性之間的互動爲基本觀點的理論框架」，「以『文學不僅僅是文本』的設想爲根據，堅持文本的意義來自一些同時存在於文本以內和文本以外的因素：權力、資本、階級、話語、互文等。」有效施行「內」（強調文本的）「外」（強調社會歷史環境）兼修的「三步法」。這樣一整套連貫的「實踐理論」，的確爲我們建立對文學嶄新的認識，同時爲探究文學文本提供了新的視野和角度〔註47〕。

在《藝術的法則》一書中，布迪厄就曾以自己的理論，成功地爲我們分析了19世紀中葉以來法國文學場確立的過程。但是，布迪厄的理論畢竟是一個西方理論。它能否有效地應用到對中國文學的考察？中國文學又能否作爲一個場域來考察？它是不是已經具備了建立一個文學場所需的完整形態？如果能，該理論在運用中又有什麼地方是需要調適和磨合？布迪厄對此的回答很乾脆：能！而且放之四海而皆準〔註48〕。

按照場域理論專家賀麥曉（Michel Hockx）的意思，中國文學能夠獨立型塑一個場域，這是毋庸置疑的。因爲早在明朝，中國就已經出現了出版印刷事業的繁榮局面，文人團體、出版社、書商以及批評家等場域組成要素都一應俱全〔註49〕。但是，他的研究也同時表明，布氏理論並不能全面有效地解釋中國文學場的某些獨有特徵，如集體性現象和師生關係〔註50〕。另外，布迪厄雖然主張以「內部研究」與「外部研究」相結合的方式來研究文學，但是由於其過分強調關係，往往會出現對於物質因素、經濟基礎和文化慣例過分關注而掩蓋對「文學性」考量的現象，「文學批評」因此演變成了「文化研究」〔註51〕。

但不論情況怎樣，場域理論都已經在中國現當文學研究領域得到了廣泛應用。「現代中國文學場」的國際研討會在荷蘭萊頓成功舉辦，賀麥曉、陳平原、文棣（Wendy Larson）、 紀培爾（Denise Gimpel）等人都提出了一系列具有重大影響力的觀點和見解〔註52〕。賀麥曉獨著的《風格問題》（*Questions of*

〔註47〕賀麥曉：《二十年代中國的「文學場」》，第295～301頁。
〔註48〕賀麥曉：《二十年代中國的「文學場」》，第295頁。
〔註49〕Michel Hockx ed. *The Literary Field of Twentieth-century China* .Richmond, Surrey: Curzon, 1999, p.9.
〔註50〕賀麥曉：《二十年代中國的「文學場」》，第295頁。
〔註51〕張松建：《現代中國「文學場」的形塑——賀麥曉〈文體問題〉閱讀感言》，《世紀周刊》（電子），2004年4月2日。
〔註52〕賀麥曉：《「現代中國文學場」國際研討會》，《世界漢學》，1998年第1輯，第214～215頁。

Style: Literary Societies and Literary Journals in Modern China, 1911～1937）和主編的《20世紀中國文學場》（*The Literary Field of Twentieth-century China*）兩本書就是這方面具有代表性的重要成果。因此可以說，本書採用布氏理論作為研究的技術手段具備一定的可行性，而且「最合適的應用範圍好像是距離學者本人較遠的那些場和社會（這裡說的「遠」，不僅是指空間，也是指時間。）」〔註53〕。另外，一個更重要的意見是「布迪厄並不反對學者在實踐中只應用他全套理論的一部分」〔註54〕。

最後需要說明的是本書共六部分，第一部分為「導論」，第六部分為「結論」，其餘二到五部分則著重圍繞「文學場域占位」這一題旨展開，分別討論其出現的背景、美學特質、鬥爭過程及其最終的後果。

主體部分的四個章節：第二章將系統地考察「現代文學場域」得以產生的時代背景，即大眾傳媒，現代都市，文人心態，稿費制度與現代文學之間的關係，其中特別點明鴛鴦蝴蝶與新文學這兩個考察對象在這些方面所呈現的不同體貌。第三章則擷取五種相互「對峙」的美學特徵各做分析，試圖進一步展示文學場域內鬥爭雙方的分歧表徵。接下去的一章，重點考察鴛蝴派和新文學在文學場域內的鬥爭及其鬥爭方式。雙方在出場方式（文人／文丐、文娼），實踐方式（同人／同鄉）、以及文法策略（白話／文言）方面的對立，實際是一種象徵資本周旋的後果，而這其中最為關鍵的就是聲望、理論以及西方這三個概念。最後一章討論的是這場較量所帶來的後果——小說雅俗流變的整合與互動，以及文學史寫作的彰顯與遮蔽。前者是一種自然形態，而後者則是人為的對場域資源進行再分派的後果。

〔註53〕賀麥曉：《二十年代中國的「文學場」》，第300頁。
〔註54〕賀麥曉：《二十年代中國的「文學場」》，第297頁。

第二章　文學場域的現代萌蘗

　　討論中國現代文學的發生，將不可避免地要引入「現代性」這個概念。它已經被過分探討，但迄今仍無定論；又被過度使用，派生了各種副產品——「翻譯的現代性」、「被壓抑的現代性」、「遲到的現代性」、「性別現代性」、「半殖民地現代性」。現代中國的一切文學、文化現象都用「現代性」去闡釋、去解讀，以至於有學者用「現代性的戀物癖」來嘲弄它〔註1〕。但不論情形如何，它依然是我們進入中國現代文學的一個有效途徑。

　　本章的討論將避開對「現代性」理論作直接描述，而是借各種現象表明其展開的真實狀況，這其中既有物質層面的內容，也有美學層面的內容。物質層面的內容，類同於卡林內斯庫（Matei Calinescu）所說的「啓蒙現代性」。〔註2〕這是一個全球性現象，無論你是否接受，科技的進步、工業的發達，以及都市生活的出現，都將徹底地改寫原有的生產和生活世界，並對文學寫作產生影響。而美學層面的現代性則意味著，在這種共同的現代性之下，仍然存在不同方向的價值選擇和文化內涵，有學者試圖以「另類現代性」〔註3〕來涵蓋這些不同傾向。本章的前兩節內容與之一一對應，而且爲了能夠集中地展示這兩種現代性，我將考察的對象定在了上海。因爲它是 30 年代以前中

〔註1〕Alexander Des Forges, "The Rhetorics of Modernity and the Logics of the Fetish," in Charles A. Laughlin, ed., *Contested Modernities in Chinese Literature*. New York: Palgrave Macmillan, 2005, pp.17～31.

〔註2〕卡林內斯庫：《現代性的五幅面孔》，顧愛彬、李瑞華譯，北京：商務印書館，2002，第 48 頁。

〔註3〕關於這個觀念的簡要介紹及應用可見廖炳惠編著：《關鍵詞 200》，南京：江蘇教育出版社，2006，第 7 頁。

國現代文學中唯一的明星城市，是「現代」的同義詞，「摩登」的代言人〔註4〕。而在最後一部分，我將具體說明這種不同的美學選擇是如何表現在我們的兩個研究對象——新文學和鴛鴦蝴蝶派身上的。

第一節　文學界的出現

　　上海作爲「現代西方」與「傳統中國」兩個世界之間的「橋頭堡」，在現代化過程中最醒目的特徵便是它的新舊交雜。雖然這種傳統與現代之間的滲透，也在其他城市以不盡相同的速度推進，但是哪個城市的變化都比不過上海的旖旎多姿、生猛有力。馮客（Frank Dikötter）特意使用「進口貨嵌入日常生活」這個鮮明的意象，以及「文化拼湊」的觀念，來界定這種現象〔註5〕。而李歐梵採用的「混生」（hybridity）一詞，則直接表明在現代性創傷下進行文化調試和挪用的可能及其實質。大量新的文化產品的出現，並沒有帶來以新換舊的結果，相反倒是舊的文化環境凸顯了新的文化產品。新舊互見的事實成全了晚清文化中最有趣的一組張力。它的特色「不在去舊創新，而是在舊中翻新——舊瓶裝新酒，逐漸滿溢以後，才帶動一種質的變化，乍看時並不顯眼，但卻影響深遠」〔註6〕。

　　這股「影響深遠」的勢力，在李歐梵的著作裏明確地表現爲上海的建築、印刷、報紙、電影等現代物質文明。而我這裡將重點選擇城市格局、現代書局、新式學堂三個對象作梳理。

一、現代都會的出現

　　李歐梵在重繪上海的過程中，推出了外灘建築、百貨大樓、咖啡館、舞廳、公園、跑馬場以及「亭子間」等一系列上海的公共構造和空間。如果我們粗略地將其歸下類的話，會發現它們恰好形塑了上海灘的「兩個世界」：一歐一中。歐洲的世界，以租借爲據點，建築以外灘、大馬路（現在的南京路）爲典型，此間「摩天大樓」參差，到處都有紐約資本主義的身影。茅盾曾在他的大作《子夜》中動用了三個英文語詞來描繪這個世界帶給世人的「猛一

〔註4〕李歐梵：《現代性的追求》，北京：生活・讀書・新知三聯書店，2000，第111頁。

〔註5〕馮客：《民國時期的摩登玩意、文化拼湊與日常生活》，李孝悌編：《中國的城市生活》，北京：新星出版社，2006，第424～441頁。

〔註6〕李歐梵：《未完成的現代性》，北京：北京大學出版社，2005，第68頁。

驚」效果：Light，Heat，Power。這三個直接插入文本的單詞，一方面表明強大不可逆轉的西方勢力的入侵，另一方面也暗示了這種西方資源在建立文本的現代意涵方面所具有的不可估量的作用，當然也就同時提示了這種充滿活力的西方資源在重建民族過程中可能擁有的巨大能量。所以，在點出了「震驚」這一現代體驗後，這位聰明的左翼領袖並沒有就此停下腳步，而是旋即把這場震驚演繹成了一個充滿文化意味的時代寓言，矛頭直指那些守舊的封建餘孽。一位老太爺因被上海的繁華喧鬧所震撼，以至於驚嚇過度而不幸猝死。一個氣數將盡的衰朽士紳，面對現代性的到來無處避守，只能以猝死終了。文化更新進化的能指不言自明。但事實上，茅盾這種自信的文學想像與實際的情況有很大出入，甚至可以說與現代化進程本身完全相反。像茅盾這樣的五四新文學人士對西方的熱衷，更多的是「一種意識形態上的（爭取話語霸權）運動」，他們試圖借助西方來直接阻斷傳統，為新的民族國家提煉一個全新的基礎，卻沒能在日常的體驗中轉換和糅合這種現代資源，以至於面對文化的變化他們比那些所謂的俗文化更保守〔註7〕。

上海另一個圍繞著俗文化的世界掩藏在四通八達的小巷和里弄之中。它是江南本土的通俗文化，在這個特殊的世界裏，一種用石頭造成的「石門房」中的一間被租賃出去給那些希望在上海有所作為的文人。這間被稱作「亭子間」的房子，冬冷夏熱，通風差，又常年不見陽光，但租金卻也出奇的低廉。這些毫不起眼的房子構成了上海文人典型的生活和寫作背景，成為了上海文學生活的附屬物。這些棲身其間的文人，不論新舊，「筆下的上海都是亭子間的想像，是從弄堂世界投向那個非常西化的上海的」〔註8〕，但是在各自的處理方式上他們卻大相徑庭。新文學人士更多的是把他們的亭子間生活處理為某種背景，而在那個西化的世界裏不斷用力。與之不同，鴛蝴派文人則更熱衷於把西化的上海當作「惘惘的威脅」，對亭子間世界反覆流連、頻頻回顧。這樣一來，差異雙方就形成了兩種理解現代的方式。前一種方式可以把西化的世界理解為整個民族崛起的「鏡象」，提示了中國進入現代世界的可能和路徑；但後一種方式則在反覆的現代與傳統糾纏中，使人看不清中國的現實出路，所以他們的作品容易被視為軟性的、輕鬆的、沒有重要性的。這裡「救亡圖存」的時代語境起了關鍵作用。法國漢學家弗朗索瓦‧於連

〔註7〕李歐梵：《未完成的現代性》，第78、68頁。
〔註8〕李歐梵：《未完成的現代性》，第133頁。

（Francoio Yullien）曾啓用了「迂迴與進入」的觀念對比較文學的方法論意義作說明〔註 9〕，如果不恰當地借用到此處，我們會發現新文學更靠近「進入」一詞，而鴛蝴派更像「迂迴」，但是請注意進入並不比迂迴重要，而且迂迴本身就是爲了進入，並同時提示了現代性更多的可能與面相。

二、出版機構的發達

對上海兩個世界格局的粗線描述，使我們清楚地看到，「中國人對於西方文化基本上是立足於租借的公共空間所作的想像，而這種想像的呈現是經由報紙和雜誌達成的」〔註 10〕。但是在具體談論這些報紙雜誌之前（這一點我將在「大眾媒介的興盛」部分談論），我更希望通過對部分有代表性的書局、出版社，如商務印書館的籌建和運營情況來探討現代文學的生產機制和發育基礎。而這樣也無疑更切合本部分的討論。

阿英在分析晚晴小說空前繁榮的原因時，首一指出的便是「印刷事業的發達」〔註 11〕。「據可見的二十世紀頭十年間的文化資料統計，全國約有出版機構近一百七十家，報紙和雜誌近九十家。」〔註 12〕惠及的閱讀人口，在兩百萬到四百萬之間〔註 13〕。這些出版機構在十四年（1898～1911）的時間裏，僅小說一項就刊行了不下兩千種，是過去兩百五十年間出版總數的兩倍多〔註 14〕。從最初的木版印刷到後來的石印技術，再到成套的鉛印設備，現代印刷技術的改進爲出版業的壯大發展起了強大的推動作用。當年（1900）包天笑與李叔良、楊紫驎等人在蘇州創辦月刊《勵學譯編》，「異想天開」地動用了木刻的方法，但是這一「破天荒」事件在苦撐一年後，

〔註 9〕 弗朗索瓦·於連：《迂迴與進入》，杜小眞譯，北京：生活、讀書、新知三聯書店，2003。
〔註 10〕 李歐梵：《未完成的現代性》，第 133 頁。
〔註 11〕 阿英：《晚晴小說史》，北京：人民文學出版社，1980，第 1 頁。
〔註 12〕 時萌：《晚晴小說》，上海：上海古籍出版社，1989，第 30 頁。
〔註 13〕 王德威：《被壓抑的現代性——晚清小說研究》，宋偉傑譯，北京：北京大學出版社，2005，第 2 頁。
〔註 14〕 阿英《晚晴戲曲小說書目》收錄 1898 到 1911 年間出版的小說 1145 種（包括未盡之作）。但此一數據近年來已爲學者重新檢討。賴芳伶推論此一時期的出版應在兩千種以上。另外，據孫楷第《中國通俗小說書目》、袁行霈、侯忠義《中國文言小說書目》兩書統計，從清初到 1897 年共出版通俗小說 275 種，文言小說 559 種，兩者合計 834 種，總數不到十四年間出版總量的一半。參見王德威：《被壓抑的現代性》，第 16 頁；欒梅健：《二十世紀中國文學發生論》，桂林：廣西師範大學出版社，2006，第 12 頁。

終於破產。一年後（1901）包天笑又捲土重來，以同法刊行旬刊《蘇州白話報》，但同樣好景不長，緩慢的木刻延誤了某些新聞的時效性，兩年後被迫停刊〔註 15〕。這兩大事件的出現無疑表明現代印刷技術的重大意義，但它同時也點明了近代印刷文化及書籍文化「從江南到上海」的遷移事實。持續十數年的（1851～1864）「太平天國運動連同清政府對太平天國的鎮壓不僅破壞了南方經濟文化的延續性，也打破了江南社會、特別是社會精英的文化生產秩序。」蘇州、杭州、南京等原先的江南刻書要地和文化重鎮在戰亂中一蹶不振，而上海則依靠原有的文化基礎、西方影響以及戰爭中聚集起來的大量的人口、文化和財富資源，逐漸演變成近代的印刷中心，而其他的江南名城則淪為它的衛星城〔註 16〕。

　　談到上海，「談到中國近代的出版事業，首先不能不提起商務印書館。」〔註 17〕從目前的一些研究看來，在商務成立之初（1897），中國（主要是上海）就已經基本形成了近代形態的印刷業和出版資本〔註 18〕。而商務的誕生則直接促成了上海出版事業的蓬勃景象，使上海成為了全國出版業的中心。商務發起人群（夏瑞芳、鮑咸恩、鮑咸昌、高鳳池等），作為「近代上海一種新社會群體的範例」，他們的出現，「改變了上海讀者對於書籍及其用途的認識」，「帶來的是一個新的印刷文化空間」。與其他在殖民勢力壟斷印刷技術、官方洋務控制印刷文化下尋求出路的民營出版機構不同，商務更善於利用一切可以利用的技術和文化資本來創造新讀者、開拓新市場。他們以文化立足社會，依據社會的文化需要來生產文化產品，創建編譯所，成功地推出一系列具有重大影響的大型叢書「四部叢刊」、「中國文化史叢書」、「東方文庫」和「萬有文庫」等，並出色地完成了其制定的「啟蒙」任務，幫助共和政府進行民族建構，出版了大量的教科書。另外還編印了像《繡像小說》、《東方雜誌》、《教育雜誌》、《婦女雜誌》、《小說月報》、《小說世界》等數十種重要的綜合性或專業性期刊，新文學的茅盾、鄭振鐸、葉聖陶、丁玲，鴛蝴派的王蘊章、周瘦鵑、范煙橋、程瞻廬、程小青、徐卓呆等人都在其間建立或發展自己的文學聲望。經過張元濟

〔註 15〕　包天笑：《釧影樓回憶錄》，香港：大華出版社，1971，第 166～170 頁。
〔註 16〕　孟悅：《人・歷史・家園：文化批評三調》，北京：人民文學出版社，2006，第 97～104 頁。
〔註 17〕　孟悅：《人・歷史・家園：文化批評三調》，第 97 頁。
〔註 18〕　王中忱：《新式印刷、租借都市與近代出版資本的形成──商務印書館創立的前前後後》，程光煒編：《都市文化與中國現當代文學》，北京：人民文學出版社，2005。

等人的努力，20 年代初的商務已經在國內開有 36 個分館，另外還設有香港分廠，出版物輻射海外和東南亞，其社會影響力非一般的出版社能望其項背，胡適在他的日記裏說：「得著一個商務印書館，比得著什麼學校更重要。」〔註19〕正是由於商務在社會上的不同凡響，曾一度使得他旗下的一冊《小說月報》成為兩種持不同文學主張人士的爭奪焦點，而其最後的結果是商務另闢一個《小說世界》以供鴛蝴使用。儘管 1920 年茅盾對《小說月報》的接編，使得其從一份老牌的鴛蝴雜誌轉變為新文學期刊，但是我們不能就此把「五四」的觀點強加給商務。作為一個商業性文化機構，商務還是保持了對政治或道德「敏感」作品的警惕性。章錫琛因《婦女雜誌》的「新性道德號」文章備受社會指謫而被調離商務的事件足以說明這一點，同樣從其出版的圖書目錄結構也可以清楚地看出來。商務在 1902 到 1950 的出書情況表明：「30%屬於『社會科學』範疇，17.5%屬於『科學技術』，而『文學』只占總量的 17%，新文學又是整個文學部分極小的一部分。多數文學作品屬於老少皆宜、商業上不冒風險的中國古典文學和外國文學。」〔註20〕儘管此一點，頗為時人所非，但是不可否認的是，商務作為中國出版業的代表，他在擴大文學空間，培育和啟蒙廣大的讀者隊伍和支持者方面做出了巨大的貢獻。

另外還需特別指出的就是，稿費制度的近代建立，也在客觀上促成了報刊文學大繁榮的局面，它為日後中國現代文學的發展提供了一個重要的制度保障。李歐梵曾經形象地指出：「在 1917 年『文學革命』之前至少二十年，都市文學刊物───『民眾文學』的一種半現代的形式───已經為日後從事新文學運動的人們建立市場和讀者群。這些雜誌的編輯和作者如癡如狂地撰寫文章，大筆大筆地賺取稿酬。」〔註21〕

這些優厚的稿酬，正如論者每每指出的那樣，為近代數量眾多的文學作家和準作家們的出現準備了必要的「誘惑」。科舉制度廢止了，傳統的進士及第、光耀門楣的仕途生活從根本上變得不再可能，而此一時恰逢稿費制度起興，自然也就出現了包天笑所謂的「把考院博取膏火的觀念，改為投稿譯書

〔註19〕請參見楊揚：《商務印書館與中國現代文學》，程光煒編：《都市文化與中國現當代文學》，第 142～144 頁；李歐梵：《上海摩登》第二章《印刷文化與現代性建構》，毛尖譯，北京：北京大學出版社，2005，第 53～96 頁；董麗敏：《想像的現代性：革新時期的〈小說月報〉研究》，桂林：廣西師範大學出版社，2006，第 2～9 頁。

〔註20〕賀麥曉：《二十年代中國的「文學場」》，第 311 頁。

〔註21〕李歐梵：《現代性的追求》，第 180～181 頁。

的觀念了」〔註22〕。

　　小說寫作在稿費制度誘導下向世俗化開放，它的商業氣味自然地就削弱了小說的社會功能。以自我爲目的的「賣文」觀念總是要比「胸懷天下而憂」的社會意識卑下。這樣，要想改變小說或小說家的傳統地位，就需要與這種商業制度撇清關係，所以許多作家在刊載作品時表示可以不要稿費，也有報紙出來響應，聲明：「不願受酬者請於稿尾注明」〔註23〕。後來的五四作家更是爲了表明他們的革命態度，而主張取消稿酬〔註24〕。對於這些事件，一方面，我們可以把它看作是文學界人物爲了維持場域自主而採取的必要手段。這些手段爲他們獲取象徵資本提供了可能。「稿費制度對他們的影響並不側重在於經濟利益上的得失，而可能是在更爲深廣與隱含的精神與人格方面」〔註25〕，「他們把一種社會聲望的靈光賦予這項暫新的職業（指文學）」〔註26〕。但另一方面，我們也可以認爲這些人物低估了文學場域的自主能力。正如布爾迪厄指出的那樣，「文化生產場的自主程度，體現在外部等級化原則在多大程度上服從內部等級化原則」〔註27〕。換言之，「文學場」的自主性權威取決於它能在多大程度上化解而非拒絕這種外部決定力量。「政治場」或「經濟場」對「文學場」的眞正影響不是在外部發生的，而是通過「折射」，被改造成「文學場」的內部法則。簡單地說，就是稿費制度的出現使得「文學能夠成爲一種獨立、能夠掙錢謀生的職業」，它成爲了一種文學推動力。

三、新式學堂的繁榮

　　文學作爲一種現代生產機制，突出的是印刷技術在傳播知識和發掘讀者方面的魅力，但文學作爲一種消費行爲，更關注讀者的閱讀行爲和文化需求對文學生產的引導和牽制。現代出版史上江南製造局翻譯館，在購有鉛字和印刷架的情況下，仍然採用傳統的木版雕印法印行漢譯西學書刊的插曲，足夠說明培育現代讀者對推進文學現代化的重大意義〔註28〕。而一個現代讀者

〔註22〕包天笑：《釧影樓回憶錄》，第174頁。

〔註23〕袁進：《近代文學的突圍》，上海：上海人民出版社，2001，第47頁。

〔註24〕陳國恩、左敏：《小說稿費制與清末民初文學變革》，《西南師範大學學報》，2003（9），第131頁。

〔註25〕欒梅健：《二十世紀中國文學發生論》，第20頁。

〔註26〕李歐梵：《現代性的追求》，第180頁。

〔註27〕皮埃爾‧布迪厄：《藝術的法則》，第265頁。

〔註28〕陳伯海、袁進主編：《上海近代文學史》，上海：上海人民出版社，1993，第68頁。

的形成很關鍵的一環便是他所受的教育。

　　從目前掌握的證據來看：直到 1907 年，文言小說的銷行仍要大於白話小說。這說明在當時構成小說的讀者群中，舊式文人依舊扮演主角〔註29〕。1908年，徐念慈（覺我）在談論自己的小說觀時，也曾指出：「余約計今之購小說者，其百分之九十出於舊學界而輸入新學說者，其百分之九出於普通人物，其真受學校教育而有思想、有才力、歡迎新小說者，未知滿百分之一否也？」〔註30〕這種由「林下諸公」獨當一面的閱讀現象在接下來的幾年裏都沒能得到有效改觀，儘管說統治中國 1300 年（606～1905）之久的科舉制已於 1905年正式廢除，舊學書院作爲封建教育正統形式的地位根本動搖，新式學堂一枝獨秀且發展迅速，形成了一個規模可觀的近代學生群體，產生了巨大的社會能量和影響〔註31〕，但是這些「真受學校教育而有思想、有才力、歡迎新小說者」卻沒有真正成爲文學閱讀的主角。這其中仍有幾方面的因素需要考慮：一、此一時雖爲小說的「文體變革」期，但士大夫的文言創作依然是文學寫作的重頭戲，林紓用史漢古文譯小說、何諏用文言散文體式寫《碎琴樓》，徐枕亞用四六駢體寫《玉梨魂》〔註32〕；二、梁啓超倡導的「新小說」創作仍以沉重的政治面目示人，小說「文章化」、「新聞化」，並不能引起一般人的閱讀興味〔註33〕；三、新的文學讀者仍在緊張的培養周期中。

　　但是，時間到了 1912 年，人們就開始把注意力集中到青年學生身上，有目的地把學生群體培育成近代閱讀群體的主力。比如，《小說月報》的惲鐵樵在接編刊物後不久就公開表示：辦刊的宗旨乃是「供公暇遣興之需」、「資課餘補助之用」〔註34〕。其中「資課餘補助之用」一項，用意明顯，就是要把青年學生變成它的讀者。這種轉向不能不說是由於新式學堂和青年學生的迅猛增長引起的。「數以萬計的『洋』學堂和數以百萬計的『洋』學生出現在都

〔註29〕袁進：《中國小說的近代變革》，北京：中國社會科學出版社，1992，第 28 頁。
〔註30〕覺我：《余之小說觀》，陳平原、夏曉虹編：《二十世紀中國小說理論資料》，北京：北京大學出版社，1997，第 336 頁。
〔註31〕桑兵：《晚晴學堂學生與社會變遷》，《中國人文社會科學博士碩士文庫》，杭州：浙江教育出版社，1999，第 925 頁。
〔註32〕范伯群：《中國現代通俗文學史》（插圖本），北京：北京大學出版社，2006，第 145、151 頁。
〔註33〕袁進：《中國小說的近代變革》，第 48 頁。
〔註34〕轉引自謝曉霞：《〈小說月報〉1910～1920：商業、文化與未完成的現代性》，上海：三聯書店，2006，第 98 頁。

市城鎮，甚至窮鄉僻壤，對社會產生有力撞擊，強制性地改變了傳統社會的結構，引起劇烈社會震動。」〔註 35〕這種結構的改變，也理所當然地包含了讀者組成結構的嬗變。

從桑兵的研究統計中，我們可以清楚看出：從 1904～1909 的五年時間裏，全國學堂總數翻了 12 倍強，其中尤以公立學堂的遞增速度爲劇，竟是原來的82 倍之多。學堂數量的直線上昇，使學生群體急劇擴大。1902 年在校學生人數僅 6912 人，但五年過後，學生人數達到 1024988 人。1908 年至 1909 年，在高基數上，仍以每年淨增 30 萬人的速度擴大，達 1638884 人。到 1912 年，躍升爲 2933387 人，這其中還不包括教會學堂、軍事學堂和其他一些未經申報的私立學堂的學生人數。而到了「五四」前期，學生人數更是增至 5704254人，爲整個社會的變動注入了新的可能和力量〔註36〕。

年　份 ＼ 類別	總堂數	學堂分類					
		官立		公立		私立	
		堂數	%	堂數	%	堂數	%
1904	4222	3605	85	393	9	224	5
1905	8277	2770	33	4829	59	678	8
1906	19830	5224	26	12310	62	2296	12
1907	35913	11546	32	20321	56	4046	11
1908	43088	12883	30	25688	60	4512	10
1909	52348	14301	27	32254	61	5793	11

學堂、學生數量的急速演進，確實讓人瞠目。這種變化，成爲了現代讀者乃至作家成長中最不可迴避的重大資源。因此，以文學教育爲線索，來考察現代「文學」是如何在晚清以來中國社會、歷史、文學和知識的現代化過程中被「創制」出來的，成爲一項尚待發展的研究計劃〔註37〕。周瘦鵑、胡寄塵、鄭逸梅、張恨水等現代通俗大家，在學生時代都通過閱讀走向了文學

〔註35〕桑兵：《晚晴學堂學生與社會變遷》，第 925 頁。
〔註36〕桑兵：《晚晴學堂學生與社會變遷》，第 929～930 頁。
〔註37〕這方面的代表性著作有羅崗：《危機時刻的文化想像：文學·文學史·文學教育》，南昌：江西教育出版社，2005；陳平原等著：《教育：知識生產與文化傳播》，合肥：安徽教育出版社，2007；季劍青：《北平的大學教育與文學生產：1928～1937》，北京：北京大學出版社，2011；陳國球：《文學如何成爲知識？：文學批評、文學研究與文學教育》，北京：生活·讀書·新知三聯書店，2013。

殿堂。而新文學的作家則「通過『大學權力』確定文學『經典』，並把它作為一種『普遍性』的知識借助大學這座現代文學產業最後向社會傳播」〔註38〕。這樣，學校、學堂就應當被理解成爲現代性想像和寫作的策源地，而那些接受了新式學堂乃至大學教育的青年學子也自然就成爲了新文學和鴛蝴派爭奪的不二對象。其中關鍵的原因就是他們的受教育背景使得其具備了閱讀能力，某種可塑性：一種爲進化準備的可能，一種入場前的投資儲備。正是這種可能和儲備，使得許多新文學的作家對那些閱讀鴛蝴作品的青年學生甚爲憂慮，「只是我們很奇怪：許許多多的青年的活活潑潑的男女學生，不知道爲什麼也非常喜歡去買這種『消閒』的雜誌。難道他們也想『消閒』麼？」〔註39〕

另外，青年學生在接受現代學堂教育之外，仍得益於「一種新式的文化傳播機構和社會教育場所」——圖書館。新興的公共圖書館，不僅方便了現代讀者對資料的收集和閱讀，也爲現代信息的傳播和流通提供了必要場所。對 1910 年間籌建和開辦的各類圖書館的統計情況來看，「當時全國十八個行省中，除了江西、四川、新疆三省外，其他各省都建立了圖書館，上海、北京和江蘇等地還建立了許多所學院圖書館。」〔註40〕通過留戀其間，青年學生建立了自己的閱讀興趣，各類雜誌報刊也培育了自己的讀者，當然，更是爲現代文學繁殖了重要的接受群體。

第二節　文壇和文人的現象

安德森（Benedict Anderson）那個被廣爲徵引的論點，使我們相信：民族從本質上講是一種現代想像形式。許多素未謀面的人，在一個由小說和報紙提供的有效時空範圍內（「共時」），通過「共同體」的休戚與共感，重新創造和想像了一個新的民族國家〔註41〕。言外，現代性不是被給與的，而是一種自我選擇。它是在啓蒙現代性這個共相之下，人們對社會、歷史、國家以及文學等所作的多元想像。這些想像構成了我所說的文壇和文人現象，它們不盡相同，但卻共同組成了現代性的審美內涵。在本節內，我將通過三個現象

〔註38〕程光煒編：《都市文化與中國現當代文學》，第 8 頁。
〔註39〕西諦（鄭振鐸）：《消閒？》，魏紹昌編：《鴛鴦蝴蝶派研究資料》，第 58 頁。
〔註40〕謝曉霞：《〈小說月報〉1910～1920》，第 100 頁。
〔註41〕本尼迪克特・安德森：《想像的共同體——民族主義的起源與散佈》，上海：上海世紀出版社，2005：8、21～33。

來反映這種多元化的現代選擇。一是圖像，二是翻譯，三是文人心態，它們
折射出了現代性進程中，人們對它的真實看法以及對其不同的表達方式。

一、在圖像中理解現代

圖像作為文本被引入學術研究，為我們進入文學和歷史提供了「一扇奇
妙小窗」。陳平原、夏曉虹、瓦格納（Rudolf G. Wagner）等人在這方面所作
的源頭性工作表明，以圖片來建築文字的直觀形象，做到圖文並茂，不僅古
已有之，而且大有可為。它非但型構了現代性的具體風貌〔註42〕、傳播途徑
〔註43〕，更是可以有效轉化傳統資源〔註44〕，推動現代性的日常開展〔註45〕，
並由此打開一種全球性的想像視野〔註46〕。

作為一種「印刷娛樂的新媒體」（葉凱蒂〔Catherine Yeh〕語），畫報的出
現強化了視覺效果在現代閱讀中的作用，同時它也在「嚴肅的經典或士大夫
的精緻文化」外圍，打開了通俗閱讀的路徑，將逸樂、愉悅帶入了現代性話
語建設〔註47〕。而且更重要的是，畫報的通俗定位，非但沒有「影響到此時
同樣在經歷一次大發展的更『正統』的報紙」，相反「它帶來的結果是培養了

〔註42〕陳平原認為，通過「圖文互釋」的方式，可以帶領讀者「回到現場」，「觸摸
歷史」，見陳平原、夏曉虹編注：《圖像晚清》，南昌：百花文藝出版社，2006。
〔註43〕王爾敏強調，圖畫載體在新知普及、思想啟發中扮演重要角色，認為「中國
知識分子以至下層士人，獲得國內外時事要聞，創新發明，海外風俗民情，
除同時代《申報》、《萬國公報》外，（《點石齋畫報》）當為第三個重要來源」。
參見王爾敏：《中國近代知識普及化傳播之圖說形式》，《近代文化生態及其變
遷》，南昌：百花洲文藝出版社，2002。
〔註44〕李孝悌的研究重在發掘《點石齋畫報》中所顯現出來的傳統文化質素和志怪
式的鄉野圖像。見其《上海近代城市文化中的傳統與現代：1880至1930年代》
（《戀戀紅塵——中國的城市、欲望與生活》，上海：上海人民出版社，2007）
及《走向世界？還是擁抱鄉野——觀看〈點石齋畫報〉的不同視野》（《中國
學術》，2002年第3輯）兩篇文章。
〔註45〕羅崗《性別移動與上海流動空間的建構——從〈海上花列傳〉中的「馬車」談
開去》（《華東師範大學學報》，2003年第1期）一文借用本雅明城市「遊蕩者」
的理論，以「馬車上的妓女」為個案，討論了上海在「城市化」語境中，「性
別移動」和城市流動空間形成之間的複雜關係，見證了現代性的日常展開形態。
〔註46〕瓦格納的長文《進入全球想像圖景：上海的〈點石齋畫報〉》（《中國學術》，
2001年第8輯），從全球化的角度出發，將《點石齋畫報》放入當時世界各地
畫報出版的背景中，指出「圖像、視角、場景、敘事的情節線索以及讀者對
信息的態度愈來愈多地被分享」。
〔註47〕有關「逸樂作為一種價值」的討論，請參閱李孝悌：《明清文化史研究的一些
新課題》，《中國的城市生活》，北京：新星出版社，2006。

一般的讀報習慣，使畫報讀者對『正統』報紙也發生了興趣」〔註 48〕。通過李孝悌對《點石齋畫報》解說文字的典雅性說明，以及許理和（Erik Zürcher）對文字中反映出來的宗教態度的研究〔註 49〕，我們完全有理由相信將女人、小孩和未受教育的人看作是《點石齋畫報》的主要享用者，顯然誇大了畫報的普及性〔註 50〕。

為此，我們說《點石齋畫報》作為一份城市通俗讀物，它著意吸引的仍是那些以文字閱讀為主要方式的讀者，但是它同時又包含了一種新的敘事和想像。這種敘事的特點就在於新聞報導的通俗化、趣味化，它基本上就是一種文本愉悅。這種愉悅配合著那些五花八門的想像，如時鐘、氣球、飛艇、火車什麼的，混成了一種日常奇觀，這種奇觀後來就直接進到了鴛蝴小說裏，特別是偵探小說和幻想小說。「畫報的描繪和小說中的描寫，與當時人們在視覺刺激下對城市生活產生的一些幻想交融在一起。」〔註 51〕這三種「互文性」的感受方式，完成了一次全方位的城市日常生活的「巡視」和「漫遊」，它開啟了一種新的感覺（驚訝、過度刺激）、新的空間（經驗方面與文本方面的）、新的風格（寫作上與生活上的）。

《點石齋畫報》裏有一幅很出名的畫，叫《視遠惟明》（圖一），講的就是一個漫遊性行為。一個婦女拿著望遠鏡在樓上遠眺，李歐梵分析說：「登高遠望本來是一個古典的意象，可現在是『女性』拿了『望遠鏡』在遠望。這是一種新型的『看』與『被看』的關係，『看』的主體和技術都發生了變化。」而且，望遠鏡作為一個西洋科技產品，它的「出現方式卻和當時的科學一點關係也沒有」，完全是日常化的產物。它的表演方式完全凸現了「看」的行為和動作，而至於「看什麼」已經變的不重要〔註 52〕。這也就是說，漫遊性行為本身已經超越了漫遊對象所帶來的「震驚」感受，成為一種主要的審美感受方式。換言之，現代性事件是一個主體性行為，它並不為那些西洋物質奇觀所左右。

〔註 48〕瓦格納：《進入全球想像圖景：上海的〈點石齋畫報〉》，第 3 頁。

〔註 49〕許理和：《中產階級的曖昧：〈點石齋畫報〉中的宗教態度》，《法國漢學》，1996 年第 1 輯。

〔註 50〕李孝悌：《走向世界？還是擁抱鄉野──觀看〈點石齋畫報〉的不同視野》，《中國學術》，2002 年第 3 輯。

〔註 51〕李歐梵、羅崗：《視覺文化·歷史記憶·中國經驗》，羅崗、顧錚主編：《視覺文化讀本》，第 15 頁。

〔註 52〕羅崗、顧錚主編：《視覺文化讀本》，第 15 頁。

（圖一：《視遠惟明》）

　　承接這種漫遊的觀看思路，我們還能看到許多類似的場景：故事的主人公被外圍的觀看者占盡風頭和畫幅。這些為數眾多的旁觀者，三五成群，交頭接耳。其中最有意思的還是那些「窗口的人」，他們探頭探腦，且以女性居多。你看《遇人不淑》（圖二）一幅，圖的左側畫了一圈「窗口的看客」，甚至還有人駕著梯子偷看。活脫脫的一種日常生活形態，強烈的世俗「觀淫癖」和好奇心，成全了一種張英進所說的「道德上的寬容」，和李歐梵所謂的「世俗開放」。這種包容和開放，疏通了「日常生活美學化」的途徑，將各類西洋奇觀和奇物都混進了中國式的生活想像。《鐵人善走》（圖三）、《飛舟窮北》（圖四）、《車行水底》（圖五）三幅圖，原本是要表現西方奇觀中的機器人、氫氣球、潛水衣等意象，可是到了吳友如的手裏，它們就完全變成了中國的志人、志怪，烙上了中國的鄉野質素。機器人不過是個肚內裝蒸汽機的尋常人，飛舟也不過是插了翅膀的帆船，而潛水衣的妙用則更是變成了一種志怪表演，絲毫沒有的科技因素在裏面，難怪魯迅要批評說：「對於外

國事情，他很不明白」〔註53〕。

儘管魯迅說了句大實話，但是，他這種較真的指責，從今天文化研究的角度來看，卻是相當不盡人情的。且不論印刷技術限制的因素（到了《良友》畫報時期，照相技術運用，這樣的失真才不復存在），單看現代性本身，就充滿了問題性，它絕不可能通過一種簡單的外表、行爲的相似性獲取。它包含了一種在新舊之間掙扎的複雜的「身份認同」，中國的身體正承受一種「成長的痛苦」。用曾佩琳（Paola Zamperini）的話來說，將各類西方現象變爲中國「文明」「絕非容易、無痛的過程：它確實引起了文化、生理、感情上的疏離，這時期的作家非常有趣地描寫了這個困境。他們與他們的讀者每日在一個非常複雜的現實中過活，這個生活包含了西方技術、全球貿易、外國的存在、毒品、性，以及道德、性及社會的界線持續不斷地重整。然後我們也許可以討論現代性跟晚清小說的關聯，因爲大部分的人似乎在上海經歷了這個混亂與痛苦的情況。」〔註54〕

基於這種對過去的懷念與對未來的渴望之間的緊繃感，晚清一代的文人對現代性採用了一種娛樂化的姿態，他以漫遊者的形式，在上海的街道所創造的空間裏，用愉悅的追求繪製欲望的地圖，變成一個真正的自我，同時維持他的男子氣概〔註55〕。這是一種「創傷」與「療救」之間持續不斷的流動狀態。比如在對待火車、電的態度時就是如此。一方面既希望火車、電力帶來速度和便捷（圖六：《興辦鐵路》），但另一面又懼怕其帶來的死亡和破壞（圖七：《斃於車下》，圖八：《電火焚身》）。

延續這種新舊之間的掙扎和疏離，鴛蝴小說對此作了充分的文本展示。胡曉真對民初上海新文化中的舊小說的影響力，以及舊的文學體例中所承載的新思想的考察，可以充分說明這一點〔註56〕。站在「想像真實」的反面，以魯迅爲代表的新文學，確立了照片（幻燈片）式的現實感，這樣新文學就斬斷了前緣，另立一個現代傳統，而這一點恰好可以從他對吳友如的態度看出來。

〔註53〕魯迅：《上海文藝之一瞥》，《魯迅全集》（第4卷），北京：人民文學出版社，1973，第278頁。
〔註54〕曾佩琳：《完美圖像——晚清小說中的攝影、欲望與都市現代性》，李孝悌編：《中國的城市生活》，第421頁。
〔註55〕曾佩琳：《完美圖像》，第421～422頁。
〔註56〕胡曉真：《新理想、舊體例與不可思議之社會——清末民初上海文人的彈詞創作初探》，李孝悌編：《中國的城市生活》，北京：新星出版社，2006。

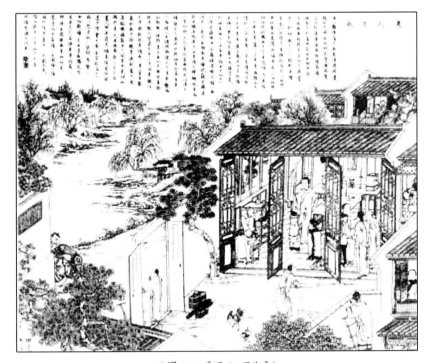

（圖二：《遇人不淑》）

（圖三：《鐵人善走》）

（圖四：《飛舟窮北》）

（圖五：《車行水底》）

（圖六：《興辦鐵路》）

（圖七：《斃於車下》）

（圖八：《電火焚身》）

二、在翻譯中界定現代

翻譯，在晚清充滿了隨意性，改寫、挪用、增刪自由進行，因為它最初的目的不是出於文化間瞭解的需要，而僅僅是為了阻斷傳統或教育民眾〔註 57〕。這就意味著晚清的翻譯，關注的不是歷史的真實（authenticity）或譯本的可信（truth），而是譯文所代表的「權威性」（authority），以及如何運用這種權威性來推動一些本國文學所不能帶來的改變〔註 58〕。

當然需要指出的是，這種「權威性」一方面來自它背後強大的他者（西方或日本），而另一方面，它也源於梁啟超等人所擬設的一個近代「神話」。

〔註 57〕與同文館、廣學會、江南水師學堂等早期翻譯機構成立的目的相同，大部分早期西洋小說的翻譯，也是從功利主義出發，試圖對中國當時的落後局面有所幫助。周桂笙說：「非求輸入文明之術，斷難變化固執之性，於是而翻西文譯東籍尚矣。」（《新庵諧譯初編〈自序〉》）參見：Wang-chi Wong（王宏志）："An Act of Violence : Translation of Western fiction in the Qing and early Republican period", Michel Hockx ,ed. *The Literary Field of Twentieth-Century China*, Richmond Surrey: Curzon Press, 1999.

〔註 58〕王宏志：《「以中化西」及「以西化中」：從翻譯看晚晴對西洋小說的接受》，陳子善、羅崗主編：《麗娃河畔論文學》，第 60 頁。

正如識者所指出的那樣，梁啓超等向國人描繪的外國小說圖像並不是眞實的，它僅僅是梁等人爲了配合中國的需要而進行的一項「以中化西」的工作〔註 59〕。藉此我們可以說，所謂翻譯的「權威性」，不是表面上的他者影響（「以西化中」），而是事實上的自我運作，它包含了一套富有成效的話語機制，以及圍繞於此的思想運動史。

劉禾曾經以「跨語際實踐」（translingual practice）的方法，對此進行過細緻的「語詞考古」和「話語發掘」工作，但不同於劉禾對「新詞語、新意思和新話語興起、代謝，並在本國語言中獲得合法性的過程」〔註 60〕的考察，我下面試圖展示的乃是抽象的語言形象，即翻譯體，是如何獲得其合法性，並最終左右整個現代漢語寫作的。在論述開始之前，我想首先引進一個概念——「構形」（configurations），因爲它將時刻提醒我們，以下所進行的各項討論只是針對那種象徵性地建構起來的「眞實的」或「想像的」（他者或自我）形象，它並不在意與某一社會歷史時期的現實相比是否眞實可靠。

我們知道，翻譯參與中國文學現代化的進程，是以語言爲起點的，因爲新文學的歷史正是在一場聲勢浩蕩的白話文革命中展開的。

胡適的《中國白話文學史》專門梳理了傳統小說、故事、元曲、民歌等（文學）領域內的白話文「小傳統」，以此來對抗文言文這個「大傳統」，但這些並非是這場文學運動眞正的資源所在，正如人們指出的那樣，這僅僅是胡適爲了減少白話文運動的阻力所準備的必要煙霧。而且重要的是，使用這種民族白話無法從根本上使新文學和包天笑等人所進行的白話文寫作區分開來，同時它也在事實上違背了胡適本人對這類文學作品的厭惡之情〔註 61〕。它眞正的源頭應該是那些在翻譯中被創制出來的歐化語，即我上面所說的翻譯體。

胡適曾將其「八年二月二十六日譯美國 Sara Teasdale 的 Over the Roofs」，中譯《關不住了》一首混在其白話創作中出版，並說它是「我的『新

〔註 59〕王宏志：《「以中化西」及「以西化中」》，第 64 頁。
〔註 60〕劉禾：《跨語際實踐：文學、民族與被譯介的現代性（中國：1900～1937）》，宋偉傑等譯，北京：生活·讀書·新知三聯書店，2002，第 36～37、115 頁。
〔註 61〕唐德剛認爲胡適爲將「白話」文學提升到中國文學發展主流的雲地位，不惜擡高了自己並不喜歡的作品，如其對《紅樓夢》就頗有微詞。見曹而雲：《白話文體與現代性——以胡適的白話文理論爲個案》，上海：三聯書店，2006，第 29 頁。

詩』成立的紀元」〔註62〕，我想這才是眞正的信號，因爲它已明確地點出翻譯體與白話文之間巨大的同構性。如果說，胡適的做法還僅僅只是一個信號的話，那麼傅斯年的《怎樣做白話文》一文就直接點明了問題的實質，他說：「要是想成獨到的白話文，超於說話的白話文有創造精神的白話文，與西洋文同流的白話文，還要在乞靈說話以外，再找出一宗高等憑藉物。這高等憑藉物是什麼，照我回答，就是直用西洋文的款式，文法，詞法，句法，章法，詞枝，……一切修辭學上的方法，造成一種超於現在的國語，歐化的國語，因而成就一種歐化國語的文學」。〔註63〕而另外，亦有學者通過對《新青年》雜誌一至九卷的翻譯作品作計量研究後指出，「白話文運動是由倫理革命引發的，……繼倫理革命後的第三卷後出版的第四卷，譯文字數比第三卷增加一倍，其中文藝作品接近九成，從此白話文席卷全國。」〔註64〕由此，我們可以說，白話文的可行性在翻譯文學上先行試驗完成，而翻譯中產生的各種西式語體，同時也包括眾多來自日本的詞彙，反過來又成爲現代白話的重要組成。

當然這裡需要指出的是，這種以保留爲主要特徵的翻譯實踐，是在 1909 年以後才出現的〔註65〕，而且它只代表了當時譯界的一個方面，另一方面是以同化爲主要特徵的文言或傳統白話翻譯，它延續晚清以來一貫的意譯風格。這種風格出現在像林紓、鴛蝴派等傳統文人的翻譯中。以鴛蝴雜誌《禮拜六》前百期的翻譯小說爲例，趙孝萱曾指出：這些小說，「多數是以『文言』與『白話』兩種語言系統翻譯，而文言居多。當時不論是『文言系統』或是『白話系統』中都充滿了傳統詞彙與腔調的過度沉積。」〔註66〕這就是說，在 1909 年之後的中國譯界，直譯與意譯現象並存，兩者分別代表了不同的語言取向，一者是歐式的語言系統，一種是傳統的語言系統。儘管我本人很不喜歡使用直譯、意譯的說法，因爲它僅僅在技術上談論翻譯，而且往

〔註62〕 胡適：《嘗試集‧再版序》，北京：人民文學出版社，1984。
〔註63〕 傅斯年：《怎樣做白話文》，胡適編選：《中國新文學大系‧建設理論集》（影印版），上海：上海文藝出版社，2003，第 226 頁。
〔註64〕 林立偉：《文學革命到政治革命——〈新青年〉翻譯的價值趨向》，《二十一世紀》（香港），1999（56）。
〔註65〕 在 1909 年周氏兄弟翻譯出版《域外小說集》以前，意譯是整個譯界的風尚，而且幾乎看不到強烈反對意譯的言論。參見王宏志：《「以中化西」及「以西化中」：從翻譯看晚清對西洋小說的接受》，陳子善、羅崗主編：《麗娃河畔論文學》，第 65 頁。
〔註66〕 趙孝萱：《「鴛鴦蝴蝶派」新論》，第 114 頁。

往給人造成一種僵硬的感覺，但是使用這種二元對立的方式，將使我們看到中國文學的新舊之別是如何快速造成的。胡適使用了「活的」、「進步」、「進化」、「文學之正宗」，「死的」、「非人性的」、「謬種」、「妖孽」這系列的反詞來推進白話文運動，確立白話文的合法身份。而自我的合法就意味著對他者合法性的消解，其策略就包含了對這兩類語言系統作出截然不同的時間、空間和性別構形。歷史上錢玄同和劉半農那場著名的雙簧戲就是這種構形的一個典型例證，他們通過自己的措辭虛構了他者的話語，達到了對他者聲音的壓制。

從空間構形上看，翻譯體象徵了西方或日本等強大的他者形象，而意譯體則代表了傳統積弱的中國。正如我們知道的，因為政治、經濟以及外交、軍事上的落後與挫敗，常常使中國的知識分子在西方和日本面前表現出某種劣等情結。在後殖民理論家們看來，這是一種在被殖民國家受過教育的本土知識分子中普遍存在的現象。它源於對「什麼是中國人」的否定，意味著一種能與強大的西方和日本獲得同等地位的渴望。但正如史書美指出的，「這種從帝國主義那裡模仿而來的自我否定意識也同樣包含著階級的緯度。在大多數情況下，受到嚴厲批評的是那些沒有受過教育和缺乏理性的群眾」，當然也包括了像鴛蝴、學衡這樣的文人學者。前者成為焦慮的對象，「先是被觀察和解剖，而後被改善，在某些不幸的情況下甚至有可能被拋棄。」而至於後者，則被毫無疑問地假定在了保守、反抗的位置上，加以拒絕和批判，儘管在他們身上並「不存在對作為一種西方模式的現代性的原則性反對」〔註67〕。吳宓曾在題為《論新文化運動》的文章中，對此作了如下指證，他說：「故今有不贊成該運動之所主張者，其人非必反對新學也，非必不歡迎歐美之文化也。若遽以反對該運動之所主張者，而即斥為頑固守舊，此實率爾不察之談。」〔註68〕由此可見，所謂的保守與進步、守舊與新潮，僅僅是新文化運動的巨擘們為了確立某種「語言資本」（linguistic capital），而對西方話語進行的「有價值的扭曲」（productive distortions）和「戲仿」（parodic imitations），它並不能真正用於對這兩類不同的語言形態作出描述。縱然，這樣的做法在一個希望快速對現實作出回應並有所改善的革命時代無可厚非。但是，也如後來的學者們反思的那樣，這樣的方式使得啟蒙在很大程度上被符號化為反封建和擁護西方

〔註67〕 史書美：《現代的誘惑：書寫半殖民地中國的現代主義（1917～1937）》，何恬譯，南京：江蘇人民出版社，2007，第29～30、45頁。
〔註68〕 吳宓：《論新文化運動》，《學衡》，1922（4）。

的代名詞，批判封建主義和推進西化的緊迫性遠遠超越了反抗和批判殖民統治的迫切需要。它將本可作爲另一選擇的中國文化和民族推到了某種類似於西方的東方主義式的中國的西方主義觀念中〔註69〕。

在時間構型上，正如郭沫若著名的詩篇《鳳凰涅槃》所展現的那樣，「五四」代表了迎頭趕上，躍入現代的渴望。鳳凰由死而再生，由消滅「傳統」而更生出「新鮮」、「甘美」、「熱情」、「歡愛」的年輕的新的自我。

這是一種不包含有任何連續性的話語。在它的表述之中，傳統與現代是斷裂的，「中國」和「西方」被歷時性地加以區別對待，它們是出現在一個流動進程中，兩類具有完全相反面貌的意象。西方是新的、現代的，而中國則是舊的、傳統的，時間的價值尺度被附著在這組二元對立之中。瞿秋白的意思是，「東西文化的差異，其實不過是時間上的……是時間上的遲速，而非性質的差異。」〔註70〕依照這個邏輯，中國躍入現代的可能，即是克服時間上的遲到與晚生，通過絕對的「阻斷傳統」和「尊西崇新」來彌補一種現代虧欠。這種做法表現在翻譯中，就是翻譯體對意譯體的批判打壓，或者說是「新式白話」對文言文、舊式白話的圍剿。關於前者，似乎已勿需多言，文言是「桐城謬種、選學妖孽」，它在白話文運動中首當其衝，而且劉半農和錢玄同的一場雙簧表演幾乎就要了它的半條卿卿性命。至於後者，情況要複雜一些。史書美啓用了「雙重譯者」的概念來說明它們之間的關係，她說：「他們（指使用新式白話寫作的作家）在將西方語言和日本翻譯成中文的同時，又將中國傳統的白話文翻譯成更爲科學和『現代』的語言」〔註71〕。按照史書美的意思，語言的更新進化正在一種和諧有序的掌控中按部就班，但事實上，這樣說法仍太過委婉，以致與真實的情況出入很大。這裡翻譯應該被理解爲批判和壓制。在這方面，我想我們有必要重溫李陀的一段文字：

> 和文言寫作的命運不一樣，舊式白話的寫作不管新白話作家們多麼不情願承認它，它依然是白話文運動的一部分，在某種意義上，甚至可以說是新文學運動的一部分。它一方面參與文言被推翻後形成的寬闊文化空間的重新分配，一方面又不失時機地迅速進入都市興起後的通俗文化，從而使舊白話比新發明的新白話更爲流行。如果文言寫作在 1930 年代後終於完全衰落，舊白話的作用不能低估。

〔註69〕 史書美：《現代的誘惑》，第 45 頁。
〔註70〕 史書美：《現代的誘惑》，第 57 頁。
〔註71〕 史書美：《現代的誘惑》，第 81 頁。

要是沒有舊式白話文的蓬勃發展，僅靠「充其量也不過一萬人」的新白話小團體，是否能那麼快就能把在歷史上延續了兩千多年的文言統治推翻呢？難説。只是生活在 1930 年代的新白話作家們並不這樣看。不管新式白話陣營內有多少激烈的衝突（陳獨秀和胡適之間、魯迅和梁實秋之間、左聯和新月派之間、左聯內部各派之間），也不管這一陣營圍繞「文學的革命」和「革命的文學」發生過多少分化和組合，新式白話寫作在話語層面上都受制於一個東西，那就現代性——他們不僅一齊高舉科學和民主的旗幟，而且共同分享著理性、進步等啓蒙主義的理念遺產。正是「現代性的追求」，使新白話寫作能夠以他們的「新」，和鴛鴦蝴蝶派的「舊」相區別、相衝突，並且在話語實踐中形成長達數十年的鬥爭歷史。這種不可調和的話語衝突使新白話作家們不可能承認舊白話寫作也新，在現代漢語形成史中和他們有聯盟關係。相反，前者憑藉自己的理論優勢在消費市場之外，把鴛鴦蝴蝶們打了個落花流水。〔註 72〕

最後，在性別構型上，翻譯被稱之爲「不忠的美人」：「所有的翻譯，因爲必然都『有缺陷』，所以『一般被認爲是女性』」〔註 73〕。而這裡我希望對此觀點稍加引申，指出採用不同的語言類型所導致的性別差異同樣存在翻譯之中。正如我們在上面看到的，因爲直譯的方式在最大限度上保存了西方的異質形象，所以他通常是強大的、現代的，在其性別構成上也毋庸置疑地成爲雄性男子的象徵。通常以這種翻譯體寫成的作品，男性或者說男性化的女性往往充當啓蒙者的角色，著名的例子是魯迅的《傷逝》，男性敘述者借易卜生戲劇來充當西方女性主義思想的傳播者。而同翻譯體的這種男性化性徵相反，意譯體因其遠離了異質性，被傳統改造和同化，則理所當然地被理解爲是女性的。她柔弱，善變，充滿了污穢（誤會）與危險，需要被拯救和改造，所以她不只是一個普通的女性，而很可能是一個「亞洲的娼妓」，既迷人又有毀滅人的力量。或許這一點恰好可以說明爲什麼新文學要把鴛蝴派稱爲「文娼」。我想，這一指認不光是說他們內容上的柔靡無力，更是指語言形式上對大眾的迎合，而非改造。而且，重要的是，以這種語言寫作的小說，

〔註 72〕 李陀：《汪曾祺與現代漢語寫作——兼談毛文體》，《今天》，1997（4）。

〔註 73〕 謝莉‧西蒙（Sherry Simon）：《翻譯理論中的性別》，《語言與翻譯的政治》，北京：中央編譯出版社，2001，第 309 頁。

特別是本書討論的鴛蝴小說即被認為具有這種性別和性徵喻說的功能。周蕾的博士論文《鴛鴦蝴蝶派：旨在重寫中國現代文學史》，通過對鴛蝴小說的兩個亞文類（1910 年間的愛情小說和二、三十年代的社會小說）所作的細緻考察表明，這類小說的出現是對上個世紀初中國社會中殘存的儒家文化女性化的結果〔註74〕。

綜上，在白話運動裏，民族國家和翻譯之間存在著某種關聯，他們通過具體而微的時間、空間和性別構型達到了象徵資本的不同分層和調配，促成了中國語境內對文化權力的重新組合。而這種組合也為日後的種種變數和可能準備了最初的條件。

三、在俠義中表達現代

晚清一代，生逢亂世。政治上，內憂外患、國之不國；文化上，舊學新知、盤根糾結。上至魁儒碩學，下到升斗小民，無不丹心在握，熱血上湧，懇望能藉個人之力救國於水火。此間流血暗殺之風甚烈，仗劍任俠者大有人在。古俠遺風、壯志豪情，被陳平原先生稱為「千古文人俠客夢」。

「俠」作為一個沒有確定所指的「融合」概念〔註 75〕，它在晚清的「重出江湖」，乃是時勢所造。西學激蕩，諸子學說與佛教的復興、重新梳理，都為「俠」的現代建立提供了必要的思想條件，而租界空間的形成更是為其提供了必要的「庇護所」，俠之舞臺大大開拓。俠的生命形態飛揚踔厲，充滿受難精神和悲劇意識，他們尚武輕生，將流血視為神聖事業，將身體作為意志的化身，有必死之信念，他們溝通刺客與游俠之內質，將暗殺和會黨聯絡作為活動之形式，「在最後一擊中體現（鑒賞）生命的輝煌」〔註76〕。

可以說，游俠的生命形態是一種身體與政治關聯的直接後果，是一種崇高的政治美學，它充滿了英雄想像和政治詮釋。儘管陳平原一再強調，游俠心態的形成同時也基於文學想像，但是，這種文學想像更多的是在溝通大（精

〔註74〕Rey Chow, "Mandarin Ducks and Butterflies: Toward A Rewriting Modern Chinese Literary History," Ph.D.Diss., Stanford University, 1986.

〔註75〕陳平原認為：俠「不是一個歷史上客觀存在的，可用三言兩語描述的實體，而是一種歷史記載與文學想像的融合、社會規定與心理需求的融合，以及當代視界與文類特徵的融合。」參見陳平原：《千古文人俠客夢——武俠小說類型研究》，北京：人民文學出版社，1992，第 2 頁。

〔註76〕陳平原：《中國現代學術之建立——以章太炎、胡適之為中心》，北京：北京大學出版社，2005，第 223 頁。

英文化）小（通俗文化）傳統中被彰顯，在思想的現代化進程中被突出，從此意義上講，所謂文學想像是一種後設的思想史、文化史研究結果。一旦當它被還原到所謂的殉道救世的歷史坐標上，馬上會被政治的熱血所覆蓋。所以，陳平原也說，不論文人學士還是江湖豪客，只要投身革命，即可以豪俠許之〔註 77〕。這樣，游俠心態作為一種政治期待視野中的身體表達，就理所當然地把包括「擔當精神、悲劇意識、激進情緒、反抗與破壞欲、臨危一擊根本解決問題的思維方式，以及劍氣豪氣江湖氣與流氓氣等等」在內的各種品格聯繫起來，並將其演為一種特殊的政治策略，用於親身實踐他們的千古俠夢〔註 78〕。

作為一種政治策略，游俠行為對身體的消耗其實並不值得傚仿，但是作為一種思想方式，我卻以為它並非陳平原所說的「大俠隱入歷史深處前的迴光返照」〔註 79〕，畢竟這一思維模式，很快被五四一代的青年所接手、弘揚。所謂「感時憂國」、「涕淚交零」、「血與淚的文學」，統統都是這種游俠心態的文學化表述，他們徑直將身體與政治關聯起來，用身體的毀滅與爆破，流血的崇高與聖潔，在文字上引起讀者的衝動和興奮。陳平原說：「晚清志士多為熱血青年，而不是成熟的政治家。因而，他們更多考慮理想與信念，而不是實際操作。」〔註 80〕這一點移用到五四一代身上，莫不適合。他們那本用來打頭陣的雜誌，不正是叫做《新青年》嗎？出生牛犢的豪氣，破舊立新的抱負、代言擔當的精神全部顯露無遺。普實克（Jaruslav Průšek）在其大作《抒情與史詩》中對新文學「史詩」（Epic）風格的指認，也正是對此游俠精神的回應。因為兩者強調的都是文學的歷史功能，作家參與社會，以及文學與革命實踐的結合。一言以蔽之，是化小我為大我〔註 81〕。

陳平原對晚清志士游俠心態在政治想像層面的發掘，更多的是要將其導向一種主流意識形態在道德及理性方面的表述。所謂溝通大小傳統，說到底只是在正統的儒家形態中收編一種鄉野質素，以變通之法濟時於弊，所以它突出的人物品行仍然是「殺身成仁」的儒家典律，其備受追捧的人物形象依

〔註 77〕 陳平原：《中國現代學術之建立》，第 211～212 頁。
〔註 78〕 陳平原：《中國現代學術之建立》，第 238 頁。
〔註 79〕 陳平原：《中國現代學術之建立》，第 238 頁。
〔註 80〕 陳平原：《中國現代學術之建立》，第 227 頁。
〔註 81〕 王德威：《世俗的技藝——阿城論》，《如此繁華》，上海：上海書店出版社，2006，第 21 頁。

舊是「儒俠」、「墨俠」之類的「志士」〔註82〕。但是，現代史學的研究卻越來越表明，在這種嚴肅森然的主流生命式樣之外，另一種日常化的生命形態被不斷地發掘出來。它的現身，「指出在官方的政治秩序或儒家的價值規範之外，中國社會其實還存在許多異質的元素，可以大大豐富我們對這個文化傳統的理解」〔註83〕。正如李孝悌在《士大夫的逸樂：王士禎在揚州》一文中所說的那樣：「在習慣了從思想史、學術史或政治史的角度，來探討重要影響的歷史人物後，我們似乎忽略了這些人生活中的細枝末節，在形塑士大夫文化中所扮演的重要角色。其結果是我們看到的常常是一個嚴肅森然或冰冷乏味的上層文化。缺少了城市、園林、山水，缺少了狂亂的宗教想像和詩酒流連，我們對明清士大夫文化的建構，勢必喪失了原有的血脈精髓和聲音色彩。」〔註84〕同樣的，我也以為，晚清一代的游俠心態，不僅有後來政治氣息偏濃（卻仍舊是文學想像）的「史詩化」接續，同時也存在偏重文學想像（卻也不失政治味道）的「抒情化」（Lyrical）和「逸樂化」的現代發達。這種想法並非空穴來風，它得益於王鴻泰對明清士人的城市交遊與尚俠風氣的考察。

在《俠少之遊——明清士人的城市交遊與尚俠風氣》一文中，王鴻泰把目光聚焦於明清之際，那些在科舉考試中遭受挫折的士人，細緻地考察了他們是如何在經世救民、內聖外王的儒家價值觀外圍，另闢一個新的社會活動場域，作為自我伸張的舞臺，並據此建立社會價值，以為個人寄掛生命之所。此一過程，在身份的認同與疏離、個性的現實與理想、生命的昂揚與頹廢之間反覆糾纏、鬥爭，並最終衍生出一種新的社會文化——「文人文化」的發展契機。傳統的「士人」形象被賦予血肉，被壓抑的生命形態得到解放。正如我們知道的，所謂「士人」通常是一個價值上的扁平偶像，過分的臉譜化，制度化。他們被「修齊治平」的上昇管道所制約，被科舉規範所限定，生命的能量和寫作的能力被窄化，無法充分釋放。而文人則應當被視為一種活潑的生命狀態，他們感性的骨肉被還原、恢復。「他們可以逾越制舉文字的限制，另外從事詩詞、古文的寫作，這樣的寫作往往與社交活動相配合、呼應，在許多詩酒酬答的場合中，他們的文才可以適時得到響應，他們因而可以藉此

〔註82〕陳平原：《中國現代學術之建立》，第223、226頁。
〔註83〕李孝悌編：《中國的城市生活》，第5頁。
〔註84〕李孝悌編：《中國的城市生活》，第5頁。

來展現自我，肯定個人的文字能力。」藉此，我們說，游俠的實績在於「重新建構個人的生命意義，確認個人的生命價值」〔註85〕

　　游俠行為的發生與開展，在相當程度上，可以說是在上述科舉重軛下，士人反戈一擊的必然歷史命題，但同時也是商品物質催化下的必然後果。設想，沒有商品經濟的發達，城市生活的日趨豐富，這種生命嘉年華式的「逸樂」、「逸脫」、「逸離」是絕無可能發生的。豐富的生活經歷，編織了一個廣大的社交場域，通過出入亭臺樓榭、園林花苑，甚至聲色場所，他們才能得以伸展日益萎頓的生命與身體；在飲酒落花、風和日麗之間，舒展個性與才情，揮霍金錢、消費生命。雖然，此種樣式的游俠形態，完全不可跟晚清志士的流血暗殺相提並論，同日而語。因為比較那種高歌猛進的激昂人生，此等的受困逸離確實有點卑微狹邪。但是注意，「『俠遊』是一種社會文化定義，如果時人不從此點去詮釋，則『俠遊生活』將不復『存在』，而僅剩下『逸樂生活』的實質」〔註86〕。所以，從社會文化的定義上講，不論陳平原所說的「游俠心態」，還是王鴻泰所謂的「俠少之遊」，都是對俠文化的傳統致敬，現代開拓和當代還原。儘管各自的通道殊異，但他們都另闢受困生命之蹊徑，別開非現實人生之生面。

　　「俠」作為一個歷史概念，它處於不斷的遊移和轉變中，但是「『俠』作為一種文化符號，已然深植於文學領域中，成為一種高遠的美學意念、一種特殊的人格類型。雖然它可能在特別的機緣中，顯現於某些獨特的個人身上，不過，這種現實中的俠行還是充滿了個別性與偶然性。因此，大體而言，俠的意象基本上是以一種『美學意念』的形式存在於文學語言中的，不甚具有現實性。直到明清時期，俠的意象，乃與士人之特殊心態及社會生活相結合，因而重獲別具意義的現實性與實踐性。」〔註87〕而我樂於將這種現實性稱為俠的「當代還原」。

　　所謂還原，就是要坐實俠的精神內涵，確定俠的生活形態。而此等還原，在我看來，至少有兩類絕然不同的邏輯表述思路。一種我稱之為「實踐還原」，即把俠的能指與所指關聯起來，在現實中依樣畫瓢地確立一個俠的真實個體。這就是陳平原所描繪的流血暗殺之徒，滿身的義憤和悲劇，所以對它的

〔註85〕李孝悌編：《中國的城市生活》，第92〜131頁。
〔註86〕李孝悌編：《中國的城市生活》，第104頁。
〔註87〕李孝悌編：《中國的城市生活》，第105頁。

文學想像必然也是高亢的史詩風格，絕對的意志化，字句中充溢著政治對身體的消耗。另一種可以稱作「價值還原」，它是把俠的能指引向生活的超脫面，而非俠的所指。它將俠的戾氣化歸到生活的閒雅和瑣碎之中，從而激發出一種生命能量，促成一種飽滿的生命姿態，它不必像「實踐還原」那樣非要坐落在個體的實際行為上，在這裡它可以只是一種輕鬆的生命考量，自由的價值確立。對這樣一種還原所作的文學想像，也必然顯得輕靈活潑，它可以是抒情的幽懷別抱，在個性的疏解和排遣中寄託生命的價值與苦悶，確立自我的認同，即一種普實克所說的抒情風格，亦即是李歐梵所描繪的少年維特般消極而多愁善感的浪漫一代。但它同時也可以是以逸樂作為價值的頹廢縱情，任俠、善酒、不事生產，甚至狎妓縱欲，將文字與身體在遊樂中消費掉。這裡，身體不再是價值的祭品，只有用流血、傷痛、殘疾乃至死亡來獲取價值上的崇高，它僅僅只是一個被不斷消費的存在物，一如生命是向死的存在。它可以是伊格爾頓（Terry Eagleton）所說的「有事情可做的地方」〔註88〕，但它的方式絕不是瞬間的隕滅或赴義，而是不斷的蠶食、蠶噬。它的過程本身就沒有任何意義，而且這樣的方式往往又跟那些在價值觀與道德上積累了負面意涵的人、事、物、行為大有瓜葛，妓女、妓院、鴉片、煙館、服飾、遊具、麻將、繡鞋、身體、病痛、性……這些瑣細、不急之物軟弱、輕浮，沒有重量，但它們一經和廣大、堅硬的歷史、社會碰撞，馬上就會顯現出一種精神的極樂和至福。我以為，鴛蝴派和張愛玲就深具這種逸樂氣質。通常對鴛蝴的那些指謫，剛好都可以看作是對這種精神極樂的批判。封建殘餘、歷史逆流、洋場孽種，恰好也都是一種負面道德意涵的等價表述。周瘦鵑對紫羅蘭女郎的情愛消費、張愛玲對負彈傷員不聞不問的自私偏狹、劉雲若對煙館鴉片的流連沉迷，無不出於生命不斷耗盡的恐懼之感，這是一種游俠精神帶來的生命體驗。這種體驗表明，生命絕非是生機勃勃的普羅米修斯式的價值增殖過程，它卑鄙地處於一種持續不斷且毫無意義的損耗之中，它跟那些瑣碎之事物聯繫在一起，並最終走向失敗和寂滅。

通過以上分析，我們看到「游俠」意念在向現代文學還原的過程中出現了兩副截然不同的聲音，一種是高亢剛強的英雄男性之聲，一副是柔靡綿弱的庸常女性之音。這兩類聲音相互唱和，喧嘩，構成了一副完整的俠客之聲。而這樣一個有血有肉的形象恰是在探尋歷史真相時所必須的。自此，我們說，

〔註88〕特里・伊格爾頓：《後現代主義的幻想》，北京：商務印書館，2002，第83頁。

不論是潛流、逆流、暗流、反流，還是非主流，多主流，唯有將逸樂與擔當放在一個平臺上來考慮，方能還原一個真實的中國現代文學背景，提供一個更為廣闊的歷史視野，否則一切都無足觀！

第三節　新文學與鴛鴦蝴蝶派

　　以上我已用最簡省的方式，描繪了晚清以來，上海文壇的歷史現狀。事實上，許多事件和情形遠比這些文字本身來的複雜和艱深，但為了表述的需要，我不得不忽略其中的某些方向，同時強化另外一些，並適時地在其中構造出一種二元對立關係。當然需要言明的是，這種對立在很大程度上不是由我本人主觀臆造的，它是基於歷史對「新的崇拜」和「舊的推翻」的需要〔註 89〕。在通常的文學史寫作中，這兩個新舊完全不同的面相，正是由標題中的兩大文學陣營來充當表現的。但是本書的討論不是簡單地對這兩類文學作品做性質上的鑑別，而僅僅是借助客觀的陳述來指陳兩者之間的異同。在下面這個部分，我的論述就將主要集中在這兩類文學作品的作者、讀者以及它們媒介（期刊和主要的發行機構）之上。相信，通過這三個方面的描述，我們能對本書重點討論的兩個對象有一個初步的瞭解，並為下一章在內容上深入地探討他們做出必要的鋪墊。當然了，在一開始，我先要對這兩個概念本身作一點說明。

　　首先，這裡的「鴛蝴派」、「新文學」都不是指某個具體的文學派別，而是兩種傾向不同的美學態度和生命情調。他們是兩類在書寫形式和生命形態上截然有別的龐大知識群體，分別代表了那一世代文人不同的思想風尚，但他們卻沒有實質上的高下之分。「鴛蝴」是「舊」的，以傳統的形式書寫消閒、娛樂的內容；而「新文學」，則標舉「五四」文學運動的創作理念、採用西化敘述技巧、運用語體寫作，以啟蒙、救亡是尚，取向「現代」。

　　再次，「鴛蝴」這個概念是拜新文學作家所賜，雖然美麗，卻是罵名〔註90〕。

〔註89〕 羅志田：《新的崇拜：西潮衝擊下近代中國思想權勢的轉移》，《權勢轉移：近代中國的思想、社會與學術》，武漢：湖北人民出版社，1999，第 18～81 頁。
〔註90〕 魏紹昌曾形象地稱之為「美麗的帽子」，《我看鴛鴦蝴蝶派》，香港：中華書局，1990，第 1 頁。另外，有關「鴛蝴」名稱的來源，還有一說，出自平襟亞的《「鴛鴦蝴蝶派」命名故事》一文，但論者皆以為此說並不可信。故事說，1920年某日，松江楊了公作東，請滬上名士姚鵷雛、朱鴛雛、許瘦蝶、成舍我等人在上海漢口路小有天酒店敘餐。席間，朱鴛雛脫口成句：「蝴蝶粉香來海國，

我這裡用它，不取它的貶義，而是出於約定俗成的考慮。再者，「鴛蝴」這個概念本身內涵流變很大，前後所指不一，不同的人也有不同的理解〔註91〕，直到現在，對它名下的代表人物，如張恨水的歸屬問題仍存疑議〔註92〕，這一點不像新文學那樣明晰。所以，這裡我先不說取捨問題，而是單列現象，到最後讓它自己來個其義自現。

　　最後，在中國現代文學史上，「新文學」因場域占位的需要，對「鴛鴦派」發動過多次文攻。對其中出現的措辭，以及後來沿此思路寫成的文學史，我們需要謹慎對待，客觀處理。

一、命名：新文學與鴛鴦蝴蝶派

　　關於「鴛蝴」的來源，魯迅在《上海文藝之一瞥》裏有個形象的說法，他講：「這時新的才子+佳人小說便又流行起來，但佳人已是良家女子了，和才子相悅相戀，分拆不開，柳陰花下，像一對蝴蝶，一雙鴛鴦一樣……」〔註93〕1912 年，徐枕亞的《玉梨魂》出版，銷量達到了幾十萬冊，勢力波及香港、新加坡等處，翻版偽版不計其數，擁蔓效尤更是此起彼伏，在在掀起了一股言情的熱浪。這個香豔的愛情故事，以精巧的四六駢文寫成，裏面充滿了大量感傷的詞句，有關鴛鴦、蝴蝶的比喻更是連篇累牘，以致於周作人1918年4月19日在北京大學文科研究所作題爲《日本近三十年小說之發達》的演講時，用了一個「《玉梨魂》派的鴛鴦蝴蝶體」的說法，以示評判。嗣後，錢玄

鴛鴦夢冷怨瀟湘。」一座稱奇。歡笑間，劉半農聞聲闖席。劉入席後，朱鴛雛道：「他們如今『的、了、嗎、呢』，改行了，與我們道不同不相爲謀了。我們還是鴛鴦蝴蝶下去吧。」後來，劉半農認爲駢文小說《玉梨魂》犯了空泛、肉麻、無病呻吟的毛病，該列入「鴛鴦蝴蝶小說」。朱鴛雛反對道：「『鴛鴦蝴蝶』本身是美麗的，不該辱沒它。《玉梨魂》使人看了哭哭啼啼，我們應該叫它『眼淚鼻涕小說』。」一座又笑。范伯群認爲這篇故事讀來雖然生動，卻不符歷史事實，趙孝萱亦持此論，原因是錢玄同早在1919年就提出了這一說法。范伯群：《禮拜六的蝴蝶夢——論鴛鴦蝴蝶派》，北京：人民文學出版社，1989，第41～44頁；趙孝萱：《「鴛鴦蝴蝶派」新論》，蘭州：蘭州大學出版社，2004，第3～4頁。

〔註91〕林培瑞認爲，鴛蝴概念使用上的混亂，是從五四開始的。一般非共產黨的著作裏使用這個概念是指言情小說，而共產黨的著作裏則用它來概括所有的舊派小說。他本人是在廣義上使用這個概念。培瑞‧林克：《論一、二十年代傳統樣式的都市通俗小說》，賈植芳主編：《中國現代文學的主潮》，第121頁。

〔註92〕趙孝萱：《從張恨水的文學史定位，談現代文學研究的史觀問題》，《「鴛鴦蝴蝶派」新論》，蘭州：蘭州大學出版社，2004。

〔註93〕魯迅：《上海文藝之一瞥》，《魯迅全集》（第4卷），第230頁。

同又受了啓發，乾脆就稱此類小說爲「鴛鴦蝴蝶派的小說」，並將其與「黑幕小說」相提並論。1919 年 2 月 2 日，周作人又在的《每周評論》上發表文章《中國小說裏的男女問題》，文中談到：「近時流行的《玉梨魂》，雖文章很肉麻，爲鴛鴦蝴蝶派小說的祖師，所記的事，卻可算一個問題。」〔註94〕從此，「鴛蝴」這個稱謂就被確定下來，專門用來指以徐枕亞《玉梨魂》爲代表的四六駢體言情小說。它的作家構成非常有限，僅僅包括了徐枕亞、李定夷、吳雙熱和其他少數人。

但而後，隨著「五四」的到來，「鴛蝴」概念開始了它戲劇性地擴大。起初是被認爲所指太過狹隘，要幫它另立新的名頭來涵蓋不同的傾向〔註 95〕；後來，索性就用它來泛指一切流行的舊派小說。這樣，在它的名下就不單有言情小說，還包括了社會小說、武俠小說、偵探小說、歷史小說、滑稽小說、宮闈小說、民間小說、反案小說等許多種類。其體裁更是涵蓋散文、雜文、隨筆、譯著、尺牘、日記、詩詞、曲選、小說、筆記、新聞、笑話、影評、戲評、彈詞、古典劇本等諸種品相。而史上，造成這種概念擴張的時間應在1932 年。那一年阿英寫《上海事變與鴛鴦蝴蝶派文藝》，第一次將「鴛蝴派」的概念擴展到言情小說以外的作家，把張恨水、顧明道、汪仲賢、程瞻廬等人都歸到了「鴛蝴」的行列〔註 96〕。而我們前引魯迅的《上海文藝之一瞥》一文，發表於 1931 年，仍然只將鴛蝴看作言情小說。可見，正是從這一年起，鴛蝴概念才有了實質性的變化，成了新文學陣營之外一切舊小說的代名詞。

概念無限擴大，導致「鴛蝴」成爲一個泥沙俱下、魚龍混雜的大口袋，而緊隨其後的就是對它更爲嚴苛的指責——「地主意識和買辦意識的混血種」、「半封建半殖民地十里洋場的畸形兒」、「遊戲消遣的金錢主義」〔註97〕……

〔註94〕 范伯群：《禮拜六的蝴蝶夢‧論鴛鴦蝴蝶派》，第 43 頁。
〔註95〕 茅盾的一段話可供我們參考：「我以爲在『五四』以前，『鴛鴦蝴蝶』這一名稱對這一派人是適用的。（何以稱之爲『鴛鴦蝴蝶』，據說是他們寫的『愛情小說』，常用『卅六鴛鴦同命鳥，一雙蝴蝶可憐蟲』這個濫調之故。）但在『五四』以後，這一派中有不少人也來『趕潮流』了，他們不再老是某生某女，而居然寫家庭衝突，甚至寫勞動人民的悲慘生活了，因此，如果用他們那一派最老的刊物《禮拜六》來稱呼他們，較爲合式。」茅盾：《複雜而緊張的生活、學習與鬥爭》，《茅盾全集（34）：回憶錄一集》，北京：人民文學出版社，1997，第 207 頁。
〔註96〕 錢杏邨：《上海事變與鴛鴦蝴蝶派文藝》，魏紹昌編：《鴛鴦蝴蝶研究資料》，第 76～89 頁。
〔註97〕 范伯群選編：《鴛鴦蝴蝶——〈禮拜六〉派作品選‧代序》，北京：人民文學出版社，1991，第 1 頁。

這些必要的措辭，在一個試圖更新換代的社會，很快起了作用，他們得到了大多數人，當然也包括部分鴛蝴讀者的認可，爲此，他們迅速聚集了人氣，同時也達到了打壓「鴛蝴」的目的〔註98〕。由此我們說，從所謂的命名開始，到後來的擴大概念，這一切不過是新文學爲了確立場域占位而進行的一個謀篇佈局。

場域占位有攻有守。新文學作家在概念上製造煙霧，鴛蝴派就在概念上予以回應。包天笑、周瘦鵑、鄭逸梅等人紛紛出來闢謠，試與「鴛蝴派」撇清界限，而且有人還拿出了新的名號，以示區分，比如周瘦鵑的「禮拜六派」，范煙橋的「民國舊派小說」〔註99〕。但是，五四話語盛極一時，根本不是幾個人一兩句話可以隨意撼動的，於是這就造成了文學史上，對鴛蝴理解一邊倒的傾向。這種傾向延續至今，影響深遠，我們現在的闡釋大多只能屈從於此，將其寬泛地理解成一切舊小說的總代稱。

既然概念是約定俗成，那麼我們就不必斤斤計較裏面的得失，反而需要把注意力轉到它們的具體構造上，借助這些細部剖析來一探它們的究竟和異同。下面就讓我們先從它們的作者群開始談起。

二、作者：現代士人和現代名士

上面我們已經提到，整個中國現代作家群體，基本上呈現出兩種完全不同風貌的文學取向，一者崇洋，一者尚古。而仔細地考察這兩類作家的生平，及其對他們的情感影響，將有助於我們更好地理解這兩類取向不同的作家群體是何以造成，並相互區別的。

首先，對新文學的作家而言，他們大多數人都走了以下一條生活道路：「（1）從出生的小村子或小鎮；（2）到大城市受高等教育；（3）到日本或歐洲留學（未必學文藝）；（4）最後回到大城市（常常是北京或上海）成了作家、編輯、教授、政府官員等顯赫人物。遵循這條軌迹的，包括重要作家魯迅、郭沫若、茅盾（原名沈雁冰，1896～1981）、老舍（原名舒慶春，1899～1966）、

〔註98〕 儘管這種由一方加入另一方的現象在讀者中並不常見，但確實那些在一、二十年代只讀鴛蝴小說的「新式」讀者和學生，在三十年代初期成了巴金、茅盾、曹禺等作家的追隨者。這其中有部分原因是民族危機，而另一部分則是新文學作家開始採納一些鴛蝴的特點，以擴大讀者面，比如巴金的《家》就採用了一種浪漫主義的手法。參見培瑞·林克：《論一、二十年代傳統樣式的都市通俗小說》，賈植芳主編：《中國現代文學的主潮》，第129～130、140頁。
〔註99〕 趙孝萱：《「鴛鴦蝴蝶派」新論》，第38～39頁。

巴金（原名李堯棠，1904 年生）、曹禺（原名萬家寶，1910 年生）、艾青。」
〔註 100〕

　　在這部分文人身上，我們能夠看到一股新的明確的現代意識。他們大力推介外國文藝，熱衷外國時尚和新式思想，並以此爲指導，建立各種壁壘分明的社團、流派，然後相互論戰，以尋求最優的方式來介入中國現實，解決中國問題。對他們而言，「文學並非以藝術爲終點，他們的使命感促使他們把自己看爲社會改革者和國家良心的發言人。」〔註 101〕而且正是基於這種（新）文學有益於社會的自信，不斷鼓舞著他們在文學的形式和內容上做出探索，但是應當指出的是，不論這種探索如何新潮，他們始終都沒有脫離中國的現實。對於寫作，他們的仍然秉持著一種感時憂國的心態。在這點上，他們很接近傳統的士大夫，只是他們的思想「現代化」了，因此可以稱他們爲「現代士人」。

　　而不同於此，鴛蝴則展示了與傳統和現代的另類關係。他們流連詩酒，愛好美人名花，比起評議時政、干涉國家大事，他們更願意仔細經營自己的日常生活。當然，這並不是說，他們完全無心政治，而只是想借休閒、逸樂的方式來反映人生和政治的惆悵，婉轉地表達他們對現實的要求。像晚明一代的王世禎、冒闢疆等人都是通過這樣的形式來驅遣內心塊壘，疏解政治鬱結的，所以我們可以把鴛蝴叫作「現代名士」〔註 102〕。

　　這些名士多數都出生在蘇州、杭州、常熟這樣以盛產才子而聞名的城鎮。在那裡他們接受了傳統最後的輝照，受它影響，卻又得不到它的提攜，科舉一廢，他們只得另謀出路。而那時，上海是他們最好的去處，不但機會眾多、思想新鮮，而且又離家不遠。如果運氣夠好，經人舉薦，更可以謀得一個不錯的碗飯，比如教師、律師、醫師、記者、編輯甚至官府幕僚。當然，在找到正職以前或者工作的閒暇之餘，他也可以一試身手，譯上或寫上一月故事投寄給琳琅滿目的新興報刊。只要文字刊載，就可以得到一筆不菲的稿酬，如果引發轟動，那更可以藉此聲名鵲起，成爲大作家。但是，成爲作家並不使他們眞正變得開心，因爲他們厭惡那種純粹以買賣文字來生活的方式，所

〔註 100〕張英進：《中國現代文學語電影中的城市》，第 18～19 頁。
〔註 101〕李歐梵：《中國現代作家中浪漫的一代》，第 37 頁。
〔註 102〕有評論認爲，鴛蝴的消閒觀念是「受了老莊的消極的人生觀的影響，對於一切事，都半是採取遊戲的態度，以『玩世不恭』爲『名士』的特徵」，見 C.P.：《著作的態度》，范伯群、芮和師等編：《鴛鴦蝴蝶派文學資料》，福州：福建人民出版社，1984：736～737。

以他們的筆名除了詩情畫意之外，也有部分是表示自我嘲諷和揶揄的。而這多少是受了傳統影響的緣故〔註103〕。

鴛蝴的社團——青社和星社——是大家「公餘的文酒之會」，組織鬆散，通常只是賦詩雅集、饕餮豪飲〔註104〕，並不像新文學的文研會、創造社那樣章程嚴密、口號清晰，力圖對社會有所助益。所以，從這一點來講，新文學有著明顯的「學者氣」，嚴謹而專於社會管理，有的是理論功夫；而鴛蝴則是「才子氣」，仗氣騁才，行事灑然，不談什麼章法，往往是詞採勝，而不是理論強。正因如此，這兩派的人，往往在人名、書名上就是性格鮮明、涇渭不同的。鴛蝴的人是包天笑、周瘦鵑、張恨水、嚴獨鶴、陳小蝶、姚鵷雛、鄭逸梅、朱瘦菊、秦瘦鷗……，書是《花月痕》、《玉梨魂》、《廣陵潮》、《啼笑因緣》、《金粉世家》……一派柳明花豔，蝶飛鶴舞，柔糜酥軟至極，和新文學陽剛偉碩的茅盾、鄭振鐸、《雷雨》、《日出》、《吶喊》等迥然不同，難怪魯迅會專門寫一篇文章叫做《名字》去譏諷他們。另外，這裡還需提一句的是，儘管鴛蝴作家多偏向以女性化的筆名寫作，但他們的隊伍中卻實在沒有一個真正的女性，少數幾個撰稿的女子也不過是名作家的妻女而已〔註105〕。

鴛蝴有蘇州幫和揚州幫，那是按作者的籍貫來分；也有南派和北派之別，又是按作家的地理分佈來講。這和新文學的「京派」、「海派」很不一樣，它們之間的分流，完全是因為審美趣味上的不同造成的。而這種分法就有點像新文學和鴛鴦蝴蝶派，或許正因如此，沈從文就說：「過去的『海派』與『禮拜六派』不能分開。那是一樣東西的兩種稱呼。『名士才情』與『商業競賣』相結合，變成立了我們今天對海派這個名詞的概念。」〔註106〕說鴛蝴是「名士才情」，這一點不可否認，上面我們也已經說了，「他們多有深厚的藝術才情和詩文造詣，人人都懂詩、懂字、懂戲、懂金石古董，而且講究生活的興味。……對傳統文類與傳統美學有不可抑扼的信仰。」〔註107〕但至於說到「商業競賣」，就未免有失偏頗。這不僅是因為，商品經濟下，文學商業化無可厚非，同時

〔註103〕趙孝萱：《「鴛鴦蝴蝶派」新論》，第11～15頁。
〔註104〕范伯群：《中國現代通俗文學史》，第239～243頁。
〔註105〕林培瑞：《論一二十年代傳統樣式的都市通俗小說》，賈植芳編：《中國現代文學的主潮》，第129頁。
〔註106〕沈從文：《論「海派」》，《沈從文文集》（12卷），廣州：花城出版社，1984：158。
〔註107〕趙孝萱：《「鴛鴦蝴蝶派」新論》，第13頁。

也是因爲，鴛蝴文人寫小說、譯小說，雖不一定有新文學的治世高標，但決不會爲了牟利而去投機倒把。袁進和趙孝萱兩位提醒我們，文學僅僅是他們的副業和理想，他們與書商畢竟不同〔註108〕。

雖然沈從文的定論並不恰切，但卻爲我們指出了鴛蝴的兩面：「名士才情」是它的傳統，而按稿取酬就是它的現代。而且現代這一面遠不只如此，比如他們還編白話報、辦女子雜誌，在《餘興》、《民權素》、《自由談》這樣的報紙副刊上寫遊戲文章，指點江山〔註109〕。另外，他們也長於翻譯，大力推介外國文藝，對新生事物保持了開放心態。周瘦鵑翻譯《歐美名家短篇小說叢刊》，受到了魯迅讚揚；《禮拜六》多元、開放，充滿了西方圖像和外國思想；徐卓呆從日本引入了學校體操，編寫了最早的體育課本……〔註110〕這一切都說明，鴛蝴的作者決不是一個膠柱鼓瑟、固步自封的舊文人。反倒是包天笑的一句：「提倡新政制，保守舊道德」〔註111〕透出了其中古典現代交結的因素，有那麼一點「現代名士」的意味。

三、讀者：新青年與現代小市民

鴛蝴的作者既新又舊，展現了傳統與現代之間永恒的辯證，儘管新文學的作家也身在其中，但他們卻主張斬斷傳統，大膽地移植西方，而這無疑影響到了他們各自的讀者構成。鴛蝴的讀者，有舊的紳士，也有新的青年學生，而新文學的讀者，則主要是後者，他們的形象和其閱讀的一本主要刊物一樣意象鮮明──「新青年」。

但是，描述到此爲止，其他更爲詳盡的細節，比如他們年齡構成、性別比例、階層從屬、地區分佈以及具體的人數等等，還有待繼續開發。布迪厄的研究避開了讀者問題，那是有原因的。因爲對於文學生活當中那些沒有批判能力和生產能力的人物而言，我們永遠無法求得實際的瞭解，因此，許多有關於此的結論往往只是推測而已。這些推測可能來自某個目擊者的書信、日記或者回憶錄，也可能能來自其它不同的渠道，比如下面我會從雜誌的內容、廣告、定價等角度來考察鴛蝴的讀者構成。

〔註108〕趙孝萱：《「鴛鴦蝴蝶派」新論》，第 12 頁 ；袁進：《鴛鴦蝴蝶派》，第 94～95 頁。
〔註109〕Perry Link, *Mandarin Ducks and Butterflies*, pp. 164～170.
〔註110〕趙孝萱：《「鴛鴦蝴蝶派」新論》，第 14、94～124 頁。
〔註111〕包天笑：《釧影樓回憶錄》，第 391 頁。

那為什麼只是談論鴛蝴的讀者，而不是新文學的呢，這裡必須作一點說明。因為相對於鴛蝴讀者群的龐大蕪雜，新文學的就顯得明確許多。20 年代茅盾有個文章，裏面說的很清楚，他講：「現在熱心於新文學的，自然多半是青年，新思想要求他們注意社會問題，同情於『被損害者與被侮辱者』……」〔註112〕關於這一點，後來李歐梵在對 1920 年代和 1930 年代初期加入文壇的青年男女的生活故事作揭示時，得到了佐證。他說，20 年代新式思想被普及化和庸俗化，一個青年能夠獲得現代文人的身份，首要的資格就是「訂閱《新青年》和更多新文學雜誌，如《創造季刊》」〔註113〕。而且不光如此，在我們前節引述李陀的一段文字中，更是精確地出現了讀者數目「充其量也不過一萬人」的論述。當然，這僅僅只是五四之後一段時間內的情形，30 年代以後，情況發生了極大轉變，這其中不單有政治原因（戰爭加劇）、文學原因（文藝大眾化運動），更有政治介入文學的原因（毛文體的形成）。那時他們的讀者群已急速擴大，但他們最珍視的無疑還是青年學生。像當初郭沫若說鴛蝴「奪了新文學的朱」，指得就是鴛蝴壟斷了五四時期的小說市場，腐蝕了青年意志。「爭論的論點是那麼的緊迫和鮮明，以至五四初期的各派團體竟不顧宗派分歧而全部熱情洋溢地投入了這場進攻。」〔註114〕

而像我們說過的，論爭最好的方式不是自我標榜，而是消解他者。為了警示這些溺於消閒的青年學生，新文學作家使用了「小市民」這個帶有貶責意味的名詞來稱呼鴛蝴的讀者〔註115〕。他們希望青年學生，因為該詞所隱射的惡劣氣息，而自覺疏遠。但可惜的是，這些青年不但沒有放棄鴛蝴，反而同其他人一道推動了鴛蝴一波接一波的小說浪潮，並在言情小說這一浪中扮演了絕對的主力。儘管到目前為止，沒有任何有關「小市民」的充分理論解釋和數值統計，但是，這個流行的概念本身已經清楚地表明：它是一個在通商口岸這種受到西方影響的商業環境中成長起來的特殊群體。林培瑞說，「小

〔註112〕沈雁冰：《自然主義語中國現代小說》，范伯群、芮和師等編：《鴛鴦蝴蝶派文學資料》，第 760 頁。

〔註113〕李歐梵：《中國現代作家中浪漫的一代》，第 35、38 頁。

〔註114〕林培瑞：《論一二十年代傳統樣式的都市通俗小說》，賈植芳編：《中國現代文學的主潮》，第 121 頁。

〔註115〕沈雁冰《封建的小市民文藝》一文說，鴛蝴的讀者「大部分是小市民層中的成年人」；而錢杏邨《上海事變語鴛鴦蝴蝶派文藝》一文則認為鴛蝴作品「一般為封建餘孽以及部分的小市民層次所歡迎」，魏紹昌編：《鴛鴦蝴蝶派研究資料》（上卷）。

市民」這個概念通常包括職員、學生、小商人以及其他一些所謂的「小資產階級」〔註116〕。而以下的幾個方面可以幫助說明這一點。

第一，由內容推知。鴛蝴小說起於言情，最初是用典雅的四六駢文寫，這說明它的讀者當中有很大一部分是傳統文人或者說老式讀者。他們習慣於文言閱讀，流連各種傳統文類。鴛蝴作品中的詩詞曲集、傳奇、彈詞、雜文、詩話等，文字艱深，多用古文或駢文，應是為他們所製，因為這些並不能為一般的小市民所領會。鴛蝴的言情小說內容多關涉青年男女的戀愛問題，且又有沖決傳統婚姻制度的決心，所以，它成了那些私奔到上海的青年男女及未婚人士的「愛情教科書」，幫助青春期的少男少女宣泄了他們的情感〔註117〕。1910年代中期，上海的中學生幾乎都是《玉梨魂》的熱情讀者〔註118〕，而其他城市的「粉絲」亦不在少數。末代狀元劉春霖的女兒劉沅穎正是感於徐枕亞的文字才華，而與他結下一段秦晉之好。

鴛蝴雜誌《禮拜六》，裏面也有許多內容是寫新式學校里師生感情、學生戀愛的，比如第10期的《離恨天》、153期的《一年》、166期的《情海雙淪記》、198期的《情果》，199期的《畫餅夫人》……，這都反映出鴛蝴有著龐大的知識界讀者，而且多是年輕讀者。關於這一點，借助改革前《小說月報》一位讀者的來信也可窺得一二。他說：「今青年子弟，多半誤於不良小說。學校百日教修身，不敵言情小說數百字。」〔註119〕由此可見，言情小說的讀者多數是年輕的在校學生和青年男女。

第二，由廣告推知。拿《禮拜六》雜誌來講，它的每一期上都有中華圖書館自己的各種書籍廣告，內容含括小說、辭典、詩詞文集、地理、拳術、字帖等，這說明它讀者中至少有部分是那些具有相當知識涵養或經濟能力的讀書人。其他的廣告，像香煙、雪花膏、花露水、京戲唱片、中華眼鏡、新式燈泡、風扇、紡紗機以及照相館、樂器行、烏雞白鳳丸、小兒回春丸、保腎固精丸等，都顯示了鴛蝴的讀者決非一般的城市居民，而是有著相當收入

〔註116〕Perry Link, *Mandarin Ducks and Butterflies*, p.189.
〔註117〕周作人說，《玉梨魂》雖然肉麻，卻是一個問題。范煙橋也說，「此等作品，在青年企求家庭幸福時代，最為合適。惜乎詞章過量，徒費筆墨而已。」參見范伯群、芮和師等編：《鴛鴦蝴蝶派文學資料》，第247頁。
〔註118〕林培瑞：《論一二十年代傳統樣式的都市通俗小說》，賈植芳編：《中國現代文學的主潮》，第125頁。
〔註119〕鐵樵（惲鐵樵）：《論言情小說撰不如譯》，陳平原、夏曉虹編：《二十世紀中國小說理論資料》，第531頁。

的城市中產階級，他們或受新式教育，或受西學薰陶，在城市中從事著腦力勞動、文化事業、行政業務或者商業貿易等活動。而且其中不乏女性，像雪花膏、棕櫚香皂、花露水等，都是上流社會的女性，如姨太太、少奶奶、小姐、女學生等人才會使用的奢侈品。

　　另外，還有一些廣告也可以幫助證明，鴛蝴的讀者不僅新式，而且不乏資產。比如有辦新式學校募款、賑災募款、徵文活動或銀行有獎儲蓄，甚至兜售新式結婚證書的廣告。據說，新式婚禮正是辛亥革命前後，由上海的新式知識青年發起的，目的就是反對當時婚喪嫁娶中的奢靡之風〔註120〕。

　　第三，由定價推知。1910 年代，雜誌售價不菲，通常是一到五毛一本，書籍是三到八毛一本，而到了 20 年代，一個上海工人家庭平均每年用於休閒的花銷仍然只有一元錢而已。這就是說，一本雜誌的讀者如果不是特別有錢，那麼他至少有什麼便利的渠道可以讀到它們。前一類人包括了商人、地主、銀行家、工業家以及他們家庭成員；部分在政府機構任職的改良派知識分子；部分沉迷鴉片、冒險與夜生活的「浪蕩子」（full-time amusement seekers）；以及一大批並未在城市生活，卻又相當迷戀城市讀物的鄉紳，他們通過郵局來訂閱小說雜誌。比如身在紹興的魯太夫人就是借兒子魯迅郵寄圖書的方式，讀到了「張恨水們的小說」。

　　後一類讀者，主要是青年學生、店員及辦公室職員。為了節省開支，他們通常只是分享資源，在商鋪、辦公室、學校相互傳閱書刊雜誌，並作口頭上的交流。職員和店員可以在飯間休息或經營冷清時去閱讀，而學生則可以把小說藏在抽屜裏，時不時地瞄上幾眼〔註121〕。當然，像圖書館這樣的公共設施也很完善，只要可能，他們也可自由地去那裡閱讀自己鍾愛的書刊〔註122〕。另外，也有出於商業目的而創辦的租書鋪，雖然要收取一定的費用，但是比起直接購買它們又無疑實惠許多〔註123〕。

〔註120〕趙孝萱：《「鴛鴦蝴蝶派」新論》，第 105～107 頁。

〔註121〕Perry Link, *Mandarin Ducks and Butterflies*, pp.189～191.

〔註122〕據說在向愷然的《江湖奇俠傳》熱銷之時，東方圖書館曾購得一本供讀者借閱，誰知因為借的人太多，不久就看得破爛不堪，只好再買，誰知過了不久又被看破了，只得再買一部……，如此反反覆覆，竟買了 14 次之多。由此可知，在當時的公共圖書館讀書還是較為便利的。參見袁進：《鴛鴦蝴蝶派》，第 118 頁。

〔註123〕陸士諤在小說《新上海》中描述了當時的租書業，並且他本人也在上海經營這個業務。另外，在當時的報刊上許多都刊有租書廣告，見李孝悌編：《中國的城市生活》，第 259 頁；魏紹昌：《我看鴛鴦蝴蝶》，第 107～109 頁。

第四，由其他文字推知。這部分文字可以是傳記、書信、回憶錄，或雜誌上的發刊詞及其他文字材料。拿上面說過的《玉梨魂》來講，有好幾組材料都可以證明它的讀者是年華正好的青年，而不是什麼封建的小市民。比如張恨水 1929 年 7 月 9 日發在《世界日報》上的文章──《玉梨魂價值墮落之原因》裏說到：「在十年前，二十歲以下之青年，無人未嘗不讀《玉梨魂》……曾幾何時，《玉梨魂》三個字，幾為一般青年所知。」〔註 124〕著名作家丁玲就是其中之一，她說：「那時讀小說是消遣，我喜歡有故事有情節有悲歡離合。古典的《紅樓夢》、《三國演義》、《西遊記》甚至唱本《再生緣》、《再造天》，還有讀不太懂的駢文體鴛鴦蝴蝶派的《玉梨魂》都比『阿Q』更能迷住我。」〔註 125〕另外，傑克的回憶文章《狀元女婿徐枕亞》裏也講：「那時候小說的作風，不是桐城古文，便是章回體的演義，《玉梨魂》以半駢半散的文體出現，以詞華勝，卻能一新眼界。雖然我前面曾經說過，文格不高，但在學校課本正盛行《古文評注》、《秋水軒尺牘》的時代，《玉梨魂》恰好適合一般淺學青年的脾胃。時勢造英雄，徐枕亞的成名，是有他的時代背景的。」〔註 126〕

再舉張恨水的例子來看，有回憶材料說他的《金粉世家》引起了熱潮，「特別是有文化的家庭婦女，都很愛讀；那些閱讀能力差的、目力不濟的老太太，天天讓人念給她聽。」〔註 127〕1930 暮秋，張恨水來上海，又有資料說，「上至黨國名流，下至風塵少女，一見著面，便問《啼笑因緣》」〔註 128〕。一代才女張愛玲更是毫不隱諱她對張恨水的喜愛之情，與另一位喜歡張資平的同學大加辯論，常常爭得不可開交〔註 129〕。

再看鴛蝴雜誌的發刊詞或者短引，中間有好些信息都牽涉了讀者問題。比如下面這兩則材料，《〈小說畫報〉短引》和《香豔雜誌第一期內容披露》，裏面各自都鼓吹自己的雜誌是「雅俗共賞，凡閨秀、學生、商界、工人無不

〔註 124〕轉引自趙孝萱：《「鴛鴦蝴蝶派」新論》，第 8 頁。
〔註 125〕丁玲：《魯迅先生和我》，《新文學史料》，1981 年第 3 期。
〔註 126〕轉引自范伯群主編：《中國近現代通俗文學史》，第 276 頁。
〔註 127〕轉引自范伯群：《中國現代通俗文學史》（插圖本），第 452 頁。張恨水自己的回憶錄裏也談到了婦女對《金粉世家》的熱衷，見張占國、魏守忠編：《張恨水研究資料》，天津：天津人民出版社，1986，第 41 頁。
〔註 128〕轉引自袁進：《鴛鴦蝴蝶派》，第 140 頁。
〔註 129〕張愛玲對鴛蝴、小報的喜歡有案可查，她不但表示了對張恨水的喜愛，同時也對顧明道、李涵秋的小說作過批評，參見張愛玲：《張愛玲文集》（第四卷），合肥：安徽文藝出版社，1996，第 49、83、89、129、295 頁。

咸宜」，「少年讀之，翩翩自喜；老年讀之，暮景全忘；文人讀之，詞華煥發；武人讀之，儒雅非常；夫人讀之，伉儷彌篤；女郎讀之，齒頰留芳」〔註130〕。可見，當時鴛蝴的讀者面分佈比較廣，各行、各業、各界、各年齡階段都有，這與惲鐵樵的一個推測很是相近，他講：「弟思一小說出版，讀者為何種人乎？如來教所謂林下諸公其一也；世家子女之通文理者也；男女學校青年其三也。商界農界讀者必非新小說藉，曰其然，恐今猶非其時。是故月報文稍艱深，則閱者為上三種人之少數；月報而稍淺易，則閱者為三種人多數。」〔註131〕

此外，還有其他的方式可以推測讀者。比如，在武俠小說風行的 20 年代，報紙上每天都登出尋人啓事，「多半是家長尋找走失的中小學生，原來他們在這股武俠狂中，結伴離家上山尋師求仙去了。」〔註132〕還有更直接的材料，是《禮拜六》後百期的小說多為讀者投稿，投稿者的名字旁邊又多附著他的工作單位或學校，身份一目了然。〔註133〕

這樣，借上面幾個方面的考察，我們大致可以推測鴛蝴的讀者應該不是低階層的市民，而是以青年學生、有錢人及知識分子為主。他們多數為男性，但少數受過舊式教育的閨秀，也在其列。而至於這個男女比例到底達到了多少，我們現在仍無法推測。另外，像讀者的規模、分佈情況，我們大概能從鴛蝴小說、雜誌的發行地、銷量這些指標上猜測出一個大致。林培瑞的估計是，在 1910～1920 年間，上海地區的鴛蝴讀者在 400,000～1,000,000 之間，而當時上海的總人口大約有 1,400,000～3,200,000 人。換言之，在當時，上海有近三分之一的人口都是鴛蝴的讀者〔註134〕。

四、媒介：吶喊現代和懷念傳統

在五四運動最激烈的那幾年裏（1917 到 1921 年間），全國大約有 1000 餘種報刊面世，用於宣揚新文學。而此前已經面世的刊物，則紛紛出現改革態

〔註130〕此處標點係筆者所加，引文見范伯群、芮和師等編：《鴛鴦蝴蝶派文學資料》，第 13、18 頁。另外，《禮拜六》雜誌第 46 期上，天虛我生的一段文字也可供參考，他說：「一般青年於休暇日，手持一編，如對良師，恍逢益友，擇善以從，除惡務盡。其有裨於世道人心，正非淺鮮。」見趙孝萱：《「鴛鴦蝴蝶派」新論》，第 122 頁。

〔註131〕惲鐵樵：《答某君書》，轉引自謝曉霞：《〈小說月報〉1910～1920：商業、文化與未完成的現代性》，上海：上海三聯書店，2006，第 97 頁。

〔註132〕魏紹昌：《我看鴛鴦蝴蝶》，第 195 頁。

〔註133〕趙孝萱：《「鴛鴦蝴蝶派」新論》，第 106 頁。

〔註134〕Perry Link, *Mandarin Ducks and Butterflies*, p.16.

勢，爲將來的進步作好了準備；此後更有數以百計的「文學副刊」和雜誌跟風而至〔註135〕。但是，這些報刊不是過於短命，就是由於缺乏鮮明的個性和有效的文學策略而被埋沒，僅有少數幾個刊物爲人所知，《新青年》（1915）、《每周評論》（1918）、《新潮》（1919）、《少年中國》（1919）……。但即便是這些比較著名的刊物，也存在著即刻被人遺忘的危險，比如《新青年》。據悉，《中國新文學大系》的編撰，正是出於保存五四文學運動成果的需要。大量的文學作品和評論，由各處名家從《新青年》雜誌中摘選出來，按類編撰成冊，然後作序推薦，發向市場。劉禾說，這個行爲不是簡單的保存文獻，而是一種必要的文學史鬥爭和權力運作〔註136〕。

而這個鬥爭的對象，正是長久以來把持報刊市場的鴛蝴派。起初，他們在報刊上連載言情小說，後來又極寫各類黑幕故事，到了1914年更推出一本《禮拜六》，主打「休閒」品牌，從此，遊戲、消遣的報刊就開始層出不窮地出現在中國文壇。據目前的保守估計來看，僅上海一地就有雜誌113種，小報45種，大報副刊4種〔註137〕。雖說這些報刊未必在數量和壽命上勝過新文學，但是有一點可以肯定的是，它們在招徠讀者方面更爲在行。兩個明顯的例子就是，在茅盾改組《小說月報》之後，商務又另闢一個《小說世界》，以供鴛蝴使用；《申報》副刊「自由談」在讓給新文學後不久，又開出一個鴛蝴副刊「春秋」。這些精明的書商，既懂得如何利用社會「新」的走勢去提升自我，又有著一套「舊」的策略來留住讀者。

張灝有關「五四思想兩歧性」〔註138〕的意見表明，要想在晚清以降的社會文化中，實現一種新舊雅俗截然兩分的「砍頭」儀式並不可能，在更多的時候，它表現爲那種「用毛筆書寫英文」〔註139〕的纏擾形象。他們不但是在「重思現代」與「炫耀現代」之間遊走，更是在對傳統的「懷舊」和現代的「吶喊」之中徘徊。前者表現爲新文學內部京派與海派的分歧和對話，後者

〔註135〕周策縱：《五四運動：現代中國的思想革命》，周子平等譯，南京：江蘇人民出版社，2005，第181～186頁。

〔註136〕劉禾：《跨語際實踐》，第308～341頁。

〔註137〕魏紹昌編：《鴛鴦蝴蝶派研究資料》（上卷），第364～368頁。

〔註138〕按張灝意思，五四思想的兩歧性表現在四個方面：理想主義與浪漫主義、懷疑精神與「新宗教」、個人主義與群體意識、民族主義與世界主義。見張灝：《重訪五四：論五四精神的兩歧性》，《張灝自選集》，上海：上海教育出版社，2002，第251～279頁。

〔註139〕這個形象原是指廢名，見史書美：《現代的誘惑》，第214頁。

則複雜地體現為從劉半儂、葉匋到劉半農、葉聖陶的身份穿插和轉換，現代文學之父魯迅終其一身都在其中經受這種考驗，而無法自拔〔註140〕。所以，賀麥曉的意見是，新文學應被看作是包含多種風格，且與其他風格處於共存、競爭的現代寫作〔註141〕。

而同樣的，這種「兩歧性」也應成為我們理解鴛蝴的重要原則。近時的一些研究，如紀培爾（Denise Gimpel）的《失落的現代之聲》（*Lost Voices of Modernity*）、袁進的《鴛鴦蝴蝶派》等，都揭示了鴛蝴擁抱西方思潮的方面，打破了他們守舊的成見〔註142〕。舉《小說月報》來講，這本雜誌通常是被看作某種斷裂與蛻變的代表。在1920以前，它還是鴛蝴小說的大本營，可是之後到了茅盾手裏，就一夜之間成了一份新文學期刊。顯然，這樣的描述過分擴大了變化本身，而迴避了改革之前就已經出現的某些新質。比方說，封面和插圖。以前，民初編輯小說雜誌，通常是用「封面女郎」，但惲鐵樵時期的《小說月報》常見的卻是中外名士和文豪，以及有關西方形勢的照片。如三卷五號的封面：「大漢報主筆張女士攝影」，三卷九號的封面：「法國大小說家囂俄」（即雨果），三卷十一號的封面：「十九世紀小說大家司各脫」，五卷九號的插圖：「英國小說大家迭更斯小影」，六卷一號的插圖：「本報西學東漸記著者容純甫先生小影」……這些或新或洋的現代形象，泄露了鴛蝴的新意，展現了它開放的一面。

另外，像改革前《小說月報》的欄目設置，也可以幫助說明鴛蝴身上的新意。它的「譯叢」、「新智識」、「改良新劇」等欄目，或面向西方，迻譯名作；或強調新質，增進常識；或力主改良，灌輸新理，都與所謂的「保守」一說風馬牛不相及；而後設的「本社來函撮錄」一欄，更是顯示了鴛蝴在開

〔註140〕許多新文學作家，早年都曾向所謂的鴛蝴雜誌投過稿，「劉半農（1891～1934，原名半儂，《小說大觀》時有作品）、施蟄存（1905～，原名青萍，曾有《江干集》）、戴望舒（1905～1950），前名夢鷗，作品見於《星期》、《半月》、老舍（1899～1966，前名舒金波，《禮拜六》時有作品）、樓劍南（前名劍南，《禮拜六》作品頗多）等。」他們身上的新舊兩面，同魯迅的一樣，不能簡單地等同於達爾文（Darwin）所謂的「進化」，而應理解為愛略特（T.S.Eilot）意義上的「傳統與個人能力」。見趙孝萱：《「鴛鴦蝴蝶派」新論》，第17頁。

〔註141〕Michel Hockx, *Questions Of Style: Literary Societies and Literary Journals in Modern China,* 1911～1937, Leiden: Brill, 2003, p.5.

〔註142〕陳建華：《豈止「消閒」：周瘦鵑語 1920 年代上海文學公共空間》，姜進主編：《都市文化中的現代中國》，上海：華東師範大學出版社，2007。

拓公共輿論空間方面，不可抹殺的現代功績。〔註143〕

　　也許，正出於這種對文學和文化上新舊交纏現象的考慮，趙孝萱說，文學本無新舊之別，雜誌更無雅俗之分〔註144〕。所謂的新與舊、雅與俗、先鋒與守舊、探索與娛樂……這一系列整齊美觀的對仗，不過是「一種假定性理論」，它「只能一面迎合某個時代的詮釋權力團體（如受過文學專業訓練的學院研究人士、書評家）方便他們對消費機制的不滿；一面又迎合同一時代不受高等知識分子尊重、卻主控大量購買行為的市井小民。」〔註145〕

　　換句話說，一旦我們拆除了那些由後設性話語帶來的意識形態框架，那麼展現在我們眼前的，將不再是「五四」的主流或一枝獨秀，而是整個現代中國文學充滿可能與選擇的嘉年華！

〔註143〕謝曉霞：《〈小說月報〉1910～1920》，第73～86頁。
〔註144〕趙孝萱：《「鴛鴦蝴蝶派」新論》，第17頁。
〔註145〕張大春：《小說稗類》，桂林：廣西師範大學出版社，2004，第95頁。

第三章　場域之中分化的美學

　　晚清展示了「現代」開始前的諸般可能，那時候，傳統行將就木但仍遲遲不去，現代即將到來卻又若即若離。所有的人都圍繞在一個艾略特（T. S. Eliot）所謂的從古至今、同時並存的秩序中，尋找自己的位子。都市、傳媒、教育、休閒，乃至（半）殖民……這些社會的轉機和歷史的臨界已自暗暗展開，接下來的故事，就是等待那些操持不同思想的人們去重新認識現實與自我，並在各自的審美引導下做出不同的文學選擇。這些選擇，正如我所強調的，並沒有品質上的優劣之別，不同的僅僅是審美趣味而已。他們共同屬於清末民初那個包羅萬象的「現代」。

　　陳思和有關現代文學「先鋒」與「常態」的劃分，已經清楚地指示，那些表面上形態各自相異的文學，事實上屬於同一個完整的現代體系〔註 1〕。這個體系是「競爭」（agon）的體系。競爭的對象不僅是前人、同儕，甚至也是後輩。因為一方面，他既需要克服「影響的焦慮」（the anxiety of influence），在場域占位中脫穎而出，而另一方面，他也要成為後輩們無可替換的經典。

〔註 1〕陳思和認為，整個 20 世紀現代文學可以分為兩個層面。一個層面，是以常態形式發展變化的文學主流。它隨著社會的變化而逐漸發生文化上的變異。包括新文學，傳統文學，也包括通俗文學。另一個層面，是以一種非常激進的文學態度，使文學與社會發生一種裂變，發生一種解構的撞擊，這種撞擊一般以一種先鋒的姿態出現，比如「五四」新文學。儘管陳的意見很有啟發性，但仍需指出的是，他的結論是在對五四文學作單獨考察後做出的。假如將鴛蝴也納為考察的對象，那麼有許多所謂的先鋒性也並不先鋒，比如提倡和實踐白話文學。相關內容請參閱陳思和：《試論「五四」新文學運動的先鋒性》，復旦學報（社會科學版），2005 年第 6 期；《「五四」文學：在先鋒性與大眾化之間》，《北京大學研究生學誌》，2006 年第 2 期等。

當然，完成這項浩大的工程，他首要的任務是建立起屬於自己的文學特性，即一種布魯姆（Harold Bloom）所說的「陌生化」（strangeness）：「一種無法同化的原創性，或是一種我們完全認同而不再視為異端的原創性」。在西方文學體系中，但丁是第一種原創性的最好例子，莎士比亞則是第二種原創性的絕佳榜樣〔註2〕。而在 20 世紀的中國文學視野中，「五四」和鴛蝴正好分庭抗禮，一個屬於別立新宗、不可同化的陌生，而一個則屬於潛移默化並最終使人熟視無睹的原創。當然，更多的時候，對立的雙方矛盾地徘徊在悖論的兩邊，魯迅和張愛玲是我們可以舉出的最明顯的例子。

　　但是，為了敘述的方便，我不得不又一次使用二元對立的方式來開始我下面的討論。這些討論涉及「傳統與現代」、「世界與中國」，也涉及他們對待時間、個人感情，以及城市和農村的不同態度。我具體地將它們定義在五個層面上：「啓蒙與頹廢」、「革命與回轉」、「理性與濫情」、「模仿與謔仿」、「理想與日常」。前四個分析我借用的是王德威的觀點，後一個分析則受到謝和耐（Jacques Gernet）等人有關日常生活研究的啓發，這當中也關涉到了查爾斯·泰勒（Charles Taylor）等人有關日常生活與現代性的論述〔註3〕。但不同於他們對史料的綜合性運用，我採取的方法是個案分析，把這些抽象的概念和具體的人物聯繫起來，會有助於我們直觀地理解現代性的諸副面孔。但是最後，我仍然提請注意，這種表述並不代表某個人物身上僅僅只有我討論的那一面，「混雜」永遠是我們理解現代性和現代作家、作品的關鍵詞。

第一節　啓蒙與頹廢之間的現代

　　我的第一項考察乃是有關人們對待傳統的不同態度，即：它是應該被徹底摒棄，還是可以被重新利用。歷史上，「學衡」和「新文化」之間的論爭正是圍繞於此。前者嘗試以歐文·白璧德（Irving Babbitt）的新人文主義，重新構想（reframe）有關國粹的討論，設計並開發了「新」儒家思想。但這卻遭到了魯迅、胡適、陳獨秀等人雄心勃勃的批判，他們被指文化本質主義者的

〔註2〕哈羅德·布魯姆：《西方正典：偉大作家和不朽作品》，江寧康譯，南京：譯林出版社，2005，第 2 頁。

〔註3〕王德威：《被壓抑的現代性》；謝和耐：《蒙元入侵前夜的中國日常生活》，劉東譯，南京：江蘇人民出版社，1995；查爾斯·泰勒：《自我的根源：現代認同的形成》，韓震等譯，南京：譯林出版社，2001。

反動〔註4〕。但是，之前或之後的情形都一再顯示，無論是誰都無法滌清與傳統千絲萬縷的聯繫。當嚴復、梁啓超等人大力抨擊舊小說的種種是非時，又「以毒攻毒」地啓動了「新小說」的理想〔註5〕；當胡適們將傳統統統掃盡歷史的時候，又時不時地從中間發掘出一些現代苗頭〔註6〕。更著名的例子是魯迅，終其一生，爲一道「黑暗的閘門」（the gate of darkness）所困，遲遲不能跨向前去，擁抱明天和理想〔註7〕。我的第一個討論，就是關於他的，我想從他「棄醫從文」的故事裏探討啓蒙的主要議題——改造國民性。而另一個討論對象是徐枕亞和他的耽美產物《玉梨魂》。在這篇容納了大量自傳性材料的鴛蝴小說中，由於作者過度渲染了一種私人情感，而使它變爲一種美學上的頹廢。小說使用的精緻四六駢文，更是把這種「頹加蕩」的審美意義推向極致。下面，就讓我們從「現代文學之父」魯迅開始談起。

一、啓蒙：以魯迅的「棄醫從文」爲例談「國民性神話」

「國民性」（kokuminsei，national character 或 national characteristic），最初是由梁啓超等人從日本引入，用於發展中國現代民族國家的理論。它酷似比較文學的「形象學」，但不同的是，除了那種「借鏡」意義上中國形象之外（外國人眼中的中國人），它還包括了一種自我審查形象，即那個由一小部分知識精英自己歸納總結，並加以撻伐的形象。而不可否認的是，在這一形象中仍然鮮明地保留了前一個形象的影子，或者一個用於比照的西方形象。常乃悳發於 1920 年的文章《東方文明與西方文明》一文，羅列了這些中西對比：

東方文明的特色：	西方文明的特色：
重階級	重平等
重過去	重現在
重保守	重進取
重玄想	重實際

〔註4〕相關討論請參閱劉禾：《跨語際實踐》一書第九章內容《反思文化與國粹》。文中劉禾認爲這場爭論的實質並非討論傳統，而是爭奪西方話語在中國的代言權。

〔註5〕王德威：《被壓抑的現代性》，第32～33頁。

〔註6〕比如，胡適對中國白話文學史的梳理就爲他提倡白話文運動準備了噱頭和資源。再造文明的嘗試乃是基於整理國故這個前提。

〔註7〕T. A. Hisa. *The Gate of Darkness: Studies on the Leftist Literary Movement in China*. Seattle: University of Washington Press, 1968.

重宗教	重科學
重退讓	重競爭
重自然	重人爲
重出世	重入世〔註8〕

在上述這種對中西文化差異所作的本質化處理中，我們看到，有關國民性的討論總是那樣密切地聯繫著他們背後的文化傳統，以及更爲隱蔽的他們在世界上的政治、經濟和軍事地位。前者或許僅僅是使國民性看上去有所區別，但後者則徹底暴露了國民性間的優劣等級。中華文明自鴉片戰爭以來的失敗，標誌了中華國民性的惡劣，它的奴性、愚昧和無知，使得它整整落後西方一個時代。所以，「五四」的巨大功課就是要「改造國民性」、「批判國民性」，將「國民性」視爲啓蒙運動的主要對象。而在這一系列的改造行爲中，魯迅無疑是最爲引人注目的一個。借助於對「棄醫從文」事件的生動文學記述，他成功地將「國民性」問題編入了個人的成長史，並通過那些輔助性的閱讀材料〔註9〕，快速地使得這種「觀察的暴力」演變成一種道德自省〔註10〕和原型形態〔註11〕。「在他的影響下，將近一世紀的中國知識分子都對國民性問題有一種集體情結。」〔註12〕

　　魯迅有關國民性的描述，最初是以佛洛伊德式的童年經驗展開的。那是有關父親的頑疾和亡歿，以及中間連帶的變態醫療行爲：「冬天的蘆根，經霜三年的甘蔗，蟋蟀要原對的，結子的平地木，……」〔註13〕。這些離奇的記憶，在魯迅後來的小說中不斷以其他的形式復現，比如，《藥》中那個作爲引子的「血饅頭」。但一開始，魯迅並沒有意識到這種道德上激憤和心靈上的創傷會成爲他文學上的重要隱喻。他僅僅是把它看作對生活的指示——選擇西方醫學，療救像父親一樣的病患者。但這一打算，在他去到日本之後，就開始有了重大變化。起先他閱讀了一本由北美傳教士撰寫的《中國人氣質》的

〔註8〕 史書美：《現代的誘惑》，第63頁。
〔註9〕 這些材料幾乎囊括了魯迅本人絕大多數的創作和回憶文字，著名的如《藤野先生》、《藥》、《示眾》、《阿Q正傳》等。
〔註10〕 「觀察的暴力」和「道德自省」見安敏成：《現實主義的限制》，第80頁。
〔註11〕 這些原型形態包括了「獨異個人」與「庸眾」的並置，「看與被看」模式、「鐵屋吶喊」形象，甚至傑姆遜（Fredric Jameson）所謂的「民族寓言」。
〔註12〕 劉禾：《跨語際實踐》，第80頁。
〔註13〕 魯迅：《吶喊·自序》，《魯迅全集》（第1卷），北京：人民文學出版社，1973，第269～270頁。

日譯本〔註 14〕，再加上之前已經接觸過的梁啓超等人有關國民性問題的討論，他很快陷入了一種複雜的辯難情緒，並由此展開了長達一生的思考：

　　一、怎樣才是最理想的人性？

　　二、中國國民性中最缺乏的是什麼？

　　三、它的病根何在？〔註15〕

　　正當他還彷徨在這三個問題之中，而苦苦未有結果的時候，一件令人震驚的事情發生了，它徹底激起了魯迅在視覺、生理、心理、文學和政治上的層層波瀾。這一幕正是廣為人知的「棄醫從文」故事，也稱「幻燈片事件」。在一份由作者本人提供的自述性材料中生動地記錄了這段著名的轉變情節：

　　　　我已不知道教授微生物學的方法，現在又有了怎樣的進步了，總之那時是用了電影，來顯示微生物的形狀的，因此有時講義的一段落已完，而時間還沒有到，教師便映些風景或時事的畫片給學生看，以用去這多餘的光陰。其時正當日俄戰爭的時候，關於戰事的畫片自然也就比較的多了，我在這一個講堂中，便須常常隨喜我那同學們的拍手和喝采。有一回，我竟在畫片上忽然會見我久違的許多中國人了，一個綁在中間，許多站在左右，一樣是強壯的體格，而顯出麻木的神情。據解說，則綁著的是替俄國做了軍事上的偵探，正要被日軍砍下頭顱來示眾，而圍著的便是來賞鑒這示眾的盛舉的人們。

　　　　這一學年沒有完畢，我已經到了東京了，因為從那一回以後，我便覺得醫學並非一件緊要事，凡是愚弱的國民，即使體格如何健全，如何茁壯，也只能做毫無意義的示眾的材料和看客，病死多少是不必以為不幸的。所以我們的第一要著，是在改變他們的精神，而善於改變精神的是，我那時以為當然要推文藝，於是想提倡文藝

〔註14〕　《中國人氣質》（Chinese Characteristics）是由 19 世紀下半期來華的北美傳教
　　　　士 Arthur Henderson Smith，中文名明恩溥撰寫的。這本書最初是以散論的形
　　　　式發表於上海的英文報紙《字林西報》（North-China Daily News），時為 1889
　　　　年。後來集結成書，受到亞洲的西方人歡迎，在英美各國亦有不少讀者。至
　　　　於魯迅與該書的淵源，可參閱劉禾：《跨語際實踐》，第 79～88 頁；張歷君：
　　　　《時間的政治——論魯迅雜文中的「技術化觀視」及其「教導姿態」》，羅崗、
　　　　顧錚主編：《視覺文化讀本》，桂林：廣西教育出版社，2003，第 291～293 頁。
〔註15〕　許壽裳：《亡友魯迅印象記》，北京：人民文學出版社，1977，第 19 頁。

運動了。〔註16〕

在這張 1906 年的幻燈片裏，魯迅看到了中國人最卑怯投機又麻木不仁的劣根性。同胞引頸就戮，身首異處，他們卻在賞鑒盛舉，昏昏噩噩。這一強大的視覺「威嚇」（a menace），徹底改寫了魯迅參與中國現代化進程的方式〔註17〕。但是，由於缺乏必要的實證，魯迅對這一事件的戲劇性表述，使得它看上去完全像是一場有預謀的「文學虛構」〔註18〕。但這卻從反面說明了，魯迅對啓蒙的執念從未因爲自己的「偏離航道」而被迫放棄過。在隨後的故事中，魯迅回到國內，並開始了長時間的幽閉生活。關於這部分生活，魯迅啓用了另一個著名的說法「鐵屋吶喊」：

> 假如一間鐵屋子，是絕無窗戶而萬難破毀的，裏面有許多熟睡的人們，不久都要悶死了，然而是從昏睡入死滅，並不感到就死的悲哀。現在你大嚷起來，驚起了較爲清醒的幾個人，使這不幸的少數者來受無可挽救的臨終的苦楚，你倒以爲對得起他們麼？〔註19〕

表面上，魯迅由於受到幻燈事件的影響，而對啓蒙事業喪失信心，但是，安敏成有關魯迅身上「看客的疏離感和同謀感濃縮於一」的提醒，卻使我們看到，魯迅的緘默僅僅是他在擔心自己的文字會對讀者產生負面影響，從而影響到啓蒙的進程。安敏成分析到：

> 年輕的魯迅與犧牲者感同身受，幻燈片流暢傳達的信息在他心中激起軒然大波，但他卻保持了沉默，知道在當時，同情的表現只會使他成爲犧牲者的替代品，他不願冒此風險。只有在個人獨異精神世界中，魯迅的真實反應才被記錄下來；因爲無法宣洩這種積鬱，多年來他受到痛苦的「寂寞」的折磨，魯迅筋疲力盡地期望短篇小說的創作能夠化解他個人的隱痛，然而，一旦此目的實現，一種麻煩的美學困境也隨之出現：爲了不使自己的創作進一步渲染暴力場景，敘事在忠實記錄圖片上典型的社會圖景同時，也必須避免對其原初意義不加考慮的傳遞。對那些將要成爲讀者的「青年」，魯迅常

〔註16〕魯迅：《吶喊·自序》，第 271 頁。

〔註17〕周蕾：《原初的激情：視覺、性欲、民族志與中國當代電影》，孫紹誼譯，臺北：遠流，2001，第 22～30 頁。

〔註18〕王德威：《從「頭」談起：魯迅、沈從文與砍頭》，《想像中國的方法》，北京：生活·讀書·新知三聯書店，2003，第 136 頁。

〔註19〕魯迅：《吶喊·自序》，第 274 頁。

常表現出關注，其實，他擔心的正是傳達的負面影響；他打破了那維護社會秩序的暴力之鏈，但不能確定讀者能否從中獲得更好的教益，惟恐自己的作品會將同樣的寂寞「傳染」給他們，因爲，對社會不公的乖戾認識曾讓他飽受折磨。正如我們將要看到的，爲了避免小說產生不良的影響，魯迅試圖採取一種反方向的推論（也可以稱爲闡釋性干擾）以平衡故事中的暴力。[註20]

這部分反向推論，包含在《狂人日記》、《藥》、《示眾》、《野草》的部分作品，以及「享有國際盛譽」[註21]的《阿 Q 正傳》中。前一些作品，魯迅是在以一種陰鬱筆調，全力書寫他的道德凝重和啓蒙焦慮。他太過於關注讀者反映了，以致於在敘事上開始變得有點爲難，甚至還有些投鼠忌器的味道：「聽將令」、「用曲筆」，「在《藥》的瑜兒的墳上平空添上一個花環」……[註22]

但與這些都不同的是，魯迅在後一篇小說裏，竟一反常態地表現了他於嚴謹之外插科打諢的另一面。他不僅創作了一個俏皮的阿 Q，以表現國民性中最病態的一面[註23]：怯懦、無知、貪婪、缺乏骨氣、欺軟怕硬，以及著名的「精神勝利法」。而且小說本身的寫作方式，也更像是一種闡釋上的干擾：因爲應付報紙的連載已經疲倦，魯迅就果斷地給了我們主人公一槍，以結束他沒有意義的一生[註24]。

儘管「很清楚，阿 Q 就是魯迅所看的那個幻燈片中被殺者的肉身，是一個沒有內心自我的身體，一個概括的庸眾的形象」[註25]，但是，阿 Q 卻死得很特別，跟幻燈片中的死亡形式有很大出入。一個是一槍暴斃，死得乾脆，也死的完整；而另一個則是引頸向刀，血肉模糊，身首異處。阿 Q，

[註20] 安敏成：《現實主義的限制》，第82～83頁。

[註21] 夏志清成書於1961年的大作《中國現代小說史》，評介《阿 Q 正傳》爲「中國現代小說中惟一享有國際盛譽的作品」。夏志清：《中國現代小說史》，第29頁。

[註22] 魯迅：《吶喊·自序》，第275頁。

[註23] 也有像阿英這樣的馬克思主義批評家強調，《阿 Q 正傳》並沒有刻畫中國的國民性，而反映了中國下層社會農民經歷辛亥革命的悲慘困苦。但魯迅多次說到他寫作此文的目的就是描寫中華民族的靈魂。討論參見李歐梵：《現代性的追求》，第32頁；劉禾：《跨語際實踐》，第92、96～97、106、107頁。

[註24] 《阿 Q 正傳》原是魯迅爲北京《晨報》所寫的一個連載幽默小說，每期推出一篇，但後來魯迅對這個差事感到厭煩，索性就給了阿 Q 一槍，以終結這項差事。李歐梵認爲這僅是魯迅的戲言而已，他這麼做一定經過了細心的安排。李歐梵：《現代性的追求》，第32頁。

[註25] 李歐梵：《現代性的追求》，第31頁。

這個拖著辮子的傳統形象，死在了現代刑法之下，雖然就死相來說，是真正幫助魯迅實踐了他的反向推論，減少了不必要的暴力渲染，但它同時也在另一個層面上追加了一種隱含情景。王德威說魯迅對砍頭、斷頭的執念，那是要斬斷傳統、另立源頭、從頭再來的意思〔註 26〕，但現在恐怕還可以加上一句，那是要借西方的槍斷中國的命，然後再從頭來過。而這也就是說，從阿 Q 身上，我們不僅可以看到啓蒙的對象：那些卑劣的國民以及他們身上齷蹉的國民性，而且也可以看到啓蒙本身的進程：那種在西方的協助之下，斷裂傳統的做法。或許，正是因爲後一點，題目中「正傳」二字才得到了最完美的詮釋。即這篇故事不是關於某個具體的個人或群類的，而是有關現代性本身的。

從童年記憶到求學轉變，再到後來的文本設計，魯迅幾乎是用一種「後設性」話語，完成了一個有關國民性神話的敘事工程。但這項工程僅僅只是開了一個頭而已，五四以及他們的後來人都那樣熱切地將個體的道德完善、兼濟天下思想的培養放進了對國民性問題的切身體悟之中。幾乎就是因爲魯迅的導引，使得所有獨特的個人成長史，在一夜之間都變成了千篇一律的現代啓蒙史。而這也就構成了國民性問題的第一重神話：用文學的虛構去建立起民族崛起的大敘事想像。而第二個神話，就是劉禾所分析的「知識健忘機制」。她說，國民性話語在產生有關自己的知識時，又悄悄抹去了全部生產過程的歷史痕迹，使知識失去自己的臨時性和目的性，變成某種具有穩固性、超然性或眞理性的東西，以至到最後就乾脆遺忘了話語背後那個頤指氣使的東方主義論調〔註 27〕。

當然，對於這種因過度耽溺話語，而造成知識健忘的情形，魯迅早有提防。神話是他親手製造的，他就應該清楚地知道其中的幻想和眞實到底何在。而且正如我們看到的，魯迅從一開始就表現出他對國民性問題「重合又拒絕」的態度。他說：「我的確時時解剖別人，然而更多的是更無情面地解剖我自己。」〔註 28〕通常，我們會把這句話理解成是魯迅對霍米·巴巴（Homi Bhabha）意義上的殖民「模擬」（又作「戲擬」，mimicry）〔註 29〕

〔註 26〕 王德威，《從「頭」談起：魯迅、沈從文與砍頭》，第 135～146 頁。
〔註 27〕 劉禾：《跨語際實踐》，第 103 頁。
〔註 28〕 魯迅：《寫在〈墳〉後面》，《魯迅全集》（第 1 卷），261 頁。
〔註 29〕 「模擬」是指被殖民者對殖民者一種內含嘲弄和變形的模仿，從表面上看，它是對於殖民話語的尊重，但在實踐上卻戲弄了殖民者的自戀和權威。通過

所作的必要反思，它顯示了一個人的誠與真。但是，我的提醒是，魯迅使用了一種曾被他遺棄的醫學語言來隱喻文學。即他仍然試圖從無用的實踐體系中轉化出一種隱喻，來幫助證明另一種話語體系的有效性。我的意思是，代表西方的醫學，在魯迅的潛意識裏，仍然高踞在代表傳統的寫作之上。而這就解釋了為什麼魯迅通常會對寫作表現出一種遲疑態度，甚至也可以解釋為什麼他竟如此大膽地鼓吹只有廢除文字，才能真正迎來新的現代。

　　換言之，那種出現在啓蒙中的典型「教導姿態」（instructing stance）〔註30〕，也同樣顯現在魯迅的反思意識中。儘管這一面通常被認為是對自我苦悶的探索，而非社會的療救。但是，正如魯迅自己注意的那樣，他的經驗很可能被投射到他的讀者，特別是青年朋友的身上，所以他總是在表示自己憂慮的同時，又那樣機秒地設置著「暴力與孤獨」、「進化與循環」〔註31〕的辯證法，將自己的「教導」通過「憂慮」的方式傳遞到他的讀者那裡。所以，我以為，無論是直面慘淡人生的魯迅，還是服膺於黑暗使命而彷徨自剖的魯迅，都深刻地表現出一種強大啓蒙意識。或許也正因如此，我不同意夏志清對魯迅所下的這個斷語：「魯迅為其時代所擺佈，而不能算是他那個時代的導師和諷刺家」〔註32〕。

二、頹廢：以徐枕亞的《玉梨魂》為例談「混雜的精緻」

　　經由上述分析，我們看到，在「啓蒙」這個字眼中至少包含了三重意義，而這些意義基本上就是和它的中英文詞根相對應的。第一，是話語分層，顯示區別（蒙與非蒙）；第二，是附加意義，強調優劣（enlighten）；第三，是引入新質，突出變化（啓）。可以說，「啓蒙」在本質上就是破舊立新，是時間上的直線前進和歷史的絕對進化，「五四」對它的表述是：「洪流」、「新潮」、

　　　　模仿殖民者，被殖民者鬆動了殖民者與被殖民者之間的顯著差異，但反過來也可能取消了被殖民者對殖民的批判意識。對於中國文學現代化過程中出現的這一現象，史書美作了具體的史實發掘功夫，參見史書美：《現代的誘惑》，第1～55頁。
〔註30〕「教導姿態」一詞係本雅明（Walter Benjamin）在《作為生產者的作者》（The Author of Producer）一文中所提，指的是「一個透徹思考過當代生產的作家」的工作「不只是生產產品，而同時也在於生產的手段」。我轉用了張歷君的說法，參見張歷君：《時間的政治》，第282頁。
〔註31〕汪暉：《反抗絕望》，上海：上海人民出版社，1991，第101～102頁。
〔註32〕夏志清：《中國現代小說史》，第40頁。

「浪尖」，從「黑暗」走向「光明」……〔註 33〕。但與這種新的歷史觀念和意識形態不同，「頹廢」（decadence）則從另一面顯示了人們對待時間的不同態度。「世界末」這個字眼，可能是我們在談論「頹廢」時必要的歷史語境，一方面它洩露了「頹廢」觀念乃是源自西方宗教世界對末日審判的精神感受〔註 34〕，同時，也從另一面顯示了「頹廢」是對過去的不斷沉溺與挽留，它是在用對舊事物的留戀來反抗時間的流逝〔註 35〕。因而，不同於「啓蒙」的明朗，「頹廢」總是顯得「混雜」（hybridity）。

所謂「混雜」，按照霍米‧巴巴的原意，是指殖民背景下，殖民者與被殖民者在話語實踐上你中有我、我中有你的一種狀態。在理論上，它抗衡於那種涇渭分明的本質主義論調和極端論者的二元對立模式〔註 36〕。這裡，因考慮到研究中出現的對中國文學背景「殖民」與「半殖民」的不同論證，我想適當地誇大巴巴的背景，把它擴展成比較文學視閾下的全球化文化旅行和傳播。這樣，「混雜」就不再局限於「（半）殖民體系」下自我與他者的相遇，更是指整個東西方文化的偉大相遇，傳統與現在的相遇，亦即一切可能的相遇。

而且正基於對「混雜」的如上理解，我們定義的頹廢（decadence）「包括卻不止於該字眼鄙薄的意涵——一個過熟文明的腐敗與解體，以及腐敗與解體之虛僞甚至病態的表現。英文頹廢 decadent 的意義應還有另一層面，即『去其節奏』（de-cadence）：從已建立的秩序中滑落，將視爲當然的取而代之，還有把文化巔峰建構內絕不會湊在一處的觀念與形式都以不可思議的方式聚合起來。」〔註 37〕前一個觀點是指時間的流逝與舊物的衰頹；後一個意思，是指歷史的迴環與正常的異常化。李歐梵有關中國現代文學中「頹廢」因素的漫談，已經爲我們指明了「五四」身上的現代性，而我下面對徐枕亞和他《玉梨魂》的討論，則是想從另一個側面來展現「頹廢」，並由此反襯出鴛蝴的現代性，完善對「中國現代文學」這一觀念的理解。

〔註 33〕 李歐梵：《漫談中國現代文學中的「頹廢」》，《現代性的追求》，第 146 頁。
〔註 34〕 馬泰‧卡林內斯庫（Matei Calinescu）：《現代性的五副面孔》，北京：商務印書館，2004，第 163 頁。
〔註 35〕 李歐梵：《漫談中國現代文學中的「頹廢」》，第 144 頁。
〔註 36〕 Homi Bhabha: *The Location of Culture*, London and New York: Routledge, 1994.
〔註 37〕 王德威：《被壓抑的現代性》，第 32 頁。

　　徐枕亞是「鴛蝴」的開山祖，理應是那種氣象很大的人，但是除了一本「說部霸王」《玉梨魂》的銷量讓人望塵莫及外〔註38〕，他幾乎是那種裏外不討好的人。新文學的嫌他太舊，「發乎情止乎禮義」〔註39〕，寫「寡婦戀愛」那也是僞問題，最後都要做「諾拉散」〔註40〕；自己的人就說他，作品哭哭啼啼，「鴛呀」、「蝶呀」，是「眼淚鼻涕」的小說〔註41〕，個個都不屑爲伍。當然，這裡面有鬥爭策略的問題，但是，人人都拿徐枕亞開涮或做擋箭牌，這也不是沒有理由的，用我們上面的分析就是他的東西太「混雜」，新也新得不徹底，舊也舊得不乾脆。一句話，那是「頹廢」的氣質太甚。拿他《玉梨魂》來說，或許一切都明瞭了。

自敘傳與小說體

　　《玉梨魂》是徐枕亞的自敘傳，這早已是人盡皆知、「眞相大白」了的〔註42〕。普實克說，晚清時代，社會結構大變動，現代文學中的主觀主義和個人主義就起來了，所以，作品裏有什麼自傳的影子，那也無沒有好稀奇的〔註43〕。舉他同時期的蘇曼殊來說，《斷鴻零雁記》就是他的自傳文，

〔註38〕1915 年出版的《小說叢報》第 16 期「枕亞啓事」說，《玉梨魂》「出版兩年以還，行銷達兩萬以上」。張靜廬在《出版界二十年》中也證實，《玉》「出版不到一二個月，就二版三版都賣完了」，並認爲「我們如果替民國以來的小說書銷數作統計，誰都不會否認這部《玉梨魂》是近二十年來銷行量最多的一部」。另外，范煙橋的《民國舊派小說史略》中亦稱《玉》「印成單行本，再版數十次，銷數幾十萬冊。香港、新加坡也將它翻印。」《玉》一紙風行，引發了民初的哀情盛潮，故而當時就有人都吹捧它爲「言情鼻祖」、「說部霸王」。參見：陳平原：《中國小說敘事模式的轉變》，第 264 頁；魏紹昌編：《鴛鴦蝴蝶派研究資料》（史料部分），第 275 頁；范伯群：《禮拜六的蝴蝶夢‧論鴛鴦蝴蝶派》，第 104 頁。

〔註39〕范伯群認爲《玉梨魂》是「發情止禮」，但時萌卻以爲是對「發情止禮」的反抗和掙扎，分別見范伯群：《禮拜六的蝴蝶夢‧論鴛鴦蝴蝶派》，第 104～119 頁；時萌：《重說徐枕亞》，《蘇州雜誌》，1996 年第 6 期，第 18 頁。

〔註40〕周作人說《玉梨魂》雖然寫得肉麻，但也算是個問題，但魯迅卻認爲這根本是個僞問題。在《上海文藝之一瞥》裏，魯迅這樣批評道：「這時有伊孛生的劇本的介紹和胡適之先生的《終生大事》的別一形式的出現，雖然並不是故意的，然而鴛鴦蝴蝶派爲命根子的那婚姻問題，卻也因此而諾拉（Nora）似的跑掉了。」魏紹昌編：《鴛鴦蝴蝶派研究資料》（史料部分），第 5 頁。

〔註41〕據平襟亞所記「眼淚鼻涕小說」的斷語乃是朱鴛雛所下，平襟亞：《「鴛鴦蝴蝶派」命名故事》，魏紹昌編：《鴛鴦蝴蝶派研究資料》（史料部分），第 180 頁。

〔註42〕時萌對《玉梨魂》的本事與原型進行的考證和發現，見時萌：《〈玉梨魂〉眞相大白》，《蘇州雜誌》，1997 年第 1 期，第 55～57 頁。

〔註43〕普實克：《中國現代文學中的主觀主義和個人主義》，《普實克中國現代文學論文》，李燕齊等譯，長沙：湖南文藝出版社，1987，第 1～29 頁。

寫「和尚戀愛」，淒切纏綿，同樣也是哀情故事。但不同的是，後者成了中國現代作家浪漫一代的先驅，而前者卻瀚海升沉幾十年仍不得正名。李歐梵的分析是，蘇曼殊「不但將『傳統古老的中國傳統，以西方清新而振奮的浪漫主義，幻化成一個全新的組合』，同時包含著這一過渡時期的一種普遍的情緒，也就是倦怠、騷亂和迷惑」〔註 44〕。換句話說，蘇曼殊的出位，是因為他的化歐化古和以小見大。而這些確實是徐枕亞不能比的，他的《玉梨魂》雖然有情，卻不見得大，意緒往往是限在個人的遭遇裏不能出入〔註 45〕，就連故事的基本幹事也和事實無甚區別，不做變化〔註 46〕。他個人的意見是，最好不要把它當作「小說」來讀〔註 47〕。但當時和後來的讀者，都忤逆了這個建議。因為他更換了故事的結局。也許表面上，這樣小小的一個變動並不足為奇，但事實上，它卻可以讓我們來重新評介一下其人其作。

先來看一下夏志清的觀點，他說：

> 徐枕亞寫作《玉梨魂》時，並不知道《少年維特的煩惱》這本書，但他讀過林紓翻譯的《茶花女遺事》（這第一部林譯小說出版於一八九九年）等西洋名著，顯然對徐氏有巨大的影響，不僅提供了一位玉潔冰清的西洋女性血淚史的例子，更重要的是，顯然供給徐氏寫小說結尾一個直接樣本。〔註 48〕

這個意思再明白不過，徐枕亞改寫小說結局那是受到了西洋小說的啟發〔註 49〕。雖然化的有點生硬，卻至少說明徐不並非那種食古不化，不知變通的人物。而且，他把主人公何夢霞安排去了辛亥戰場，為國忠孝，這其中更有隱喻：

> 在清末民初，國憂家患，自身顛沛，促使無數敏感讀書人作兒女

〔註 44〕 李歐梵：《中國現代作家的浪漫一代》，第 76 頁。

〔註 45〕 陳平原的批評就是，《玉梨魂》有炫才和過度情感表演之嫌，見陳平原：《中國小說敘事模式的轉變》，第 206 頁。

〔註 46〕 范伯群：《中國現代通俗文學史》（插圖本），第 141 頁。

〔註 47〕 徐枕亞在《玉梨魂》的續篇《雪鴻淚史》序中說：「余著是書……腦筋中實未有『小說』二字，深願讀者勿以小說眼光誤余之書。」見時萌：《〈玉梨魂〉真相大白》，第 55 頁。

〔註 48〕 夏志清：《〈玉梨魂〉新論》，轉引自魏紹昌：《我看鴛鴦蝴蝶》，第 64 頁。

〔註 49〕 夏志清說：「《玉梨魂》是第一本讓人提得出證據，說明受到歐洲作品影響的中國小說。」（轉引自魏紹昌：《我看鴛鴦蝴蝶》，第 64 頁）而徐枕亞本人剛好也有「東方仲馬」之稱，陳平原亦說他把故事「寫得哀艷感人，畢竟太像《茶花女》了。」見陳平原：《中國小說敘事模式的轉變》，第 195 頁。

之夢，抒英雄之情。有心無力，是男實女。有悲憤之壯志，感無力之
弱身。憤世嫉俗，自怨自艾。曼殊和尚詩云：「猛憶定庵哀怨句：三
生花草夢蘇州。」那時的人從李義山（商隱）的《無題》詩化出許多
政治情詩。這類詩文和蔡孑民（元培）作《石頭記索隱》以政治解小
說，吳趼人（沃堯）的《二十年目睹之怪現狀》以小說講政治等等如
出一轍。政治之失意得意化爲男女之悲歡離合。以「意淫」通於政論。
這種撲朔迷離的至情之人在那時當以蘇曼殊上人與弘一法師李叔同
爲最。藝術、宗教、政治、愛情俱合而爲一又異而相通。這樣的隱喻
文學在中國夐夐獨造，大家視爲當然，直到近代（甚至當代？）文人
猶有餘緒。也許這可以對《茶花女》、《玉梨魂》的猛烈流行的荒誕作
另一解說。它們原是元《西廂》、明《牡丹亭》、清《長生殿》的餘波，
一脈相承，又荒誕，又不荒誕。不斷有人割裂引用「曲終人不見，江
上數峰青。」「記得綠羅裙，處處憐芳草。」「夕陽無限好，只是近黃
昏。」青、綠、黃的顏色結合於見不到的，未出現的，似夢似眞的心
上人。既是情，又大大超出了情，是個人又非個人，傳出了夢想和怨
望，對家庭、社會、政治都可以引用。〔註50〕

金克木先生的這席妙語，可謂和傑姆遜（Fredric Jameson）的「民族寓言」
（national allegory）〔註51〕在時空上打了一個照應，而且重要的是，他還點出
了《玉梨魂》與明清傳奇「以情抗理」〔註52〕傳統的聯繫。但是除此之外，
我還要補充的是，《玉梨魂》的結尾其實又和這些傳統小說大不一樣。正如我
們知道的，傳統小說總是大團圓的模式，才子佳人最後都要終成眷屬。但是，
《玉梨魂》裏卻是一死兩亡，好不悲慘。雖說這種以悲收尾的寫法，之前就
有《紅樓夢》、《金瓶梅》這樣偉大的小說做鋪墊，其時又有「以悲爲美」的
民初感傷思潮作陪〔註53〕，說不上是由徐枕亞開了風氣，但他至少可以算是
較早參與小說敘事變革的先鋒之一。之後，蔡元培、魯迅、胡適還要一波接一

〔註50〕 金克木：《玉梨魂不散，金鎖記重來：談歷史的荒誕》，《讀書》，1989 年第 7
　　　　期，第 87～88 頁。

〔註51〕 傑姆遜（詹明信）：《處於跨國資本主義時代中的第三世界文學》，《晚期資本
　　　　主義的文化邏輯》，生活・讀書・新知三聯書店，2003，第 516～546 頁。

〔註52〕 其他的討論可參閱武潤婷：《「鴛鴦蝴蝶派」小說與明清「以情抗理」的文學
　　　　思潮》，《山東大學學報》（哲學社會科學版），1997 年第 4 期。

〔註53〕 趙孝萱：《才子情淚、兒女愁多：民初小說的感傷特質與時代性特徵》，《「鴛
　　　　鴦蝴蝶派」新論》，第 64～93 頁。

波地來評判這種「團圓的迷信」，以爲「這實在是關於國民性的問題」〔註54〕。可見，這徐枕亞哀哀切切的自傳故事裏，還是有著先進的影子，他個人的努力嘗試也爲現代小說的成熟做了些不小的貢獻。所以，魯迅也說，民初的言情小說，「有時因爲嚴親，或者因爲薄命，也竟至於偶見悲劇的結局，不再都成神仙了，──這實在不能不說是大進步。」〔註55〕

駢文體加散文句

通常都說《玉梨魂》是用四六駢文寫的，其實這不盡然。徐德明說：

> 徐枕亞的敘述語言中四字句佔了極大比重，六字句也不少，並常常可見對偶形式。這些與音節的和諧，敘事風格的誇飾、鋪陳等都是駢體的語言特徵，但是，他的許多句子卻不是對偶整齊，符合駢文規範的。有時徐枕亞用大段的駢體文字來鋪敘景物人情，有時卻是整段的散體文字在敘述事情的發展變化，如果細心將句式分別一下，則可以看出，全書實際上是散句多於駢文。他在駢文與散文交錯運用中完成其敘事，夾駢夾散，所以我們只能說他的文體亦駢亦散，而不能說他的文字即是標準的駢文。〔註56〕

分辨《玉梨魂》的文體，可以幫助我們說明以下幾點：

第一，它並非是用「死文字」在寫，文字也不僵硬。雖然有炫才之嫌，但文字卻有通有變，亦駢亦散，利於抒情遣懷，配合了當時個性崛起、自我意識萌芽的歷史現實。〔註57〕

第二，其時正值小說的「變格文體」時期，「林紓用史漢古文譯小說，梁啓超用他的新文體，何諏用文言散文體式寫《碎琴樓》，徐枕亞則用《秋水軒尺牘》和《平山冷燕》的筆法寫《玉梨魂》，雖然取法各有不同，但都是在爲語言變革作各自的努力。而且，「林琴南用古文來譯小說，一般讀者都感覺艱深，對包天笑、黃摩西用白話來譯小說，又感覺到太洋化」，反倒是半駢半散的《玉梨魂》「恰好適合一般淺學青年的脾胃」，開了一條「文藝大眾化」的路子。〔註58〕

〔註54〕這些歸納可參閱趙孝萱：《「鴛鴦蝴蝶派」新論》，第86～87頁。
〔註55〕魯迅：《上海文藝之一瞥》，《魯迅全集》（第4卷），第280～281頁。
〔註56〕徐德明：《中國現代小說雅俗流變與整合》，北京：社會科學文獻出版社，2000，第115頁。
〔註57〕魏紹昌：《我看鴛鴦蝴蝶》，第65頁。
〔註58〕范伯群：《中國現代通俗文學史》（插圖本），第145頁。

其三，徐枕亞是史上第三個用駢文寫小說的，但同他前面的（唐）張鷟（《遊仙窟》）、（清）陳球（《燕山外史》）的用意都不同，他寫駢文散體小說，那是想借語言的雅化促成小說文類的變革，眞正將小說提到文類正宗的地位上。在這一點上，他和梁啓超是相通的，只是方式不一而已，一個重實踐，一個倡理論。〔註59〕

第四，這些整飭的語言、套數，表面上僵硬不靈、裝飾色彩過濃，但實際上卻可以看成是一種文化寄託，它暗示了彼時作者有意借文字的規訓來容納整理混亂不堪的現實。譬如，西方的新批評，其所標榜的雖是自我封閉的「精緻之甕」，但其實質卻是一時文士無力於社會改造之際的幽懷別抱。加之中國傳統中本有以數理變化來體現宇宙現實秩序的文化脈絡，徐枕亞的四六體，不啻於成了一種建設文化新秩序的努力。

所以，俞平伯說用駢文體寫小說，「斯更不足言」〔註60〕的定論，那完全是主觀臆測。其實，表面上因過度誇飾而精巧、「頹廢」的文體，照樣可以生出好幾種向現代過渡的方向。

錄書信和寫日記

「傳統文類之滲入小說」，這一點陳平原在《中國小說敘事模式的轉變》一書中已作專章討論，其中就有關《玉梨魂》和它的姊妹篇《雪鴻淚史》如何轉化書信與日記的具體內容〔註61〕。這裡我就略去不談，而是把關注的重心轉移到作者如何凸顯某一文類的用意上。這一點可以和魯迅在幻燈事件之後刻意強調小說體裁，即短篇小說的情況相比。

我們知道，魯迅因爲受到幻燈內容的視覺刺激而回歸文學，並在今後的寫作中一再表現出和電影及攝像這些帶有「技術性觀化」特點的文類發生牽連。他創作的短篇小說和雜文作品，被認爲是一種「受文字束縛的電影」，「像一張快照，一次在凝固時段內迅捷地對幾乎沒有背景細節的生活的捕捉」〔註62〕。換言之，魯迅和「五四」時期的作家，側重於寫短篇小說，很可能就是想利用它短小精悍的形式來迅速製造一種視覺上，特別是精神上衝擊，並藉此來推動他們關注的啓蒙事業。當然，這樣做法更意味

〔註59〕袁進：《中國小說的近代變革》，第15頁。
〔註60〕轉引自徐德明：《中國現代小說雅俗流變與整合》，第116頁。
〔註61〕陳平原：《中國小說敘事模式的轉變》，第六章《傳統文類之滲入小說》，第192～207頁。
〔註62〕周蕾：《原初的激情》，第34頁。

著故意從反面來對抗中國的長篇章回小說傳統，實現文體的進化。

同魯迅們故意強調體裁的「視覺化」效果，來追求大眾的啟蒙不同，徐枕亞啟動日記體和書信體，很可能只是在對個人的情感表述做出要求，即他的努力只面向他本人。不恰當地借用孫康宜對陶淵明的評價，我們或許也可以說，徐枕亞這種表現自我的熱望正促成了他在作品中創造了一種自傳模式，使他本人成為其小說的重要主題。而且，從《玉梨魂》的轟動效果來看，我們有理由相信，徐枕亞的自傳式小說和陶淵明的自傳式詩歌一樣，都不止是字面意義上的那種自傳，而是一種用形象做出自我界定（self-definition）的「自我傳記」，它用共性的威力觸動了讀者的心。孫康宜說，這種界定是指在「寫實」（factuality）與「虛構」（fiction）之間走著平衡木，把中國文學帶進更為複雜和多樣化的境界〔註 63〕。但我的意思是，界定也可以指：文類的相互藉重和混雜。

我們最常見到的形式，是小說中的「詩騷」傳統，這一點在《紅樓夢》、《西遊記》這樣的名著中有著突出表現〔註 64〕。但是到徐枕亞的時代，詩詞創作的水平和讀者欣賞的水準明顯降低〔註 65〕。這種在小說中大量引錄詩詞的做法開始式微，是整個小說寫作開始去關注其它文類，如遊記、論說、軼聞、筆記，同時也是《玉梨魂》啟用日記、書信這些文體的重要文學起因。所以單從這一點來講，可以說明徐枕亞在小說寫作上不是因循守舊，而是有所探索的。

至於為什麼他會特別強調書信和日記，而非其它文類對小說的輔助重要，從掌握的材料來看，這是因為直接受到林譯《茶花女遺事》的影響。其次，書信和日記跟他本人的經歷密切相關，是最直接的創作素材。最後，我想補充一點，那就是無論書信，還是日記，都是私人化的文類，它有助於情感的自由抒發和表達。但是注意，當它們一旦進入公眾視野，並開始某種過度的情感表演時，它就自覺地從一種私人文類向公共媒體過渡，這就有點像陶淵明的寫實與虛構，相互混雜，以至於使文學本身的豐富性得到開發。徐枕亞對自我感情的

〔註 63〕孫康宜：《抒情與描寫：六朝詩歌概論》，鍾振振譯，上海：三聯書店，2006，第 15 頁。

〔註 64〕陳平原：《中國小說敘事模式的轉變》，第 223～236 頁。

〔註 65〕比如金克木就指出：「《玉梨魂》作為小說並不怎麼樣好，……詩詞也不很高明，雖然比《紅樓夢》中香菱初作的詩好些，也不比黛玉等人的高。」見金克木：《玉梨魂不散，金鎖記重來》，第 85 頁。

把玩，一方面有助於他個人情感的緬懷，另一方面，又由於過度地使用這種感情，而使書信、日記這些文類無間地融入小說，使它們成爲一個複雜的整體。這有點類似於魯迅所作的「反向干擾」，渲染情感，可以使讀者的眼光從這種奇異的文類混合上移開，進而去關注故事本身以及自我的閱讀感受，當然，最後的效果就是減少了不必要的改革阻力。作者假託發現主人公遺物而作的日記體小說《雪鴻淚史》在銷量上失敗，很可以看作是因爲某一文類太過鮮明，而干擾了人們對待小說的基本態度。即日記作爲一種私人對象，竟被公然出版，使得人們有理由相信，它僅僅是一種商業杜撰，其中並沒有任何的現實因素，他更絕無可能對號入座地在裏面發現自己的影子。

所以，我的意思是，頹廢有時候僅僅只是一種視覺上或印象上的干擾，不論它導向正面價值，或是反面意味，但它都可以幫助我們重新打量有關現代性的諸種話語及其可能。

第二節　革命與回轉之間的現代

「革命」（revolution）與「回轉」（involution）討論的乃是現代文學的政治觀和藝術觀，對它們的考察仍不出我們上節所說的古今、中西的論述體系。正如有學者注意到的，文學與政治之間的縮短距離，幾乎就是近代以來的事情。〔註66〕從俞萬春的《蕩寇誌》用於政治宣傳開始，再經歷梁啓超等人的「詩界革命」、「文界革命」、「小說界革命」，以至於「五四」的「文學革命」，文學與政治、文學與革命之關係從來都是不離不棄，甚至是相互提攜、獎掖的。

「革命」對文學的開局有著推波助瀾之功，反過來，文學亦爲「革命」提供了倫理承擔。借生花妙筆、大道文章來新民覺世，以至於造成社會更新的天下坦途，這就是許多文學「革命」的基本邏輯。胡適在「五四」到來之前即把「文學革命」一詞變成了盡人皆知的口號，主張藉此對中國的語言文字來一番大檢修。但是「革命，革革命，革革革命，革革革革命……」〔註67〕，到最後，中國文學的處境，依然是在新與舊的張力劇場之中滋生擺蕩，迴環往生，無法自己〔註68〕。「梁啓超打著『新小說』的旗號，文學

〔註66〕袁進：《中國小說的近代變革》，第24頁。
〔註67〕魯迅：《小雜感》，《魯迅全集》（第3卷），第511頁。
〔註68〕王德威：《被壓抑的現代性》，第38～39頁。

觀念的核心卻是舊的。王國維推崇舊小說《紅樓夢》，文學觀念的核心卻是新的。」〔註69〕追隨傳統，又懼怕「影響的焦慮」；蹈武西方，亦洩露著對古典的鄉愁。古今中西之曲折纏夾，豈是一個「混雜」了得。包天笑一句：「提倡新政制，保守舊道德」，看似輕巧，卻也是百病纏頭，無從說起啊！

一、「革命」：由胡適的八事主張說開去

「革命」觀念能在中國現代文學史上詠唱不絕，胡適可記一大功，但首功仍應算在梁啟超身上。據說，當年（1899）正是假他之手，日本「漢字」「革命」一詞才得以傳道中國，並衍生出「詩界革命」一語，用以探討中國文學的改良問題〔註70〕。以前中國人談「革命」，那是《易經》裏的「湯武革命，應乎天而順乎民」，是「刺刀見紅」、「你死我活」的改朝換代，是不容動觸的禁忌，但待得梁啟超這麼一用，在 20 世紀初的短短數年間，禁忌一下子變成了圖騰，人人都可以自封為「革命」了〔註71〕。當然，這中間不乏阿 Q 那樣的投機分子，但亦會有胡適這般真正憂心天下的新學志士。

1915 年 9 月，梅光迪在康奈爾大學的駐地綺色佳（Ithaca）度過了夏天，準備前往哈佛大學攻讀博士學位，胡適為此作詩一首，以示惜別。詩中第一次使用了「文學革命」一語，內云：

> 神州文學久枯餒，百年未有健者起。
>
> 新潮之來不可止；文學革命其時矣。

原詩 420 個字，用了 11 個外國名詞。而正是這 11 個外國字眼，招來了舊友任叔永的好一番挖苦：

> 牛敦愛迭孫，培根客爾文，
>
> 索虜與霍桑，「煙土披士純：」
>
> 鞭笞一車鬼，為君生瓊英。
>
> 文學今革命，作歌送胡生。

「嚶其鳴矣，求其友聲。」胡適萬萬沒料想，平日裏的一干好友，竟會對自己的文學主張如此冷嘲熱諷，不示支持。難怪他後來獨坐窗臺，見長林亂草，蝴蝶自飛，會感到寂寞難受，寫下《朋友》，即著名的《蝴蝶》一首：

〔註69〕袁進：《中國小說的近代變革》，第 161 頁。
〔註70〕王德威：《被壓抑的現代性》，第 61 頁；亦見劉禾：《跨語際實踐》，第 425 頁。
〔註71〕陳建華：《「革命」的現代性——中國革命話語考論》，上海：上海古籍出版社，2000 年。

> 　兩個黃蝴蝶，雙雙飛上天。
>
> 　不知爲什麼，一個忽飛還。
>
> 　剩下那一個，孤單怪可憐。
>
> 　也無心上天，天上太孤單。〔註72〕

胡適在大洋彼岸孤軍荷戟，好不悲壯，而彼岸這邊，陳獨秀創辦《青年》雜誌，鼓吹科學與民主。兩人經亞東圖書館老闆汪孟鄒牽線而相識通信，一拍即合，不久之後更是相聚北京，鬧出了一段轟轟烈烈的「文學革命」，「把整個中國文學史的路向改變過來了」〔註73〕。

　　雖然胡適在 1917 年前後的相關文字裏頻頻使用「革命」一詞，但等到他真正發表第一個文學宣言時，又離奇地採用了另一個態度曖昧的詞語——「改良」。這就是他首次出現在中國公眾面前的形象——《文學改良芻議》，幾乎和他本人的長衫在身，態度謙和一樣，充滿著傳統中國的溫柔敦厚氣息〔註74〕。「我的朋友胡適之」，也就是從那個時候開始，成了最有摩登意味的話語和最具象徵資本的字句〔註75〕。但是，閃耀的人格背後，我們依舊可以看出某些「革命」的端倪。

　　正如梁啓超指出的，胡適「敏銳的觀察力，緻密的組織力，大膽的創造力，都是『不廢江河萬古流』的」〔註76〕。胡適善於審時度勢，懂得如何有效地調配資源、運用策略，並以此來減少「革命」的阻力，這幾乎是世所公認的。這一點最明顯地體現在他對待「八事」的態度上。學界有關「八事」的討論，多是集中在它與龐德（Ezra Pound）的「幾個不」（A Few Don'ts）是否有涉上〔註77〕，而我的疑惑是，爲什麼胡適要極力辯駁兩者間的關聯，畢竟在那個「他戀」（loving others）時代，模仿西方或日本，並無不安，甚至還頗具權威意義。梁啓超就直言歐日諸國的文學經驗可資借鑒；魯迅不但要借

〔註72〕三處詩文見胡適：《逼上梁山》，胡適編選：《中國新文學大系・建設理論集》（影印版），上海：上海文藝出版社，2003，第 6～7、22～23 頁。

〔註73〕夏志清：《中國現代小說史》，第 3 頁。

〔註74〕這是胡適一貫的形象，即使是陪導師杜威講學，他也依然故我。見曹而雲：《白話文體與現代性》，第 195 頁。

〔註75〕唐德剛曾說：「論『摩登』則天下之摩登莫摩登於『我的朋友胡適之』者矣！」

〔註76〕轉引自曹而雲：《白話文體與現代性》，第 195 頁。

〔註77〕陳思和在《20 世紀中國文學的世界性因素》一文中有專門討論這一問題，其中羅列了比較有代表性的觀點和文章，參見其《中國當代文學關鍵詞十講》，上海：復旦大學出版社，2002，第 259～261 頁。

西方的「摩羅」開啓中國文學的新篇，更是主張一切拿來主義……，但爲什麼唯獨胡適這般左右閃躲。我以爲，這正是他的洞見，魯迅們的不見。

通常我們都把「中國文學革命」的路徑設定爲由下而上的啓蒙變革，但事實上，胡適可能通過梅光迪、任叔永事件清楚地意識到，革命最大的阻力並非來自群眾的愚昧無知，而恰恰是傳統型知識分子的堅守國粹。群眾無非是傾吐些牢騷，只消給點建議和援助，他們便「都有不虛此行之感」〔註78〕，所以在話語權力上完全不能構成任何威脅，最大的反對來自對傳統的執守。而後來的情況也證明，新文學的阻力就是來自林紓、「學衡」、「甲寅」等爲代表的傳統型文人或文人團體。爲此，胡適適時地調整了他的「革命」策略。

首先，是在傳統文學內部找尋「革命」的依據，開啓「中國文藝復興運動」，將革命合理化。著名的「整理國故」運動和白話文學史的編寫，即是最直接的證據。當初，爲了說服梅光迪信服自己的觀點，他幾乎就是在論文的撰寫之餘，發掘出一條文學史的「革命」線索。他說：

> 文學革命，在吾國史上，非創建也。即以韻文而論：三百篇變而爲騷，一大革命也。又變爲五言七言之詩，二大革命也。賦之變爲無韻之駢文，三大革命也。古詩之變爲律詩，四大革命也。詩之變爲詞，五大革命也。詞之變爲曲，爲劇本，六大革命也。〔註79〕

此法對梅光迪的奏效，顯然使得他會在新文化運動中故伎重施，以期達到同樣的效果。而且不論有心，還是無意，1932 年周作人在輔仁大學作「中國新文學運動」的講演時，又把「新文學運動」比作晚明的「反復古運動」〔註80〕，更是爲文學變革做足了歷史功課，在胡適的考據之外又加一重現實砝碼。

其次，是變「革命」爲「改良」，重新界定「革命」概念，減少阻力。有不少學者以爲，胡適的白話文運動太過激進，斷裂了傳統〔註81〕，但實際上，

〔註78〕 據溫源寧記載：「胡博士每禮拜日會客，無論何人，概不拒之門外，不論來客是學生或共產主義者，是商人或強盜，他都有耐心傾聽，耐心敍談，窮困的人們，他援助。求職的人們，他給寫介紹信。有人在學術上問題求救，他盡全力予以啓發。也有人只是去問候他，他便抱以零零碎碎的閒談，客人辭別後，都有不虛此行之感。」轉自曹而雲，第 194 頁。

〔註79〕 胡適：《逼上梁山》，第 10 頁。

〔註80〕 周作人：《中國新文學源流》，上海：華東師範大學出版社，1995 年。

〔註81〕 林毓生、余英時、鄭敏等人就持此一觀點，可參見林毓生：《中國意識的危機：「五四」時期激烈的反傳統主義》，貴陽：貴州人民出版社，1986；余英時：

「革命」變身爲「改良」，又不得不說是激進的色彩已在表面上銳減幾分。而且，從胡適對「革命」定義來看，中間更難有「激進」的可能。他說：

> 歷史進化有兩種，一種是完全自然的演進；一種是順著自然的趨勢，加上人力的督促。前者可叫做演進，後者可叫做革命。演進是無意識的，很遲緩的，很不經濟的，難保不退化的。……其實革命不過是人力在那自然演進的緩步徐行的歷程上，有意的加上了一鞭。……故一千多年的白話文學種了近年文學革命的種子；近年的文學革命不過是給一段長歷史作了個小結束；從此以後，中國文學永遠脫離了盲目的自然老化的老路，走上了有意的創作的新路了。

〔註82〕

無論胡適加不加這一鞭，從梁啓超的「新小說」觀一經提出，就群響畢集的局面來看，知識分子無論新舊，其實早就在期待文學的變革，只是這一變變得有多大，他們都沒做太多的思慮罷了。所以，胡適是劍走偏鋒，打了個擦邊球。另外，從這一點甚至還可以看出些從「文學革命」蛻變爲「革命文學」的隱衷，畢竟胡適的做法太過遷就「傳統」和「上層精英」，而缺乏必要的啓蒙觀和大眾觀念。

最後，對於「八事」，人們通常還忽略了這樣一個問題，那就它的排序問題。從胡適《逼上梁山》一文的自供來看，他對八事的前後順序曾做過大的調整。這裡先看一下這個變化：最初的「八事」是：

（一）不用典。

（二）不用陳套語。

（三）不講對仗。

（四）不避俗字俗語。（不嫌以白話作詩詞。）

（五）須講求文法。（以上爲形式的方面。）

（六）不作無病之呻吟。

（七）不模仿古人。

（八）須言之有物。（以上爲精神〔內容〕的方面。）

《再論中國現代思想中的激進與保守》，（香港）《二十一世紀》，1992 年 4 月版；鄭敏：《世紀末的回顧：漢語語言變革與中國新詩創作》，《文學評論》，1993 年第 3 期。

〔註82〕 胡適：《白話文學史·引子》，歐陽哲生編：《胡適文集（8）》，北京：北京大學出版社，1998，第 151 頁。

而發表時的「八事」是：

    （一）須言之有物。

    （二）不模仿古人。

    （三）須講求文法。

    （四）不作無病之呻吟。

    （五）務去陳詞套語。

    （六）不用典。

    （七）不講對仗。

    （八）不避俗字俗語。

按胡適自己的說法：

> 這個新次第是有意改動的。我把「不避俗字俗語」一件放在最後，標題是很委婉的說「不避俗字俗語」其實是很鄭重的提出我的白話文學的主張。……這（指八事）完全是用我三四個月中寫出的中國文學史觀稍稍加上一點後來的修正，可是我受了在美國的朋友的反對，膽子變小了，態度變謙遜了，所以此文標題但稱《文學改良芻議》，而全篇不敢提起「文學革命」的旗子。

篇末還說：

> 上述八事，乃吾年來研思此一大問題之結果。……謂之「芻議」，猶云未定草也。伏惟國人同志有以匡糾是正之。
>
> 這是一個外國留學生對國內學者的謙遜態度。文字題為「芻議」，詩集題為「嘗試」，是可以不引起很大反感的了。〔註83〕

在此，胡適對待「文學革命」的態度和策略已經公然若揭，再聯繫上述的「概念清理」和「史料疏通」，可以說，胡適的「革命」觀，實際上是和我們通常所說的「改良觀」糾纏在一起的。他考慮的改革對象也不是一般所說的「庸眾」，而是那些實際上還有著相當勢力和話語權的傳統型知識分子。一方面，他既想從他們那裡取得必要的同情和支持，另一方面，他又試圖對其進行說服和改造，並將其轉變成革命的同盟軍，所以，和魯迅們狂飆突進式的對傳統的摧枯拉朽和對西方文化的熱情擁戴不同，他總是試圖撇清與西方的因緣，並顯現出對傳統的真誠和「理解」。「大膽假設，小心求證」，「多研究些問題，少談些主義」，這些從杜威那學到的實證主義方法，對胡適而言，根本

〔註83〕胡適：《逼上梁山》，第24～26頁。

不是爲了顯示自己的先進,而是爲了展示一個中國人必要的文化誠實。

但是,在一個希望快速決斷的時代,胡適的做法顯然有些保守了。他所謂的八事,前面七個根本就形同虛設,可以說,那幾乎是任何一個稍有文學修養的人都可輕易接受的事實,更遑論那些自由出入中華文化的魁儒碩學。他把眞正具有大破壞力的「不避俗字俗語」一項安排在了八事的最後,這種做法幾乎就和魯迅的「反向干擾」如出一轍:先是在視覺上減少不必要的「暴力」衝擊,爾後造成一種心理上暗示,使他們的讀者在感情上避開過分的激烈和偏執。而或許,這就可以解釋爲什麼新文化運動在一開始會那樣冷清,但當劉半農和錢玄同拿最後一事出來「做戲」時,林紓等人又會如此義正詞嚴地出聲反對。胡適的曖昧態度和他機智的「障眼法」,顯然是在減少革命阻力這一點上起了大作用。

但是,我們也不能就此認定,胡適的「革命觀」僅僅只有「改良」和「圓場」而已,他與陳獨秀的聯合絕對是從另一層面顯示了他的深謀遠慮。由陳獨秀這個老革命黨在前面搖旗吶喊,而他自己又殿後做安撫工作,這樣,他們兩人幾乎就成了「文學革命」的急先鋒和護衛隊,一個黑臉,一個紅臉。而正是這現實中的「紅與黑」,才可算是中國現代文學史上最大,也是最好的一齣「雙簧戲」。

所以,和王德威一樣,我對「革命」的認識,也並非是指那種純粹使用暴力手段來征服已建立秩序的簡單進程,它包含著複雜的觀念挫折、文類交通和意義誤讀,是一份「逼上梁山」,但最後又被歷史「招安」的「回轉」宏業:「種種寫實主義者的矛頭都只對向惟一的目標,種種革命姿態只(以回轉形式)詮釋惟一的鄉愁——中國。」〔註84〕

二、「回轉」:由包天笑的人生觀說開來

所謂「回轉」,簡單地說,既是指傳統與現代的相互掣肘,又是指他們的珠胎暗結,互文指涉。傳統中泄漏著現代的憧憬,現代中彌散著傳統的幽思。胡志德(Theodore Huters)說:「這可能是許多處在眷戀本土文化卻又急於追趕西方現代性的知識分子都有的經驗。」〔註85〕無論是魯迅自剖型的「啓蒙」姿態,還是徐枕亞耽美式的「頹廢」演練,抑或者胡適策略性的「革命」意

〔註84〕 王德威:《被壓抑的現代性》,第 38、42 頁。
〔註85〕 胡志德:《魯迅及其文字表述的危機》,陳子善、羅崗主編:《麗娃河畔論文學》,第 177 頁。

見，幾乎都與那種時間矢線樂觀向上的浪漫遐思無甚關聯。說到底，現代性不過是「延伸、蜷曲而內耗於自身的一種運動」〔註86〕。從 1895 年，或者更早的時間起，中國文學就開始了它在「政治事業」和「個性成長」之間的搖擺自決（覺）〔註87〕，「表述的危機」和「道德的猶疑」時時出沒，以致於許多作家在面對現代性的時候，表現出不同程度的痛苦和掙扎：一個作家到底能在多大限度內複製和重現那些由於敗壞的社會及政治因素所引發的殘酷事實，而又能恰到好處地保留一個無牽無絆的自我呢？包天笑的意見是，「提倡新政制，保守舊道德」，把政治生活和日常經歷來個兩分。

以前，我們統把這句話看成是包天笑的個人主張，而事實上，這也是他對當時社會風氣的一個簡要提練。他講：

> 我當時即知道日本所有的教科書，均須經他們的文部省檢定的，可是那時的中國，還沒有這個制度呢。新國文的內容如何呢？我現在已完全不能記得了，大約我所持的宗旨，是提倡新政制，保守舊道德，老實說，在那個年代，也不許我不作此思想，現代的青年，也許目之為封建產物了。〔註88〕

說它是社會的風氣，有一個最直接的證據，那就是包天笑編排的這些國文課本不僅「銷行於全國」〔註89〕，而且由他改譯的《馨兒就學記》和《苦兒流浪記》更是得到教育部的嘉獎。特別是前一本，作了學校的國文輔助課本〔註90〕，「在民國十五年七月已出至八版，當時在教育小說中是破紀錄的。」〔註91〕另一個更轟動的例子，可由時人對待《迦因小傳》兩譯本的不同態度看出。關於這段文壇公案，魯迅有過這麼一段記載：

> 然而才子＋佳人的書，卻又出了一本當時震動一時的小說，那就是從英文翻譯過來的《迦茵小傳》（H. R. Haggard: *Joan Haste*）。但只有上半本，據譯者說，原本從舊書攤上得來，非常之好，可惜覓不到下冊，無可奈何了。果然，這很打動了才子佳人們的芳心，

〔註86〕王德威：《被壓抑的現代性》，第 38 頁。
〔註87〕胡志德：《魯迅及其文字表述的危機》，第 168 頁；另外，有關「更早」的論述見王德威：《被壓抑的現代性》，第 38 頁。
〔註88〕包天笑：《釧影樓回憶錄》，第 391 頁。
〔註89〕包天笑：《釧影樓回憶錄》，第 392 頁。
〔註90〕魏紹昌：《我看鴛鴦蝴蝶》，第 81 頁。
〔註91〕范煙橋：《民國舊派小說史略》，魏紹昌編：《鴛鴦蝴蝶派研究資料》（史料部分），第 322 頁。

流行得很廣很廣。後來還至於打動了林琴南先生，將全部譯出，仍舊名爲《迦茵小傳》。而同時受了先譯者的大罵，說他不該全譯，使迦茵的價值降低，給讀者以不快的。於是纔知道先前之所以只有半部，實非原本殘缺，乃是因爲記著迦茵生了一個私生子，譯者故意不譯的。其實這樣的一部並不很長的書，外國也不至於分印成兩本。

但是，即此一端，也很可以看出當時中國對於婚姻的見解了。〔註92〕

魯迅的記憶大致不錯，但是說林譯本「仍舊名爲《迦茵小傳》」，又是不對的。因爲先前包天笑和楊紫麟的合譯本叫《迦因小傳》，1910 年由上海文明書局出版，和林譯的《迦茵小傳》差了一個草頭。而且，包天笑也沒有大罵林琴南，出聲責罰的另有其人。此人是金松岑，他批評說：

迦因人格，向吾所深愛，謂此半面妝文字，勝於足本。今讀林譯，即此下半卷内，知尚有懷孕一節。西人臨文不諱，然爲中國社會計，正宜從包君節去爲是。〔註93〕

這篇名爲《論寫情小說於新社會之關係》的道德文章，卻是發在以維新是尙的《新小說》之上，可見當時「維護舊道德」的風氣是何等濃烈。所以，從這裡來看，包天笑會拿「舊道德」來做文章、譯小說也是很自然的事情。當然，包天笑的做法畢竟又和別人不同，特別是新文學，在他們那裡，舊道德是國民性症候的病根所在，但是在他這邊，反倒是解除現實困境的良方。下面就特舉他的文言短篇《一縷麻》來作說明。

這一故事的來源，據包天笑自己說，「是一個梳頭女傭到我們家來講起的」。

她說：「有兩家鄉紳人家，指腹爲婚，後果生一男一女，但男的是個傻子，不悔婚，女的嫁過去了，卻患了白喉重症，傻新郎重於情，日夕侍疾，亦傳染而死。女則無恙，再昏迷中，家人爲之服喪，以一縷麻約其髻。」我覺得這故事，帶點傳奇性，而足以針砭習俗的盲婚，可以感人，於是演成一篇短篇小說。〔106〕〔註94〕

〔註92〕魯迅：《上海文藝之一瞥》，《魯迅全集》（第 4 卷），第 230 頁。
〔註93〕松岑：《論寫情小說於社會之關係》，陳平原、夏曉虹編：《二十世紀中國小說理論資料（第一卷）1897～1916》，北京：北京大學出版社，1997：172。另外的批評還見寅半生：《讀〈迦茵小傳〉兩譯本後》，陳平原、夏曉虹，第 249～251 頁。
〔註94〕包天笑：《釧影樓回憶錄》，第 361 頁。

這篇小說出來以後，如魚得水，不但被梅蘭芳、袁雪芬、范瑞娟等改編成京劇和越劇上演，而且還被鄭正秋拍成電影，叫做《掛名夫妻》，由阮玲玉擔綱〔107〕〔註95〕。許多看過此戲的家長，據說都受了感動，而應允子女的要求，解除了不合理的婚約〔108〕〔註96〕。這樣的轟動效應，連包天笑自己也始料不及，他講：「《一縷麻》封建氣息的濃重如此，但這種東西，如人生一般賦有所謂的命運的，忽然交起運來，有些不可思議的。」〔109〕〔註97〕

其實，照我們開頭講的「回轉」來看，這「忽然交起運來」也不是沒有道理。這篇裏的「病」，就特別能說明問題。我們知道，疾病與中國現代性間的關係，已經是近年來的研究熱門。許多學者都已發現「文學──醫學」的對立或借喻關係，指出個人的「疾病詩學」乃是瞭解國家「政治病原學」的關鍵。論者往往以魯迅、郁達夫、丁玲等人為例進行分析，而結論亦多少呼應著柄谷行人（Karatani Kojin）對疾病和日本文學之關係的研究〔110〕〔註98〕。在他們看來，發現「疾病」即是偵破國家現實，書寫「疾病」即是情傷國難，而突破「疾病」更是追逐光明的隱喻。但是，細讀包天笑的《一縷麻》，你會發現，這裡面的「疾病」非但不在此論述範圍，甚至還有可能在此反面，即：「疾病」根本是明亮，而非陰鬱的。

在小說的一開始，包天笑就為我們把描繪了一個理想女性的形象──「某女士」。她非但「風姿殊絕，麗若天人」，「珠規玉矩，不苟言笑」，而且還「解書擅文，不櫛進士」，加之「本邃舊學，又益以新知，而學益進」（第64頁）〔註99〕。可以說，由她代表的正是中國最渴慕的現代一面：西化、先進、健康、美麗，甚至不失主見、個性獨立。而在她的反面，則是由某男代表的病弱化的傳統：醜陋、愚笨、落後、循規蹈矩，以至於左支右絀，處處為人譏笑。

〔註95〕范伯群：《中國現代通俗文學史》，第400頁。

〔註96〕梅蘭芳：《綴玉軒回憶錄》，《大眾》（月刊），1943年2月1日。

〔註97〕包天笑：《釧影樓回憶錄》，第361頁。

〔註98〕這些研究名目可參見王德威：《現代中國小說十講》，第112頁。另外，柄谷行人《所謂病之意義》參見其《日本現代文學的起源》，趙京華譯，北京：生活·讀書·新知三聯書店，2006。有關西方疾病的研究可見蘇珊·桑塔格（Susan Sontag）：《疾病的隱喻》，程巍譯，上海：上海譯林出版社，2003。

〔註99〕這些引言均見包天笑的小說《一縷麻》，見范伯群主編：《通俗盟主包天笑代表作》，南京：江蘇文藝出版社，1996，第64～68頁。此處是第64頁。以下不再一一注釋，而在引文後直接標示頁碼。

　　正是在這新與舊的形象比照中，我們的故事開場了，而之後一切有關現代與傳統的語碼都將源源不斷地編入這兩個基本模型。他們相互衝突，但又不正面接觸，直到婚期臨近，中西意識形態的較量才逐一展開。表面上，這場婚姻的制動權掌握在某女手中，即嫁的決定是由她本人作出的。但是，恰如我們讀到，在嚴苛的父之法下，這種選擇的最終裁定還是舊的倫理綱常。慈父的威逼利誘，迫使她走向封建的盲婚。但是，包天笑卻又在幾句話中，爲我們的女子虛構出一種「權威力量」：

　　　　女士素以孝聞，雖中心委屈，顧難怫老父之心。已而念我一生
　　即此了矣，聞婿家頗小康，當爲之置妾媵，以恃癡郎，我當任我自
　　由之天，疇能拘我者。（第66頁）

這是在某女身上第一次閃現「回轉」的因素，但是她很快通過一種自我情景的擬設，使這種回轉變成了革命的預言。但是注意，這種革命的獲取又是在犧牲他人的情形下達成的，所以它的正當性是值得考慮的。或者更嚴重地說，其實有關「革命」之類的現代話語，很可能就是封建道義本身的死而不僵，它通過重新包裝和自我粉飾而又潛返到當下語境。所以，我的提醒是，不要把這幾句話，僅僅看作是包天笑在藝術手法上的拙劣表現，而應把它理解成一個特定年代裏眞實而普遍的存在。

　　接下來的第二次交鋒，情形類似，甚至還有點荒唐，這一次徹底地暴露了那種強大的回轉因子是如何在現代性中強行出入的。

　　　　先是女士之來歸也，制爲窮褲，密密而扣之，不許癡郎近。至
　　於酒闌人散，燭影搖紅中，預備安寢，嫗婢輩乃囑婿睡，婿亦莫知
　　其所以然。但覺此身飄飄然有莫者之妙而已。女士側身向裏床睡，
　　而癡朗則呆然如木雞，坐待天明。顧兩人俱無瞑目作恬睡也。（第
　　67頁）

既成婚姻之實，那麼對性的防範自然必要。這裡，女子的過分敏感和男士的呆然愚鈍，可以看作是新舊符碼的又一對比，它著意凸現了傳統的落後，亦即生理知識的匱乏。但是，反過來看，女子縫製密褲的做法，仍然也是在回應傳統的貞操觀念，它同樣是愚蠢的。對性的要求既然已經合法、必然，那麼這種行爲就無異於螳臂當車。放大這一情形來看，或許我們又會發現，這確實是一個眞實的歷史困境，即當傳統試圖以各種形式潛回現代的時候，現代是否眞的有任何抵禦的可能。請看包天笑的解決方案是什麼：一、密褲，

二、某男的無知。而這兩項對應的恰恰就是傳統。那麼，這就是說，在現代性的追求中，我們一面是在阻斷傳統，而另一面又希望能得到它的助力，儘管這種希望隱秘於潛意識，但卻又眞實可辨。所以，我們說，現代性永遠都不是清晰的一條直線，它本身包含在一種痛苦的抉擇和困境中，這就是魯迅們爲什麼會在作品中時時表現出猶豫姿態的根源所在。

通常的做法，就像我們上面說的，容易將這種困境處理成「疾病」來對待，認爲它可以通過「文學」或「醫學」的方法來治療，並最終走向康復。但是，包天笑的做法卻與眾不同，他並不將「疾病」比作這種困境，而是把它看作解決這種困境的藥方。代表「現代」的某女，陷在傳統的包裹之中，她的身體、自由隨時都有可能受到侵犯，即現代性的困境已經全面鋪開，這時，包天笑又一次戲劇性地將我們的某女投向一種突如其來的病症——白喉。這種疾病並不像肺結核或淋病、梅毒那樣帶有主觀浪漫和自我折磨的因素，它直接導致了我們的主人公進入日常狀態。疾病使她喪失了特殊的現代性身份，變得和時人無異，隨時都遭受死亡的威脅。而且重要的是，這種死法從根本上取消了病的革命意義。那麼，這種疾病的隱喻到底又何在呢，包天笑筆鋒又是一轉：

> 嗟夫，此其結果，癡郎竟以不起，女士病亦沈篤。三四日中，
> 昏憒不省人事，蓋未知鴛鴦之翼已折矣。賴得名醫，喉間腐去而狂
> 熱亦退，神志稍清澈。（第 68 頁）

是的，正如疾病本身所帶有的強大傳染性一樣，某女面臨的困境開始向某男傳播，並最終導致他的猝死。這種「置換死亡」的形式提醒我們，有關現代性的困境一旦向傳統方向轉化，它將有可能促成傳統的瀕危。換言之，當我們苦苦糾纏於「現代應如何擺脫傳統」之中而未有出路時，反向思考問題，會有助於我們理清現代性思路，即「在傳統接受現代衝擊之時，它應該如何創造性地創化自己」才是現代性的根本癥結之所在。更明確地說，現代性的實質，不是借西方來改造傳統，而是從傳統中化生現代。

前一種思路往往是把傳統處理成病患，希望借西方這劑猛藥來進行療救，但它的久治不愈恰好就成了追求現代過程中的最大困境；而後一思考則提示了，病變中孕育轉機，它既可以幫助淘汰落後（某男），同時亦能保留健康（某女）。但是注意，這個健康（某女）不能再被簡單地視爲純粹的現代了。從小說最後，某女的幡然懺悔和突然轉向來看，在她身上已經情不自禁地包

容了舊的因素，亦即在「新政制」中溶解了「舊道德」。

　　所以，在我的理解中，包天笑所謂的「疾病」非但不涉及「社會衛生學」的比喻，亦與「健康」的治療效果無關。他戲劇性地將一個人或一個社會的命運投向疾病，或者說，根本就是以逃向疾病的方式，回應了嚴峻的現實衝突，那種在對過去的懷念和對未來的渴望之間的緊繃感。表面上，他展示了現代性那種極其不健康的成長方式；暗地裏，又顯現出時人在回應現代性時那種焦躁不安。曾佩琳說，現代性絕非一個無痛的過程。「它的自戀以及它不顧後果地去取悅自己的傾向」，必然包含在一幅絕不完美的圖像之中〔註100〕。這幅圖像，或者經過道德者的反覆訓練，變成寫實主義的理性圖景；抑或經過欲望者的過度渲染，變成商品拜物的濫情風貌。但不論是情感的隱忍，還是勃發，它們都代表了「回轉」浪潮中那些肆意湧動的「混雜」，如何使得現代性變得更趨「病化」的可能。

第三節　理性與濫情之間的現代

　　下面的討論，並不真像標題中的兩個名詞——「理性」（rationality）和「濫情」（emotive excess）——表面上顯示的那樣，只是在談論一種刻板或者放縱的情緒。我用它們來指代網結在中國現代作家身上的那種「雙重性格」，他們既是感情豐富的個體，同時又肩負著相似的英雄情結〔註101〕。傳統的「以情抗理」結構〔註102〕，流行的「革命＋戀愛」公式〔註103〕，以及「浪漫左派」的「黑暗之心」〔註104〕，這些多少都透露出個人情緒和國家情感之間那種緊

〔註100〕曾佩琳：《完美圖像——晚晴小說中的攝影、欲望與都市現代性》，李孝悌編：《中國城市生活》，第 422、423 頁。

〔註101〕唐小兵有「英雄與凡人」（The Heroic and the Quotidian）的提法，我借用於此，參見氏著：《英雄與凡人的時代：解讀 20 世紀》，上海：上海文藝出版社，2001。

〔註102〕「以情抗理」的觀念雖然根植於晚明思想界對理學的反動，但也代表了當時世俗對道德枷鎖的不耐，這同晚晴作家傾向於將個人感情導向對政治危機的公開反映是有一致性的。參見王德威：《被壓抑的現代性》，第 43 頁。

〔註103〕這方面的論述有：王德威：《革命加戀愛——茅盾，蔣光慈，白薇》（《現代中國小說十講》）；陳建華：《革命與形式：茅盾早期小說道現代性展開：1927～1930》（上海：復旦大學出版社，2007）；劉劍梅：《革命與情愛：中國二十世紀小說史中的女性身體和主題重複》，郭冰茹譯，上海：三聯書店，2009。

〔註104〕夏濟安曾專門對左翼文學作家身上表現出的「雙重性格」作考察，並總題爲「黑暗的閘門」，見 T. A. Hsia: *The Gate of Darkness*, Seattle: University of Washington Press, 1968.

密的牽連和扭結。無論它們的關係是互惠（mutual enrichment）、互補，或者互通，甚至還是互相對立〔註105〕，都已經清楚地暗示了中國文學在走向現代化的過程中，存在著一種複雜而多元的情感認同。歷史上，對這種情感矛盾不厭其煩的重述，實際上又構成了接納現代性的不同話語類型。它們可以是新文學的「雄渾美學」〔註106〕，亦可以是鴛湖派的「逸樂價值」〔註107〕，甚至也可以是胡蘭成的「漢語之美」〔註108〕。

　　這裡，「雄渾」（sublime）的概念來自美國學者王斑，它是指「一種論述過程，一種心理機制，一個令人歎為觀止的符號，一個『身體』的堂皇意象，或是一個刺激人心的經驗，足以讓人脫胎換骨」〔註109〕。這是一個由「凡人」而「英雄」，由「小我」而「大我」，由「詩學」而「史學」的昇華過程〔註110〕。與之相對，「幻魅的寫實手法」則可以看作是極力維護自我的需要，它宛若一個病弱的幽靈，「魂兮歸來」、四處遊走，並在對時光的回眸與挽留中時時顯現逸樂的價值，昭示「世界末的華麗」〔註111〕。前者我想以茅盾為例，談談他的小說是如何避開私人情感，而極力維護其「現實主義大師」的身份的。我的切入點是他所刻畫的時代女性形象，特別是章秋柳、梅行素這些可以找到生活原型和寄予了作家私人情感的女子。逸樂化的「濫情」，則特別討論了

〔註105〕學者們對個人和國家情感的描述基本上採用兩種方式：「個人情感、性別、性行為被政黨話語如階級、民族、國家所壓抑；或者，另一種說法是，政治被性本能所驅使和牽引。」「除了這兩種截然對立的對於性和政治的解釋，第三種觀點則意識到，個人的性意識與更廣泛的政治中的性暗示有時會重合，會達到暫時的一致性，在這種時候，作家對個人情感的模棱兩可的處理會導致『模糊的多重性』『ambiguous pluralization』的結果。」Liu Jianmei. *Revolution Plus Love: Literary History, Women's Bodies, and Thematic Repetition in Twentieth-Century Chinese Fiction*, Honolulu:Universtiy of Hawai'i Press, 2003, p.22.

〔註106〕Wang Ban. *The Sublime Figure of History: Aesthetics and Politics in Twentieth-Century China*, Stanford: Stanford University Press, 1997.

〔註107〕李孝悌：《序——明清文化史研究的一些新課題》，李孝悌主編：《中國的城市生活》，第 5～9 頁。

〔註108〕柏樺：《從胡蘭成到楊鍵：漢語之美的兩極》，《新詩評論》，2005 年第 2 輯，第 171～182 頁。

〔註109〕Wang Ban. *The Sublime Figure of History*, p.1.

〔註110〕有關「以詩代史」（making history of poetry）的討論，請參見王德威：《現代中國小說十講》，第 229 頁；或 Wang Ban. *The Sublime Figure of History*, p.108 ～110.

〔註111〕王德威的《魂兮歸來》一篇詳細探討了這種「幻魅的寫實手法」，同時也對比了「雄渾美學」，參見《現代中國小說十講》，第 349～393 頁。

周瘦鵑這位「哀情巨子」，是如何孜孜不倦地編制其初戀故事，並使得它和整個時代的意識觀念共進退的事實。

一、理性：被茅盾遮蔽的女性原型——秦德君

茅盾是那種拒絕在寫作中暴露自我，創作又緊隨事態發展的客觀寫實主義者〔註 112〕。雖說他早期的作品被認為有主觀主義的影子〔註 113〕，但那卻絲毫不妨礙此一說法的成立。從目前的研究來看，這些所謂的主觀主義傾向，更多的是一種時代情緒，而非個人情感。所以，他的作品被當成是文學風格的轉向標，明確地區分了「五四」的個人主義和 30 年代的革命現實主義〔註 114〕。在一篇意在自我辯護的文章中，他曾經這樣寫到，「《吶喊》所表現的，確是現代中國的人生」，不過只是「受不著新思潮的衝擊」、「難得變動」的「老中國的暗諏的鄉村，以及生活在這些暗諏的老中國的兒女們，但是沒有都市，沒有都市中青年的心的跳動」〔註 115〕。對於更為宏大的社會場景，以及新的描寫領域的要求，正是茅盾想積極促成的文學轉變之一。但是，這種轉變又非他想像的那樣容易，為此他將要大吃苦頭。也或許，事有讖緯，他剛剛起步他的小說事業，竟和他的筆名一樣好事多磨，充滿「矛盾」〔註 116〕。

最初，茅盾是想借這一筆名來暗指他在政治生活上的失敗，但是沒料想，它也很快成為自己在文學生涯上受挫的預言。1927 年，左翼作家的中堅力量——創造社和太陽社對小說《幻滅》與《動搖》中表露的革命悲觀主義情緒予以了嚴正指責，他們批評茅盾耽於小資產階級的無病呻吟。為了回應他的評者，茅盾費盡心力地完成他自以為有轉捩意義的作品——《創造》〔註 117〕。

〔註 112〕普實克：《茅盾與郁達夫》，《普實克中國現代文學論文》，第 132～155 頁。

〔註 113〕樂黛雲在《〈蝕〉與〈子夜〉的比較分析》一文中討論了《蝕》的主觀性問題，參見孫中田、查國華編：《茅盾研究資料》（第 2 卷），北京：中國社會科學出版社，1983，第 182～204 頁。

〔註 114〕陳建華：《「時代女性」、歷史意識與「革命」小說的開放形式——茅盾早期小說〈虹〉讀解》，《中國學術》，2000 年第 1 輯，第 172～200 頁。

〔註 115〕茅盾：《讀〈倪煥之〉》，唐金海、孔海珠、周春東、李玉珍編：《茅盾專集》（第 1 卷），福州：福建人民出版社，1983，第 1016 頁。

〔註 116〕茅盾的第一部小說《幻滅》原來署名「矛盾」，但是葉紹鈞建議他改為「茅盾」，因為這樣看起來更像一個真正的姓氏，見茅盾：《我走過的道路》（中），北京：北京人民文學出版社，1984，第 6 頁。

〔註 117〕通常小說《虹》被認為是茅盾由消極走向積極的標誌，但茅盾本人的意見卻

可惜好景不長，當他再度拿起筆來表達他的《追求》時，所有的「樂觀」情緒都頃刻泡滅了，他「又一次深深陷入悲觀失望之中」。作品一經發表，招來的只是評論家們更爲猛烈的抨擊。後來，這些抨擊又追趕他從上海來到日本，在那裡，茅盾感到了正面回應的必要，所以就寫下了兩篇文章——《從牯嶺到東京》和《讀〈倪煥之〉》作爲「總答辯」〔註118〕。

後一篇文章被認爲具有戰略意義，因爲他是借解讀《倪煥之》來自我辯護，這是一篇嚴謹的理論文章，應當屬於理性的產物。但前一篇文章則更多地像是一篇自悔書，在承認自己的作品中確有悲觀因素的同時，又發誓積極改進，個人情緒比較突出：

> 我決計改換一下環境，把我的精神蘇醒過來。
>
> 我已經這麼做了，我希望以後能夠振作，不再頹唐；我相信我是一定能的，我看見北歐命運女神中間的一個很莊嚴地在我面前，督促我引導我向前！她的永遠奮鬥的精神將我吸引著向前！〔註119〕
>
> ……《追求》中間的悲觀苦悶是被海風吹得乾乾淨淨了，現在是北歐的勇敢的命運女神做我精神上的前導。〔註120〕

關於引言中的「北歐命運女神」，茅盾在他後來的傳記中作了專門解釋，說這其中既有神化的本事，也有具體的象徵——蘇聯〔註121〕。本來照此說法，也算完滿，可是偏有好事者指出，在文章發表的1928年，曾有許多人去信問起這一所指，但茅盾當時卻對此閃爍其詞，三緘其口。各中隱情，直到近年來才大白於天下：茅盾文中的這位「北歐命運女神」根本就是確有實指，她正是與其在日度過了兩年同居生活的伴侶——秦德君〔註122〕。

是這篇短篇小說《創造》，這個觀點可見《茅盾短篇小說集》的自序，北京：人民文學出版社，1980。另外，茅盾在談到他的第一個短篇小說集《野薔薇》時，曾經說：「我的第一個短篇《創造》脫稿時，我覺得比做長篇還吃力，我不會寫短篇小說！」茅盾：《我的回顧》，唐金海等編：《茅盾專集》（第1卷），第356頁。

〔註118〕這部分內容參見茅盾：《我走過的道路》（中），第14、42頁等處。
〔註119〕茅盾：《從牯嶺到東京》，唐金海等編：《茅盾專集》（第1卷），第339頁。
〔註120〕茅盾：《從牯嶺到東京》，唐金海等編：《茅盾專集》（第1卷），第345頁。
〔註121〕莊鍾慶：《茅盾的創作歷程》，北京：人民文學出版社，1982，第109頁。
〔註122〕沈衛威：《一位曾給茅盾的生活與創作以很大影響的女性：秦德君對話錄（一）》，《許昌師範學報》，1990年第2期，第53頁。另外有關秦德君的情況可參見其傳記秦德君、劉淮：《火鳳凰：秦德君和她的一個世紀》，北京：中央編譯出版社，1999。

　　茅盾的許多小說中都有她的影子，《自殺》、《腐蝕》，以及著名的長篇小說《虹》。這部眞正爲茅盾帶來聲譽和轉機的里程碑式的作品，據說正是以秦德君及其好友胡蘭畦的經歷爲本，創造出來的〔註 123〕。在小說一開始，梅女士便被稱爲「現在教徒」，披上了那個象徵「現在」的北歐女神 Verdandi 的靈光，同時也表現出「盛年，活潑，勇敢，直視前途」的特徵〔註 124〕：

> 　　在過去四年中，她驟然成爲惹人注意的「名的暴發户」，川南川西知有「梅小姐」，她是不平凡的女兒，她是虹一樣的人格，然而她始願何嘗及此，又何嘗樂於如此，她只是因時制變地用戰士的精神往前衝！她的特性是「往前衝」！她唯一的野心是征服環境，征服命運！幾年來她唯一的目的是克制自己的濃鬱的女性和更濃鬱的母性！〔註 125〕

雖然在《追求》將近結尾時，章秋柳也被王仲昭曖昧地稱作「北歐的勇敢的運命女神的化身」〔註 126〕。但是顯然，章秋柳與梅行素這兩位「女神」又是有著重大區別的。前者我更願意看作是茅盾對其原配孔德沚的理想改造，而且可以說，茅盾的小說之所以會那樣津津樂道於時代女性的故事，很大一部分原因就是他本人所遭受的不幸婚姻。雖然他沒有像魯迅那樣採用革命的方式來破裂這種關係，但是，他依然希望借改造女性的方式來改善他的婚姻狀況。他教孔德沚讀書寫字，並引導她進入了共產革命的世界。在他早期有關婦女問題的文章中，也一再表示這樣的決心和理想。但是正如他那篇「僞樂觀」的小說《創造》所諷刺的一樣，這種改造並不對他的情感世界有任何的幫助。他和孔的關係每況愈下，直至他出走日本，人生才有了新的轉機，在那裡，他遇上了眞正的女神——秦德君。她非但照顧了他的日常起居，在文學事業上給予及時而必要的聲援。而且重要的是，她的熱情和活力再度喚醒了茅盾的藝術生命，使他寫下了具有象徵意味的《虹》：「希臘神話中墨耳庫裏駕虹橋從冥國索回春之女神」。

〔註 123〕這些可參考沈衛威：《一位曾給茅盾的生活與創作以很大影響的女性：秦德君對話錄》（一至五），《許昌師範學報》，1990 年第 2、3 期，1991 年第 1、2、3 期。

〔註 124〕茅盾：《寫在〈野薔薇〉的前面》，孫中田、查國華編：《茅盾研究資料》（中），北京：中國社會科學出版社，1983，第 11 頁。

〔註 125〕茅盾：《虹》，《茅盾全集》（第二卷），北京：人民文學出版社，1984，第 6 頁。

〔註 126〕茅盾：《追求》，《茅盾全集》（第一卷），北京：人民文學出版社，1984，第 415 頁。

正是在這部作品中，茅盾筆下的「時代女性」形象發生了嬗變。孔德沚已經被替換成秦德君。高利克（Gálik）所謂的「乳房之舞」開始光環暗淡〔註 127〕。「圓軟的乳峰」、「嫋娜的腰肢和豐滿緊扣的胸脯」……這些在孔德沚們身上盤錯交雜的「性話語」，到了梅行素身上，就被被刻意迴避，或者說不被強調了〔註 128〕。在一場淋浴的故事中，我們看到：

> 若斷若續的雨點忽又變大變密。因而梅女士到了「二百四十號」時，單旗袍早已淋濕，緊黏在身上，掬出尖聳的胸部來。聚集在這房子裏的六七位青年看見梅女士像一座裸體模型闖進來，不約而同發出一聲怪叫。但是看見梅女士板著臉沒有絲毫笑影，一些想說趣話的嘴巴只好暫時閉緊了，等待著適當的機會。〔註 129〕

恰如再上一段引言所見，因為梅女士是「英雄」化的，所以她身體裏的「女性」和「母性」就被自然地克制了。而通常，對這一「克制」的意見是，女性身體日益捲入對革命話語的塑造，並最終為它所馴化和排斥，此即王斑所謂的「雄渾」運作，亦即「身體的意識形態化」。在這個過程中，大致會有兩個相反相成的步驟：「性別化」和「去性別化」。

在前一個步驟中，身體既是「新」的革命力量，但同時也是誘惑本身。它時時都有可能從革命的能指中滑落，而回復到它原初的意味——肉的沉醉與牽絆。對茅盾而言，它可能象徵了那段任由他如何努力，都無法改易其本質的封建婚姻。儘管他幾次試圖離婚，但是面對母親的阻擾和孔德沚苛刻的離婚條件，他又被迫放棄〔註 130〕。女性的身體作為一種歷史的修辭，它不但昭示明天（革命），同時也包含過去（誘惑）。陳建華的意見就是，在慧女士、章秋柳等人那裡有一個明顯的「過去——現在——未來」的時間公式，所以，他說，用女性身作為歷史的載體，終究是脆弱與虛妄的，她們隨時都有「回轉」的可能〔註 131〕。

〔註 127〕參見張英進：《中國現代文學與電影中的城市》，第 146 頁。
〔註 128〕陳建華：《革命與形式》，第 238 頁。
〔註 129〕茅盾：《虹》，《茅盾全集》（第二卷），第 253～254 頁。
〔註 130〕王德威總結了茅盾不能和秦德君在一起的四個原因：一、孔德沚苛刻的離婚條件；二、他母親和兩個孩子的生計；三、國民黨秘密警察的壓力；四、共產黨對他忠誠度的懷疑。見王德威：《現代中國小說十講》，第 104 頁。
〔註 131〕陳建華：《革命的女性化與女性的革命化——茅盾早期小說中的「時代女性」與現代時間意識，1926～1929》，《中華文史論叢》，1999 年第 60 輯，第 100～152 頁。

　　而循此理解，我們也就可以清楚地解釋，爲什麼在茅盾脫離這段婚姻的時候，有關「乳房」的寫作就開始式微，而一旦他重新返回，所有「高聳的乳峰，嫩紅的乳頭」又再次開始舞動〔註132〕。《子夜》的開始，吳老太爺就親身參與了這一視覺的盛宴，並最終一命嗚呼。張英進的分析是：「女性性感不僅是毀滅性的，更是誘惑性的，甚至誘惑力多於毀滅力。女性性感是通過似乎不可抗拒的誘惑力來證明其毀滅性的。」〔註133〕換句話說，女性性徵之所以能累積出革命的能量，正是因爲它本身帶有被改造的可能。如果不是因爲孔德沚的愚昧無知，那麼茅盾對她所進行的皮格馬力翁（Pygmalion）式的神話書寫，就顯得毫無意義。

　　當然反過來看，就是一個女性在以卡里斯瑪（Christmas）的原型出現時，書寫改造與破壞之間的那種不可測力，基本變得不再必要。「性感的肉體」（"woman" as sexual "body"）與「反思的心靈」（"woman" as reflexive "mind"）〔註134〕間那種巨大的鴻溝，已經被填平，「革命女性」一轉而成「女性革命」。而當初，秦德君出現在茅盾的面前時，正是這樣一個對自己的身體操控自如的「女性革命者」。茅盾對這個形象充滿驚喜，他一下之就從無法自由掌控孔德沚的巨大灰心中轉變出來，在秦德君的身上發現了那種他朝思暮想的兩性關係。所以，茅盾對秦德君的第一個遮蔽，來自他對幸福婚姻和理想伴侶的急切渴求，這個時候，他想要得到的不過是一個能夠幫助他克服孔德沚陰影的女人。

　　而緊隨此一遮蔽出現的，就是茅盾對於生產這類革命女性所需的社會機制的視而不見，當然這其中就包括對他本人所扮演的角色的忽視。如果不是茅盾們急切地想在「五四」的「浪漫話語」與30年代的「革命政治」之間劃出一條界線的話〔註135〕，那麼章秋柳、秦舞陽之類的女性形象，還能在文學

〔註132〕孔德沚大約是在1929年夏天，開始知道茅盾和秦德君在日本同居的消息，盛怒之下，她威脅茅盾要以兩個孩子出氣。那時候《虹》只寫到一半，所以在小說的後半部又出現有關女性身體的描寫。最突出的就是故事結尾寫「五卅慘案」當天傍晚，梅與其它同事召開緊急會議，但卻在途中被雨打濕了衣裳，突顯她美麗的軀體，她以「一座裸體模型」的形象參與會議。接著，小說又寫到隔天的抗議活動，梅再度被警察的高壓水柱噴濕衣服，而這一次她竟在徐自強的注目下換下衣服，展示了她豐滿的身體。

〔註133〕張英進：《中國現代文學與電影中的城市》，第147頁。

〔註134〕Rey Chow, *Woman and Chinese Modernity*, p.107.

〔註135〕陳建華：《「時代女性」、歷史意識與「革命」小說的開放形式——茅盾早期小說〈虹〉讀解》，《中國學術》，2000年第1輯，第172～200頁。

的旅程裏停留得更長久一些。儘管《虹》的女主角名叫做「行素」,「我行我素」,仍有那種鮮明的五四特徵——崇尚個性的自由和解放,但是她姓「梅」,與「沒」同音。而且在更多的時候,她也被稱為「梅女士」。所以,我的猜想是,茅盾真實需要,或者說樂於見到的其實是一個並肩作戰的同志,一個可以不需要依靠身體特徵來出位的女性群體。

另外的遮蔽,則來自茅盾對「現在」過分強調。在《虹》的一開始,展現在我們目下的便是一幅極具象徵意味的畫面:梅行素從四川出夔門,前往上海,由傳統進軍現代。沿途上,她感受到的正是一種轉向現代的革命化抒情:

> 呀,這就是夔門,這就是四川的大門,這就是隔絕四川和世界的鬼門關!
>
> 從此也就離開了曲折的窄狹的多險的謎一樣的路,從此是進入了廣大,空闊,自由的世間![註136]

與小說本身所使用的倒敘模式一樣,這種感受也是由茅盾這個敘述者刻意安排給我們的。他讓我們把目力集中在「現在」,並使我們相信這其中包含的由現在而未來的時間隱喻和歷史進程。關於過去,那些落後、陳舊、閉塞、封建的既往,作者理所當然地把它處理成應該摒棄和克服的部分。這一不破不立的準則,表面上看,是在為革命的展開準備必要的烏托邦修辭——一片恢宏而光明的遠景。而且不可否認,這種輿論導向也是重要的,但是我的理解是,當某一事實或物象試圖只去彰明它的一面時,它的其他方面就極有可能遭受遮蓋。對女性革命前景熱烈而昂揚的「濃妝」,就是對於革命之前女性所承受的種種苦難和不幸的遮蔽。對茅盾而言,秦德君的可愛,正是因為她此刻的革命容顏,而決非是她過去的苦難與掙扎,因為孔德沚身上最缺乏的正是前者。

但是,我們說,「女性的歷史」,甚至是「革命的歷史」,都不應滿足於純粹地記錄「克服苦難」,它應當包含「苦難本身」。太多的作品只是把過去的苦難當作了明天光明的陪襯。從前的女性遭受身體上的「愚弄」,被纏足、束胸、禁欲,用以來滿足男性的欣賞趣味;但現在的女性,卻被要求奉獻自己的身體資源,以供男性在公共和個人的領域內重新分派。「女性」再次成為一個被歷史架空後,又被肆意填塞的空洞概念,所有耀眼的「女性與時代」、「身體與政治」、「戀愛與革命」的議題,到最終都不過是一種「崇高」的「表演

[註136] 茅盾:《虹》,《茅盾全集》(第二卷),第 15 頁。

式行為」（a performative act）〔註137〕，它們遠遠地拋離了苦難。

　　所以到此，我的結論是，茅盾圍繞秦德君所展開的小說虛構，本意是要把他的婚姻理想、文學隱喻、政治訴求以及小說美學四合為一，但是由於過多的要求以及複雜的現實狀況，又使得這一合力，演變成一場話語的高端遙控，它畸形地壓抑了作為主角的梅行素，最終使她成為某個去性別化的革命樂觀主義者。當然，這也就在等值的意義上遮蔽了作為原型的秦德君。儘管茅盾在與其分手之後，一直處於內疚與憂慮之中，但是他卻似乎從來沒有真心領會過作為女性和母性的秦的種種快與不快。他當她做英雄，甚至對她後來的轉變也表現出巨大的驚駭之情〔註138〕。但是，還算幸運的是，在茅盾個人情感挫時，革命的組織向他投來了橄欖枝，因為《虹》，他贏來了一張左翼作家聯盟的入場券，從此他就將常久地在佔據在寫實主義的高地上，如癡如醉地撰寫他「感時憂國」的民族寓言和「雄渾」的革命話語。

二、濫情：讓周瘦鵑沉迷的愛情女郎──「紫羅蘭」

　　私人的情感表達（戀愛、情書、日記、通信）及其生活所屬（家庭）對國家的崛起具有示範意義，這幾乎是近來文化史研究的一種通識。安德森關於「民族想像」的理論考察，Doris Sommer 對拉美國家建國小說的考量〔註139〕，都為我們提供了絕佳的旁證。而馮鐵（Raoul David Findeisen）有關情書文類（love-letter genre）的討論，更是直接說明在中國文學現代化的過程中，個人書寫（literature for love's sake）是如何巧妙地借用各種「新」設施（自由戀愛的觀念、白話文），而轉化為民族書寫（love for literature's sake）的〔註140〕。

　　當然，這中間大眾媒介是起到了舉足輕重的作用，如果不是借助它的反覆渲染和公開傳播，這種「示範作用」將永久地停留在抽屜之中。狂人的囈語、祥林嫂悲痛的訴說，如若不是通過《新青年》、《東方雜誌》以及《吶喊》，絕無可能成為一個時代乃至一個「民族的寓言」，它們最多不過是某地的一樁奇聞逸事、魯鎮上一個可悲的笑話而已。所以，我們有理由把個人情感和大

〔註137〕Liu Jianmei. *Revolution Plus Love*, p.25.
〔註138〕茅盾的小說《腐蝕》，據說就是因為懼怕秦德君會向其施報而做。見王德威：《現代中國小說十講》，第 107 頁。
〔註139〕Doris Sommer. *Foundational Fictions: The National Romances of Latin America*, California: University of California Press, 1993.
〔註140〕Raoul David Findeisen, "From Literature to Love: Glory and Decline of the Love-letter Genre", in Michel Hockx ed., *The Literary Field of Twentieth-century China*, Surrey: Curzon, 1999, pp.79～112.

眾傳媒的聯姻看成是敘事上的「經典化」過程。一方面是個人情感借大眾傳媒來自我標榜（self-fashioning），而另一方面，則是大眾傳媒的廣泛流通壓制了個人情感，把它變成最時髦的商品，任由他人自由出入和想像替換。

而且有趣的，恰恰不是要防範後一個方面對個人帶來的扭曲，反而就是要利用這一非個人化的步驟來實施更為完美的自我昇華。這與中國文學自身的受虐化傾向有著莫大關係〔註141〕。通過茅盾的例子我們已經看到，只有當他在不斷削減自我、壓抑情感的時候，他的小說才能得到普遍的認可，並走俏於青年學生之中。所以，「戀愛+革命」最後能夠成為一個公式，是和它的流行撇不開關係的。

但同為流行，它們所要追求的目標又是不同的。如同林培瑞富有灼見的觀點一樣，下面周瘦鵑的案例將顯示，鴛蝴派文學更像是一種「舒解性詩學」〔註142〕，它倡導以快樂的方式來舒緩現代性的壓力。而與之相對，魯迅和茅盾等人的作品則是一種「說服性詩學」〔註143〕，他們寫作各種新的、舊的故事，目的就是為使我們相信，傳統的必然凋落和現代的必然到來。

周瘦鵑「一生低首紫羅蘭」〔註144〕，所以講他，沒有不提及於此的。這是他的個人愛情故事，卻也是一個時代的鏡象和集體記憶〔註145〕。從上世紀20年代起，便有「人人豔說《紫羅蘭》」〔註146〕的講法，可見其愛情故事、文學商品是如何的深入人心，讓人留戀忘返。而且巧合的是，周瘦鵑的愛情故事竟與民國的建立相始終的。據王智毅編撰的周氏年譜來看，正好是在1912年，即民國元年，周首次遇到了他的初戀情人紫羅蘭〔註147〕。但是這相遇的

〔註141〕中國文學歷來的傳統就是「文窮而後工」、「國家不幸詩家幸，賦到滄桑句便工」。另外關於文學受難的討論可參見顧彬（Wolfgang Kubin）：《受難的重要性——走向中西方關於痛苦的理論》，《當代作家評論》，2007年第5期。

〔註142〕Perry Link. *Mandarin Ducks and Butterflies*, p.196.

〔註143〕陳建華曾以此概念來討論周瘦鵑散文《九華帳裏》的主體性問題，我這裡借它來指「五四」新文學對啟蒙和改造主題的倚重。見陳建華：《現代主體性和散文的形成》，陳子善、羅崗主編：《麗娃河畔論文學》，第259～262頁。

〔註144〕周瘦鵑：《一生低首紫羅蘭》，王智毅編：《周瘦鵑研究資料》，天津：天津人民出版，1993，第133～136頁。

〔註145〕Chen Jianhua, "A Myth of Violet: The Literary Culture of Shanghai, 1911～1927," Ph.D. Diss., Cambridge: Harvard University, 2002.

〔註146〕《半月》總社：《人人豔說〈紫羅蘭〉》；魯克：《人人豔說〈紫羅蘭〉》，王智毅編：《周瘦鵑研究資料》，第297、302頁。

〔註147〕王智毅：《周瘦鵑年譜》，王智毅編：《周瘦鵑研究資料》，第14頁。

結果並不完滿，關於這一節，「補白大王」鄭逸梅有過一段詳盡的記載：

　　　　這時他尚未結婚，有一次偶觀務本女學所演的戲劇，演劇者周
　　吟萍，活潑秀美，他很愛慕，不知怎樣，就認識了她，往還既頻，
　　談到嫁娶，吟萍家境很富裕，瘦鵑是個窮書生，對方的父母堅決反
　　對，好事多磨，成了泡影。而吟萍是個弱女子，在封建家庭壓迫之
　　下，沒有辦法，只有飲泣。吟萍有一西名 violet，瘦鵑念念不忘其人，
　　也就念念不忘紫羅蘭其花。他所編的個人小雜誌《紫蘭花片》，每期
　　彙集前人詞中有「銀屏」二字的，辟爲一欄名《銀屏詞》，無非爲吟
　　萍的紀念……〔註148〕

當然，紀念遠不止此，僅這一點是夠不到陳建華所說的「文學商品的神話」
〔註149〕的，所以，鄭逸梅在另文裏又補充到：

　　　　他有紫羅蘭癖，家有紫羅蘭神像，刻有「紫羅蘭庵」朱文印，
　　又「吳門周瘦鵑一心供養」白文印，印的四周，刻有題識：「比花好
　　長，比月當圓，香柔夢永，別有情天。右抱明珠，左揮涕淚。願花
　　之神持歡勿墜。紫羅蘭神贊，寒雲撰文蹁庵刻石。」按袁寒雲與瘦
　　鵑結金蘭契，譚蹁庵，寒雲之友。瘦鵑對於紫羅蘭，居滬癡癡迷迷，
　　沉溺其中，所編的刊物，名《紫羅蘭》、《紫蘭花片》，作品名《紫羅
　　蘭集》、《紫羅蘭小叢書》，在蘇州王長河頭闢一小園，即名「紫羅蘭
　　小築」，園中植有紫羅蘭花，名紫羅蘭臺，甚至所用寫字的墨水，也
　　是紫色的，當時一般青年作家紛紛倣仿，紫羅蘭墨水寫稿，也爲一
　　時風尚，……〔164〕〔註150〕

除去鄭逸梅等人的傳記、回憶文章外，周瘦鵑本人所撰寫的那些哀情小說、
供詞，以及日記都幫助構成了一段「戀物癖」似的文學敘事。這使我們想到
了魯迅和他的幻燈片故事，但兩者又是不同的。前者是以暴力的手段提醒我
們關於轉變的話語；而後者則是通過深情地訴說，滿足人們對於「地久天長」
的需要。這是一種「病的權利」，是在一個求新的時代，爲各種舊的觀念和事
物，創制著便宜的生長空間。就好像鴛蝴的愛情雖不失戀愛自由的觀念，但

〔註148〕鄭逸梅：《周瘦鵑》，王智毅編：《周瘦鵑研究資料》，第 176 頁。
〔註149〕Chen Jianhua, "A Myth of Violet: The Literary Culture of Shanghai, 1911～
　　　　1927," Ph.D. Diss., Cambridge: Harvard University, 2002.
〔註150〕鄭逸梅：《周瘦鵑回憶紫羅蘭》，《近代名人叢話》，成都：四川人民出版社，
　　　　1992，第 332 頁。

它仍然堅持傳統的孝道和貞潔，並反對自由戀愛的「危險的過度」〔註 151〕。這一點在包天笑的小說和主張中已經得到了很好的證明。「病」不僅讓我們緩慢，調整追求現代的激進步伐，而且使人相連（相憐）。這就是為什麼周瘦鵑的故事會不偏不倚地發生在民國初年的原因，那是與當時流行的社會主題相一致的。范煙橋說：

> 民初的言情小說，其時代背景是，辛亥革命以後，「父母之命，媒妁之言」的傳統婚姻制度，漸起動搖，「門當戶對」又有了新的概念，新的才子佳人，就有新的要求，有的已有了爭取婚姻自由的勇氣，但是「形隔勢禁」，還不能如願以償，兩性的戀愛問題，沒有解決，青年男女為之苦悶異常。從這些現實和思想要求出發，小說作者就側重描寫哀情，引起共鳴。〔註 152〕

應當說，鴛蝴作家幾乎無一例外地都曾染指過這一思潮，其中著名的就有徐枕亞、吳雙熱、李定夷等人，但是他們僅僅只是開發了有關思潮本身的內容——哀情，而周瘦鵑的意義卻在於，他不但在流行中書寫哀情，還在哀情主題耗盡元氣之後，又開發了它的副產品——各類投射著他本人愛情氣味的雜誌，來繼續這種書寫〔註 153〕。這就是說，周瘦鵑不但善於利用社會思潮，而且又為此一思潮尋找到了新的展出形式，所以，我的推想是，周瘦鵑的愛情故事不但展示了一個社會問題，而且也提供了解決這一問題的通道。關於這一點，或許可以借用那些時髦的「封面女郎」，或者更確切地說，是周瘦鵑的「紫羅蘭娘」來作個說明。

「摩登女郎的出現是具有現代文化特色的都市大眾文化所不可欠缺的一個要素。」〔註 154〕在男性觀者的眼中，她們被當作藝術品、商品、重要文化事件的能指，或者以上任意兩種或三種的組合來理解和表現。她們「既

〔註 151〕顧德曼（Bryna Goodman）：《向公眾呼籲：1920 年代中國報紙對情感的展示和批評》，姜進主編：《都市文化中的現代中國》，上海：華東師範大學出版社，2007，第 204 頁。

〔註 152〕范煙橋：《民國舊派小說史略》，魏紹昌編：《鴛鴦蝴蝶派研究資料》（史料部分），第 272 頁。

〔註 153〕周瘦鵑推出《紫蘭花片》、《紫羅蘭》是在 1922 年和 1925 年，那時候哀情小說的高潮已經過去，出現了社會小說和武俠小說的高潮，但這兩份刊物還是堅持以哀情小說創作為主，特別是前一本它是周的個人作品集，四處都漫溢著他對那段愛情舊事的追憶。

〔註 154〕阪元弘子：《民國時期畫報裏的「摩登女郎」》，姜進主編：《都市文化中的現代中國》，第 73 頁。

被建構成提供視覺享受的奇觀，又是文化消費和話語形成的場域，也是表達私人幻想、公眾焦慮、難解壓力和矛盾的文本空間」。張英進認為，這些對女性形象的摩登化理解，正是得因於當時各種文化、社會經濟和心理因素的交互作用〔註155〕。但是，我的補充是，這種「摩登」源自傳統的成分更大，它們基本上維持了一個優雅妓女所必需的形象。梅爾清說，妓女常常被比作柳樹和柳枝，這種暗指是很複雜的，將女人、音樂、歡愉和惆悵混為一體〔註156〕。所以，在一個妓女身上，我們既可以見到「欲望」、「迷戀」、「幻滅」這樣的概念，同時也可以見證出歡愉與惆悵的意義，那種在苦中作樂，以尋求自我慰藉的真實含義。因此狎妓，特別是與那種高級妓女往來的行為，其實是和這種消費畫報女性形象的行止同構的，除了提供暫時的迷醉外，它們亦可以為自我的安頓提供舞臺，甚至在更高的意義上成為一種俠的行徑〔註157〕。賀蕭（Gail B. Hershatter）對20世紀上海娼妓問題與現代性生動的概括——「危險的愉悅」（Dangerous Pleasures）〔註158〕，就機智地把握到了這種對女性和女性身體進行消費和建制時所包含著的兩種不同方向，以及它們間的不斷運轉：危險和愉悅。而粗略地說來，在中國現代文學史上，新文學和鴛蝴派可能正好執其一端。新文學的作家對「危險」保持了必要的警覺，所以，他們筆下的女性往往是去性別化的英雄；而鴛蝴的作家們則偏好「愉悅」，為此他們的作品被指賣淫，但他們真實的意圖應該在於，向那些女性形象尋求他們理想身份的慰藉性想像〔註159〕。不論這個形象是關於初戀對象、婚嫁配偶，甚或就是自我擬設的，它們都可以視為現代性的替身。它們是在以最輕便、直觀和安全方式來理解現代，物化現代。

　　正如陳建華提醒我們的，紫羅蘭作為一種富於異國情調的花朵，它展示的首先就是「世界文學中著名人物的一個星系，諸如維納斯、拿破崙和莎士

〔註155〕張英進：《中國早期畫報隊女性身體的表現與消費》，姜進主編：《都市文化中的現代中國》，第71～72頁。

〔註156〕梅爾清（Tobie Meyer-Fong）：《清初揚州文化》，朱修春譯，上海：復旦大學出版社，2004，第62頁。

〔註157〕王鴻泰：《俠少之遊——明清士人的城市交遊與尚俠風氣》，李孝悌編：《中國的城市生活》，第122～129頁。

〔註158〕賀蕭（Gail B. Hershatter）：《危險的愉悅：20世紀上海的娼妓問題與現代性》，韓敏中、盛寧譯，南京：江蘇人民出版社，2003。

〔註159〕卜正民（Timothy Brook）：《縱樂的困惑：明代的商業與文化》，方駿、王秀麗、羅天祐譯，北京：生活・讀書・新知三聯書店，2004：267。

比亞等等；此外，『羅蘭』指的是『羅蘭夫人』，即法國大革命中那位悲壯的
女英雄羅蘭夫人（Madame Roland），其浪漫而愛國的英雄主義對於鑄造正處
在二十世紀轉折期的中國革命精神具有至關重要的影響。」再者，紫羅蘭作
爲譯名，它也同時暗合了某種本土性的提示〔註 160〕。比如，紫羅蘭本身就是
一個中國女子的西洋名字；而周氏本人也在交替使用兩個名號：「紫羅蘭庵」
和「紫蘭主人」；而且《紫蘭花片》的月刊上亦同時刊刻著英文「紫羅蘭」和
中文「紫蘭花片」的雙語標題。所以，我們有理由認爲，紫羅蘭不論是作爲
一個「跨語際實踐」的具體案例，還是作爲周瘦鵑本人的一個愛情商品，它
都是在處理現代與傳統之間的複雜關係。所謂的「國際卆義和地方主義」、「男
性氣概和女性特質」，還是「革命和愛情」、「自然和物戀」，其實都不過它的
變形而已。

周氏雜誌的絕大多數封面都是
出自著名的月份牌畫家之手，比如謝
之光、胡亞光，以及上海灘名氣最大
的月份牌畫室主人杭穉英〔註 161〕。
他們所繪製的各類女性形象，皆是中
西混雜。比如，在《紫羅蘭》第一卷
第一號的封面上，我們看到一個穿著
中式時裝的女子，手中正握著一把提
琴，而她的身後亦有一個西洋的雕
塑。可見，現代性的到來，已經不能
避免，它與時人的生活有了極大關
聯。但是，又如我們看到的這幅圖畫
所表現的場景是在一個封閉的室
內。這說明儘管人們無力抵抗現代，但仍然希望它以最安全的方式鋪展開來。
對於女性，他們既不是希望其維持一貫的舊，而可以有著某些時尚的追求，
但是在潛意識中，他們仍舊期望女性留守家中，從而保持其傳統的賢良淑德
的理想形象，畢竟四處走動或者外出革命並不是什麼讓人放心的事情。一方

〔註 160〕陳建華：《周瘦鵑和紫羅蘭現象：1920 年代上海流行的主體性》，《上海文化》，
　　　　2001 年（改刊號），第 46～48 頁。
〔註 161〕魏紹昌編：《鴛鴦蝴蝶派研究資料》（史料部分），第 428、440～442 頁。

面，女性還沒有足夠的能力來承受出走所帶來的壓力，而另一方面，家庭和私人感情仍被看作是重要的生活組成。即便是在 20 年代政治環境極端惡劣的情形下，一個普通的人要生存下去，光靠滿腔的義憤是不夠的，作為個人他仍須有著一定的恐懼，甚至調皮。因為他身體的部分依舊屬於他自己，而未被完全納入國家的制度建設。

當然，這就是說，周瘦鵑對紫羅蘭情結的發揮是在日常的層面上進行的，他總是在某種可以落實的意象上作著修飾變化，以便人們能夠步步跟進，或者至少不產生突然無法適應的恐懼。在二十年代末，一個來自廣東的歌星在上海獻藝，轟動一時，周瘦鵑為之捧場，並將其照片變成了某期雜誌的封面。表面上看，只是月份美女的虛擬形象變成真人的攝影寫真，但是，正是在這一實一虛之間，周瘦鵑為我們論證了現代性的觸手可及。而在這一點上，茅盾卻做了極力掩飾，這就使得他筆下的人物更像一個理想的英雄，而非平凡的個人。而在成為一個英雄的過程中所包含的對個人情感的閹割和脫胎換骨般的疼痛，又使得人們對現代望而卻步，而寧可沉浸在周瘦鵑式的無痛逸樂和意淫之中。

第四節　模仿與謔仿之間的現代

中國現代作家，無論變得浪漫或者不浪漫，始終不曾或忘或未敢或忘的正是他們身邊的現實。從晚清的「目睹」、「見證」開始，到「五四」的「寫實主義」、「自然主義」，再到 30 年代的「批判現實主義」，以至後來毛時期的「社會主義現實主義」，現實已被過度書寫，以至於圍繞著它而展開的那種文學技巧或潮流，逐漸變成一連串的「限制」，阻礙了作家們去深入地探索這個無窮無盡的世界。李歐梵說，現實主義「已經變成社會良心、政治意識和民族承擔精神的表現」〔註162〕，它已經遠遠地離開了起初生產它的西方語境和主方語言，並最終成為一種中國文學的新典範。

而且，正如劉禾指出的，一個新的話語典範的出現，絕非是由旅行過程中那些無意的變化所帶來的，它包含在一系列複雜的增刪、挪用、改寫以及翻新的「跨語際實踐」之中。杜博妮（Bonnie McDougall）在她那本研究西方文學理論如何進入中國的有價值著作中，也曾有過類似觀點。她說，中國的

〔註162〕李歐梵：《現代性的追求》，第 113 頁。

作家總是傾向於「浪漫主義地」接受西方理論。他們理想化地將歐洲的文學理解成是一個循序發展而不斷進化的有機系統，它是經過了古典主義、浪漫主義、現實主義和新浪漫主義而發展起來的。中國作家在其中大膽地尋找中國文學的坐標和發展方向，認爲傳統的文學停留在古典主義和浪漫主義之間，而現實主義和自然主義正是它下一個必經的階段。法國的現實主義，被他們單純地曲解爲在思想上暴露資產階級的墮落，而浪漫主義則被誇大爲民主、自由和社會主義〔註163〕。

　　爲此我們講，中國的「現實主義」與其說是在模仿現實，倒不如說是在踵武西方，它是在借一個已經命名完成的概念來自我表達，並希望藉此順利地步入世界文學之林，確立它的環球身份。而且恰如李歐梵提醒的，五四以後也有不少作家知道西方現實主義的盛期已過，代之而起的是各式各樣的新潮流，但是就有像茅盾這樣的作家固守陣地，以爲浪漫之餘只能走向現實〔註164〕。這不僅是跟他的文學進化觀點相聯，也是跟這些紛繁複雜的新藝術形式前途未卜有關，畢竟得到一個先鋒的護照，是不如拿到一張安全的入場券來得適宜的。換言之，在世界範圍內，新文學所尋找的是同，而非異；但有趣的是，在國內，情形又被完全顛倒過來，他們標新立異，以便和那些舊的文學相區別。這一點類似於史書美所說的「中國現代主義的全球性視角和地區性視角」的區分，即其所謂的「分叉性策略」：「將西方和日本的都市文化看成是可以與己合作或是使自己獲得當代性的欲望客體，同時又將西方和日本殖民文化當做恥辱而加以拒絕。」〔註165〕。

　　儘管這種分歧往往弔詭地統一在一個人身上，但是爲了權宜，我仍然分頭對它們作出說明，我的例子是劉呐鷗和徐卓呆。前者的小說被認爲是模仿日本的新感覺，因而提供的一種世界主義式的觀念；而後者的作品則被看作是謔仿現實，從而保持了地區主義的視角。

一、模仿：劉呐鷗的全球性現代主義

　　同「模仿」這個詞本身所具有的雙重性一樣，我這裡既是指它對現實的摹寫，又是指它對西方或日本的仿倣。劉呐鷗及其開創的「新感覺派」雖然

〔註163〕Bonnie S. McDougall. *The Introduction of Western Literary Theories into Modern China*, 1919～1925, Tokyo: Centre for East Asian Cultural Studies, 1971.
〔註164〕李歐梵：《現代性的追求》，第114頁。
〔註165〕史書美：《現代的誘惑》，第1～54、262頁。

與魯迅等人的「寫實主義」截然不同，而被交替性地稱爲「新浪漫主義」、「頹廢主義」、「近代主義」，以至後來的「現代主義」〔註166〕。但是，他們對待現實的忠誠態度，卻是同「新文學」一樣的，他們極力模仿並精心刻畫，唯獨不同的是，他們表現的是一個聲光化電的現實，一個最爲摩登、歐化的上海，這又是與「新文學」的「血淚」現實根本區別的。所以，在經歷了半個世紀的時間之後，這種離經叛道的現實才被重新接納爲新文學，並追諡它爲「中國第一個現代主義小說流派」〔註167〕。

　　「新感覺」的現代不僅同它描寫的現實有關，而且也與它效法的西方或日本資源有涉。幾乎中日新感覺主義間的那種互文關係，以及它們同法國作家保爾・穆杭（Paul Morand）的師承淵源，都已經是文學史的老生常談了。早在30年代，就有人做了這樣清楚的指認：

> 咱們這文壇有了新感覺派的都市文學的流行，是近兩三年的
> 事，最先介紹這一派作品到中國來的，據筆者所知，以劉吶鷗譯的
> 《色情文化》一書爲始。其後他出版了創作集《都會風景線》，作風
> 上表演上均深受「色情文化」極大的影響，這可以說是新感覺派文
> 學發展史的第二代。繼此而起者，爲穆時英作品的出現，其所受該
> 書的影響更顯得深厚。〔註168〕

日本的新感覺是在 1923 年關東地震後興起的，「它試圖建立起一種能夠配得上首都東京現代轉變中的現代性新感覺的語言」〔註169〕。而與之相似，中國的新感覺也是在經歷了20年代政治、經濟，特別是軍事上的強烈「地震」之後開始產生的。一方面隨著殖民侵略的加劇，上海幾乎完全爲外國人所佔用；而另一方面，她也因此變成一個去民族化的國際大都會，在長時間內混同於巴黎、東京這樣的世界城市。現代無可避免地成爲某種誘惑，但同時，也理所當然地成爲一種創傷。

　　在「新感覺派」那裡，「都市性」是不可迴避的特徵。即便是在施蟄存《鳩摩羅什》、《將軍底頭》、《石秀》和《李師師》這樣的歷史幻想小說裏，我們

〔註166〕李今：《海派小說與現代都市文化》，合肥：安徽教育出版社，2000，第 46
　　　　頁。
〔註167〕嚴家炎：《中國現代小說流派史》，北京：人民文學出版社，1989，第 125 頁。
〔註168〕林希雋：《第四代的文章》，《文化列車》，1934 年 3 月第 10 期。轉自李今：《海
　　　　派小說與現代都市文化》，第 59 頁。
〔註169〕史書美，《現代的誘惑》，第 289 頁。

同樣也能隱約看出現代生活懸置在人們心頭的魔障。施氏筆下的這些歷史人物，多是外國人（梵僧、番將），而且故事的背景也多是民族融和的唐朝，各種異域奇觀，混合著寫作時那無處不在的半殖民背景，本身就交織成了一種「將民族主義排除在外的世界主義」〔註170〕傳奇。

劉吶鷗作爲新感覺派早期的主導人物，他本人的身份就極具「世界移民」的傳奇性。他生於臺灣，長於日本，之後來到上海震旦大學修讀法文。他能說流利的日語，但說起中文來卻帶有濃重的口音。據施蟄存說，他最初的中文作品讀起來也好像日文〔註171〕。他起初寫那種有左翼色彩的作品，聲稱他介紹日本的新感覺派就是因爲「他們都是描寫著現代日本的資本主義社會腐爛期的不健全生活」〔註172〕。他所開辦的「第一線書店」還曾因爲出版左翼書籍，而被國民黨當局查封〔註173〕。但是，後來的發展卻是，他完全轉向了左翼的反面，提倡「軟性電影」〔註174〕，寫作頹廢的「都市風景線」〔註175〕，甚至在最後變成汪僞集團控制下一份報紙的頭目，並於1939年爲人槍殺，兇手不明。有人說是共產黨，有人說是國民黨，也有人說是青幫。但無論如何，這恰恰就說明了劉吶鷗在意識形態、民族身份上的不確定性。「非中國性」特徵常常被用來指責他，甚至也直接用來否定整個現代主義寫作〔註176〕。

劉吶鷗身份上的這種曖昧，同他極力地吹捧西方、崇拜日本是有很大關係的。他流亡海外辦《無軌列車》，後來又獨資開辦水沫書店。他的文學興趣，就如同《無軌列車》這個雜誌名稱一樣，行無定則，在他看來，「只要是反傳統的，都是新興文學」。他從日本帶來了具有新傾向的作品，如橫光利一、川端康成、谷崎潤一郎的新感覺派小說；也有關於未來主義、表現主義、超現實主義甚至馬克思主義的文藝論著。這一點施蟄存也談過，而且在他們看來「並不覺得這裡有什麼矛盾。因爲，用日本書藝界的話來說，都是『新興』，

〔註170〕史書美：《現代的誘惑》，第338頁。
〔註171〕施蟄存：《震旦二年》，《新文學史料》，1984年4月，第51～54頁。
〔註172〕劉吶鷗：《色情文化·譯者題記》，上海：水沫書店，1929。
〔註173〕史書美：《現代的誘惑》，第322頁。
〔註174〕關於「軟性電影」與「硬性電影」的詳細討論見李今：《海派小說與現代都市文化》，第181～189頁。
〔註175〕劉吶鷗唯一的一個短篇小說集即名爲《都市風景線》，關於它的討論可以見李歐梵：《上海摩登》，第205頁。
〔註176〕史書美：《現代的誘惑》，第322頁。

都是『尖端』」〔註177〕。

　　儘管新感覺的文學資源較爲蕪雜，但是「新感覺主義的美，總是離不了濃鬱的 Erotic 和 Grotesque 的。」〔註178〕也就是「愛欲」和「荒謬」，而且這些東西都是都市的荒謬感，李歐梵叫它做 urban gothic〔註179〕。1930 年的大上海，正成爲國際性的大城市，一個「城市機器」的烏托邦也出現在東方地平線，現代也就因此被理解爲「新感覺」和「新觀念」，「這其實就是爲什麼，在 1930 年代的中國，穆時英和劉吶鷗爲代表的『新感覺』派小說中，到處充滿了對於機器的描寫，甚至小說的敘述節奏，也採用了機器的節奏，小說的視角，更多的採用一種先進機器——攝影機的視角，或者說，攝影機的眼，代替了人的眼。」〔註180〕所以，劉吶鷗從日本把新感覺帶進來的時候，專重的就是一點，即都市生活時間的快速性帶給個人身心的刺激，這種刺激就是他所謂的「新感覺」。

　　這種全新的體驗，不論是愛，是恨，最初的形態就是一種創傷。他們通過不斷地復述來強化這種感覺，並樂於爲這種感覺所折磨。之所以認爲這是一種創傷，首先就是傳統的生活或者說民族生活模式破滅，再者就是隨之而起的上海現代主義，那種「集都市化、異國情調和色情主題於一身的實驗性風格和形式」〔註181〕。在 1926 年給戴望舒的一封信中，劉吶鷗曾這樣寫道：

　　　　在我們現代人，Romance 究竟未免稍遠了。……電車太喧鬧了，本來是蒼青色的天空，被工廠的碳煙布得黑濛濛了，雲雀的聲音也聽不見了。繆塞們，拿著斷弦的琴，不知道飛到哪兒去了。那麼現代的生活裏沒有美的嗎？哪裏，有的，不過形式換了罷，我們沒有 Romance，沒有古城裏吹著號角的聲音，可我們卻有 thrill，carnal intoxication，這就是我說的近代主義，至於 thrill 和 carnal intoxication，就是戰慄和肉的沉醉。〔198〕〔註182〕

〔註177〕施蟄存：《沙上的腳迹》，瀋陽：遼寧教育出版社，1995，第 127 頁。

〔註178〕樓適夷：《施蟄存的新感覺主義——讀了〈在巴黎大戲院〉和〈摩道〉》，《文藝新聞》，1931 年 10 月，第 33 號。

〔註179〕李歐梵：《未完成的現代性》，第 43 頁。

〔註180〕溫儒敏、姜濤編：《北大文學講堂》，北京：中央編譯出版社，2005，第 242 頁。

〔註181〕史書美：《現代的誘惑》，第 322 頁。

〔註182〕孔另鏡：《現代作家書簡》，廣州：花城出版社，1982，第 185 頁。

在新感覺的小說裏，戰慄和肉的沉醉就是都市文明的誘惑，表現在一種性欲的力量，借著尤物（femme fatale）的形象，使得中產階級的男人無所適從，也無法招架。劉吶鷗筆下的這些「尤物」或者說摩登女郎（modan gagru 縮略爲 moga），部分地源自法國和日本文學，她們是近代西方文明陰影下的產物下，與中國傳統的女性形象大相徑庭：

> 這個肉感的「遊戲」現代女子短髮，有「理智」的前額、櫻桃嘴、一雙受驚的或不容易受驚的眼睛、隆直的希臘鼻、淺黑的肌膚、高聳的胸脯和「柔滑的鰻魚式的」身體……〔註183〕

這個充滿「異域風」的女性形象，正如李歐梵所見，與劉吶鷗本人所鍾情的好萊塢影星瓊·克勞馥（Joan Crawford）和葛麗泰·嘉寶（Greta Garbo）也有著直接淵源〔註184〕。爲此，這些形象一方面可能會因爲與影視明星有關而變成性別與欲望的喻象，而另一方面也可能與殖民者的文化相連而不幸淪入愛德華·薩義德（Edward Said）所說的「東方主義」（Orientalism）——一種西方統治東方，並將東方人貶爲「亞人類他者」的後殖民行徑〔註185〕。

但是，正如我在開頭所指出的，模仿表面上尋求的是一致，但事實上也包含了一種要與西方平起平坐的文化要求。換言之，當我們的形象被西方選擇和塑造時，我們同樣也對西方作出了自己的取捨，形成了一個東方的西方形象。或許，這樣的做法我們可以將其對應性地稱爲「西方主義」（Occidentalism）〔註186〕，一種應對西方殖民的反殖民性話語。然而確如歷史所示，「東方主義」的強勢力量遠遠蓋過了「西方主義」的微弱風氣。劉吶鷗最初的左翼作品，歷經都市文化的不斷洗禮，最終變成了一種新感覺：他們深愛著都市的世俗生活，非但把都市的物質生活女性化，而且更是把女性的身體物質化，與汽車、洋房、煙酒和舞廳連在一起，像是另一種商標和廣告。他們用女性來消費現代性，也沉迷在現代性的創傷之中，既興奮又焦慮，既激昂又感傷〔註187〕，彷彿一個受虐狂。那是「一種超乎尋常的特別是對苦難的敏感性」〔註188〕。一方面，他們清楚地預感到精神

〔註183〕李歐梵：《上海摩登》，第 208 頁。
〔註184〕李歐梵：《上海摩登》，第 208 頁。
〔註185〕史書美：《現代的誘惑》，第 329 頁。
〔註186〕Chen xiaomei. *Occidentalism: A Theory of Counter-Discourse in Post-Mao China*, New York: Oxford University Press, 1995.
〔註187〕李歐梵：《現代性的追求》，第 152 頁。
〔註188〕格洛里亞·比恩：《波德萊爾在中國》，郭洋生譯，《國際詩壇》，1988 年第 1

的黑暗，無知的不安全感和畏懼，彌漫著他們所處的世界；另一方面，他們又為這種感覺所陶醉，樂於在這種威脅的情境中引起強烈的興趣和愉悅。

這種極樂式的悖論傾向，用艾略特（T. S.Eliot）的話說就是：

> 他是這樣的一個人之一：他們有力量，但那只是受苦的力量。
> 他不能逃避苦難，也不能超越苦難，因此他就自己尋找痛苦。但是
> 他所能做的，是利用苦痛所無法傷害的那種巨大的、被動的力量和
> 感受性，來研究他的苦難。在這種局限內，他完全不像但丁，甚至
> 不像但丁地獄中的人物。但是另一方面，波德萊爾所受的這種苦難
> 暗示著某種積極的至福狀態存在的可能性。〔註189〕

穆時英將上海看作是「建造地獄之上的天堂」；劉吶鷗將現代摩登大樓看作是「吞吐人類」的巨獸；「三百七十三種煙的牌子，二十八種咖啡的名目，五千種混合酒的成分配列方式」；以及《上海狐步舞》中那華爾茲式的、不斷旋轉的文字；甚至還有施蟄存筆下那個有著偷窺狂和虐待狂傾向的石秀，都是在一種精神悖反式的體驗中生成的、最為真實的「魔道」。

劉吶鷗將自己唯一的短篇小說集命名為《都市風景線》，顧名思義，是要勾畫一個城市的輪廓，可是他表面上是在寫上海，實際上還是東京〔註190〕。這種在表述中喪失身份的原因，正在於他使用了一種全球性的視角和意象，而且他的策略也是對抗式的。他試圖以針鋒相對，或至少是並駕齊驅的方式引起西方或日本的注意。可是正如史書美指出的，雖然早在 1925 年陶晶孫就開始了新感覺派模式的寫作，而那時也正是日本新感覺派的鼎盛時期。但是直到很久以後，日本新感覺派還不清楚中國同人的相似努力，他們對平等地與中國進行文化交流毫無興趣，更別說從中國的新感覺中發現他們自己未能表達的東西〔註191〕。

所以，獲得現代性本身，就已經注定了精神上和生理上的疼痛。這是一種對於失卻了傳統，而又急於建立起堪比西方的現代中國的「自虐虐人」的體驗。夢魘、肉欲、妖術、神怪、幻覺，這是一個包羅萬象的世界，用《魔道》中的話說，是「超現實主義的色情」，也是在全球文化下不知道如何措置自我的現代困境。

輯，第 296 頁。

〔註189〕艾略特：《波德萊爾》，王恩衷編譯：《艾略特詩學文集》，北京：國際文化出版公司，1989，110～111 頁。

〔註190〕李歐梵：《未完成的現代性》，第 43 頁。

〔註191〕史書美：《現代的誘惑》，第 291 頁。

二、謔仿：徐卓呆的地區性現代主義

　　嬉笑怒罵皆成文章，所以中國文學毋須定於一尊，涕淚交零之外，不妨也有戲謔鬧劇。現實或有血淚，或有怪誕，也未嘗不能沒有哈哈大笑。時代擾攘紛呈，本來就是百家爭鳴，何必要泥守「感時憂國」以舒塊壘、彰明大道，換個角度，同樣柳暗花明、新意綻現。而且，道義文章固然整肅虔誠，但又何曾少過「笑」的一鱗半爪。回顧晚清的譴責小說，二十年代露骨的寫實主義（hard-core realism），哪個當中沒有插科打諢、滑稽突梯、笑料百出。譴責之外有喧囂、現實之中有笑謔，是耶非耶，在在是另一齣「消遣（解）中國」（flirtation with China）的嘉年華（carnival）好戲〔註192〕。

　　如果說「模仿」的合法性源自它對現實的忠誠，以及關聯於此的「史學正義」〔註193〕，那麼「謔仿」的意義就在於它對現實的誇張造型，彷彿哈哈鏡般來一番玩世不恭的嘲弄，甚或只是聊備一格的憊懶怠惰。它不必道貌岸然，可自隨意表演。醜怪的敘事即是其核心，用巴赫金（Bakhtin）的話講就是價值論（axiological）的放縱狂歡（carnival）〔註194〕。它不惟是對日常（官方）生活制度的僭越，根本上就是「翻了個的生活」，是「反面的生活」。它對價值觀（value）進行激烈的瓦解，並以「鬧劇」作爲文學表達的形式。所以，有學者謂晚清小說的情節模式總是圍繞著「邪必勝正」和「巨奸大惡戰勝小奸小惡」的軸心展開〔註195〕，確是言之成理，有案可稽的。它正是文學裏的大狂歡、大鬧劇，我們正不妨稱它做「詩學正義」。這正義固不如道德上的剛直來得眩目，但也因之益顯文學之獨立，使人相信中國小說並非眞的只能在公私之間飄忽不定、行無定規。徐卓呆講：

> 古時的勸善懲惡就在那小說或戲劇的事件中明明白白實現著，
> 現在的小說雖不一定如此，事實上也很有叫人避惡就善的意思……
> 舊小說的勸善懲惡是世間道德的常套，新小說的勸善懲惡是注目在

〔註192〕參見王德威：《「譴責」以外的喧囂：試探晚清小說的鬧劇意義》、《從老舍到王禛和：現代中國小說的笑謔傾向》、《世紀末的中文小說：寓言四則》諸篇文章內容，見《想像中國的方法》，第71～79、187～212、384～387頁。
〔註193〕「史學正義」及後面的「詩學正義」概念借自王德威，見《現代中國小說十講‧序》，第1～3頁。
〔註194〕王德威：《被壓抑的現代性》，第271～282頁。
〔註195〕米列娜（Milena Dolezelova-Velingerova）：《晚晴小說情節結構的類型研究》，米列娜編：《從傳統到現代——19至20世紀轉折時期的中國小說》，伍曉明譯，北京：北京大學出版社，1997，第52頁。

> 世間道德的進步改良上的。……那麼小說單單是道德的，把人改造
> 的嗎？不對的……只會講道德的教育家不能當眞造成生活有餘裕的
> 人啊，菜有務求多吃滋味好的東西，所以好的小說在道德以外一定
> 有詩的趣味，不可不細辨別啊，把人改善，那是道德比著法律，更
> 是積極的東西，但是小說中（他種藝術同）詩的趣味比著道德更能
> 積極的將人改善啊。〔註196〕

徐卓呆這「詩的趣味」果就是我們所說的「詩學正義」，講的正是文學的審美
自主。而聯繫徐卓呆本人「滑稽大師」的稱號，我們又不能不說，這自主又
是由著鬧劇的喧嚷諷謔、嘈雜乖張，以及醜怪寫實完成的。所以，遵從王德
威的意見，這「謔仿」、「狂歡」雖然來自西方論域，但是不妨擷英咀華，把
它們共同看作是對仿眞對象的誇張、扭曲，以至簡化和一再「命名」（to be
「named」）〔註197〕。比如說，小說中那些形形色色的人物原型，從英雄將相、
才子佳人到摩登女郎、時尚青年，都不能幸免丑角的擺佈，或者他們本人就
是丑角〔註198〕。

　　這裡聊舉一例說明。徐卓呆的小說《女性的玩物》一篇，光題目來看就
有將那隱匿的主角醜化的傾向。故事講，大才女邱素文登報徵婚，應者如雲，
收到回信 1234 封。她給每個人都回了一封信，約定某日在公園見面，請胸前
戴一朵小紅花爲記。「見有御綠衣者，即妹也。」到了那天，公園裏果然出現
了 1234 位戴小紅花者，但卻沒有什麼綠衣女郎出現。第二天，各人收到一封
信，信裏說：

> 昨日妹囑女友先期往公園中探訪，見人數甚眾，而衣襟上俱
> 佩一小紅花，此必爲先生惡作劇，故意約多數友人，特來窘妹也。
>
> 〔註199〕

這 1234 位青年不明就裏，只是著急，所以又紛紛回信致歉。於是大才女又發
信一封，說某日「銀星影戲院一晤，妹仍穿綠衣，萬勿失約」。到了那天這些

〔註196〕徐卓呆：《小說欣賞上應注意之要點》，《遊戲世界》，1931 年第 21 期。轉自
　　　　范伯群主編：《中國近現代通俗文學史》（下卷），南京：江蘇教育出版社，2000，
　　　　第 349 頁。
〔註197〕王德威：《被壓抑的現代性》，第 49、51 頁。
〔註198〕王德威：《被壓抑的現代性》，第 274 頁。
〔註199〕徐卓呆：《滑稽大師徐卓呆代表作》，南京：江蘇文藝出版社，1996，第 54
　　　　頁。

癡情男子又如約赴會，結果可想而知，又是一場戲局。大才女先到影院花了60元包場，但購票所得竟有480元，作了自己和七八個女伴的旅費。第二天，她又在報上登廣告稱自己被車所撞，不能如期赴會，特此道歉。這幾次三番好好地將他們玩弄了一番。到了故事結尾，徐卓呆還告訴我們，這所謂的大才女不過是個56歲的半老徐娘，孫子都已經大學肄業了。果然叫人大跌眼鏡。

這是一個關於過度想像和盲目崇拜的批判故事。主角邱素文被塑造成擅長詩文，還兼工書畫的大才女，顯然是要將她做成一位新式女性，用來隱喻那個在現代性上教導我們的西方。而這一干青年朋友竟不分青紅皂白熱烈追捧，又明顯是在諷喻那些以西方是尚的可笑社會風氣。他們任由別人玩弄，而缺乏主見，到最後還不知道自己所追逐的這些新潮時尚，不過是一種過時的現代。借曾佩琳對晚清小說中上海人如何模擬西方形象進行拍照的考察，我們已經清楚地知道，這種爲了取悅自戀的私欲而借用「文明外表」的方式，失卻的是文明的本意——進步（progress）〔註200〕。穿著西式服裝或者易裝爲西人，都如同徐卓呆批判的這種盲目追風一樣，它並不能從本質上促使中國獲取現代性，反而容易陷入現代性的魔窟而成其爲玩物。準此，我的推論是，與其穿上國王的新衣做那種可笑的表演，還不如從地區性的視角出發尋求準確的自我定位。

得到這種認識，也同小說中反覆出現的兩種文學文本有關——報紙和書信。根據傳統思想，報紙應該被看作一種公共媒介，在某種意義上，它接近於全球性的概念，即由它所營造的空間可以任由人們隨意分享；而與之相反，書信則被視作私人文類，它用於傳遞兩個人之間的隱私，它不爲別人所知，從而有一種獨立的地區性意識。所以，在故事中我們看到，有關邱素文大才女的形象正是由前者的公開傳播而造成的，這是有關它「想像」的一面，它虛擬幻象並使之眞實，用於自我滿足，我們可以稱之謂「幻眞」。而另一面則是它虛構的眞實，比如邱素文在報紙上刊登了她車禍的消息，顯然這種做法很好地使那些在書信中可能變爲搪塞之詞的內容變成了一個不可辯駁的事實。關於書信，那些追慕者自然相信他們得到的是一種唯一化的信息，因此，當邱在批評他們結夥戲弄她的時候，他們會覺得惴惴不安，手足無措。這顯然是固守在書信的私密性質之上，而沒有意識到這種文體早已被納入了文學的虛構和公開傳播之列。所以，可以看出，邱的成功在於它隨意打亂了那種

〔註200〕李孝悌編：《中國的城市生活》，第416頁。

既定的文學歸類法則，而任由報紙和書信的屬性相互交錯，形成了一種混雜的文類效果。

　　言外，任何關於全球性想像和地方性考量，以及東西之間的習慣性思考，都不能簡單地表面對待。正如徐卓呆的這篇小說最終包容了這兩種文字載體一樣，我們需要建立小說自身的詩學，即我上面說的「詩學正義」來專門地分析它們，而不是僅僅憑藉這兩種載體本身的屬性來做說明。爲此，我這裡所說的「地方性現代主義」是指一種有著具體歷史地理語境的現代性成長方式，它帶有鮮明的「世界性因素」〔註201〕，卻又非一種簡單通行的「世界性公式」。這種東西反映在徐卓呆的身上，可能就是他那些滑稽小說裏帶著的哲理意味。

　　嚴芙孫說：「他的小說往往在滑稽中含著一些眞理。這是他的一種特質，人家讀了他的小說，沒有一個不笑得嚷著腹痛的。」趙苕狂也說：「君少時喜爲小說，近年致力尤勤，散見於各種雜誌中，待不下百餘篇，以滑稽一類爲多，而雋永有味，彌含哲理，實能脫盡滑稽小說窠臼自成家數者。」〔註202〕徐卓呆之所以能從滑稽林立的文學創作中脫穎出來，取得同仁的認可，正是與他對滑稽的深入洞見分不開的。他講：

　　　　最好是情節很滑稽，又極自然，其中還含著一點兒深意，其次
　　還是那情節平常而專用滑稽的來描寫，倒也有趣。〔註203〕

徐卓呆的小說不拘於有趣，而含著深意，這正是其獨特之處，用范伯群的話說，這是與契訶夫（Chekhov）「含淚的笑」同一個譜系的〔註204〕。比如下面這則荒誕不經的小說——《無進步的鄉村生活》（一名《牧童阿八的無味日

〔註201〕陳思和認爲：「中國文學的世界性因素指在 20 世紀中外文學關係研究中的一種新的理論視野。它認爲：既然中國文學的發展已經被納入了世界格局，那麼它與世界的關係就不可能完全是被動接受，它已經成爲世界體系中的一個單元，在其自身的運動中形成某些特有的審美意識，不管其與外來文化是否存在著直接的影響關係，都是以獨特面貌加入世界文化的行列，並豐富了世界文化的內容。在這種研究視野裏，中國文學與其他國家的文學在對等的地位上共同建構起『世界』文學的複雜模式。」見陳思和：《20 世紀中國文學的世界性因素》，《中國當代文學關鍵詞十講》，上海：復旦大學出版社，2003，第 234 頁。

〔註202〕嚴芙孫：《徐卓呆小傳》；趙苕狂：《徐卓呆傳》，兩處均轉自范伯群主編：《中國近現代通俗文學史》（下卷），第 338～339 頁。

〔註203〕徐卓呆：《滑稽小說之要素》，《小說世界》，第 12 卷第 10 期。轉自范伯群主編：《中國近現代通俗文學史》（下卷），第 340 頁。

〔註204〕范伯群：《中國現代通俗文學史》（插圖本），第 363 頁。

記》），就洩露著存在主義文學的虛無主題。小說以數排省略號開始，然後寫了七八則內容完全相同的鄉村生活日記，從早上起床、餵鴨開始，寫一天的下地、收工，直到晚上睡覺，篇篇如此，最後又以省略號終篇。徐卓呆還在文尾來個「作者按」，說：

> 若連著阿八的兒子、孫子等續寫下去的日記一起算，那是恐怕世界最大的藏書樓還及不上他的多，不過內容還是那麼千古相同的無變化無進化無趣味……

作為編者，周瘦鵑也談了自己的想法，他講：

> 卓呆此作說牧童阿八無進步的鄉村生活，天天像一篇刻板的文章，其實城市生活也是如此，我常覺我的生活天天照舊毫無進步又十分苦砸乏味，還有種種的痛苦種種的煩惱，因為這生活發生出來，幾乎逼我達到自殺的境地，反不如牧童阿八的鄉村生活，雖無進步還有天然的情趣，唉，阿八，我羨慕你。〔註205〕

周瘦鵑可以借阿八無進步的鄉村生活來自況，我們又何曾不能拿此來比附現代社會的生活，而從中看出那種西西弗斯（Sisyphus）式推石上山的徒勞無功和荒謬可笑呢？表面上，徐卓呆的這篇小說雖然只是延續了一個傳統故事的敘事原型，但它卻也於不期然間成了一種世界性體驗的縮影。從前有座山，山上有座廟，廟裏有個老和尚和小和尚，老和尚對小和尚說，從前有座山，……這個偷懶的而不能窮盡的故事，對於每一個記憶體來說都不陌生，但是卻鮮有人去發現一下這個懶惰裏面的某種微妙。宇文所安（Stephen Owen）說，越是老生常談的問題，越有勘探的必要〔註206〕。而徐卓呆勘探的結果就是，使得這種原型意義開始從敘述向生活擴展。或者我們也可以說，徐卓呆以一個中國式的循環時間寫作了一個具有世界性意義的主題，關於虛無、人生的無望和重複。從此意義上說，徐桌呆不僅僅是中國作家，也是全人類的作家，他越過了地緣政治這一概念，在作品中表現了對全人類的所有人性問題的關注、理解和同情。

當然，恰如我所強調的，世界性意義的獲得並不總是在對抗中完成的，即以「異」的書寫來尋求「同」，並非是我們進入世界文學之林最佳選擇。這種論點已經遭受了多方的責難，特別是宇文所安的「世界詩歌」概念，已經完全將

〔註205〕兩處引言均轉自范伯群主編：《中國近現代通俗文學史》（下卷），第339頁。
〔註206〕宇文所安：《追憶——中國古典文學中的往事再現》，鄭學勤譯，北京：生活·讀書·新知三聯書店，2004，第19～21頁。

這種方式貶謫為僅僅是在兜售自己的「政治美德」和「異域色彩」〔註207〕。借助徐卓呆的例子，我們完全有理由相信，通過幾近相反的努力，我們同樣能夠確立起屬於自己的文學風格，即以書寫同的主題而維持異的形象。在這裡面，我們根本就不需要再糾纏於所謂的「世界性」和「中國性」的二元框架，而以一種獨立的「詩學正義」來決斷文學自身的事務和取向。而正是在此意義上，我們可以把王德威所說的「中國牌的醜怪現實主義」由「文學分論」（文學理論，literary theories）的緯度引向「文學本論」（文學的理論，theories of literature）視閾〔註208〕，它不僅是現象論（phenomenological）、方法論（methodological），同時也對文學本身是什麼（ontological）提出了更高的詰問。

第五節　理想與日常之間的現代

北京和上海是中國現代文學中少數幾個能夠被不斷書寫的城市。特別是上海，雖然在30年代就貴為東方的巴黎，在亞洲首屈一指，但是在五四以降的文學裏，它依然也只能算是一個邊緣性的配角，因為只有鄉村的世界，才能更好地體現作家內心感時憂國的精神。李歐梵說，這個現象，與20世紀的西方文學形成一個鮮明對比。歐洲自19世紀中葉以來的文學幾乎完全以城市為核心，特別是那些所謂的現代主義流派，更是從巴黎、倫敦、柏林等大城市產生出來的〔註209〕。趙園說，這其中是有原因的。作家們自膺生命中不能承受之重，以「地之子」的身份自居。但又因為身在城市，所以便有了背叛鄉村和流浪城市的雙重心態。為了能夠寬恕自己的背叛之罪，同時慰藉生存上的道德困境，他們常常捉刀代筆，把那個並「不在場的」鄉村理想化，藉以表達對失去的純真和拯救落後家園的無限嚮往〔註210〕。從魯迅的《故鄉》開始，經歷廢名、沈從文、師陀、艾蕪、蕭紅等人的反覆書寫，「原鄉」主題已經變得歷久彌新〔註211〕，甚至也已凝結出某些固定的書寫模式以供後人參

〔註207〕宇文所安：《什麼是世界詩歌？》、《進與退：「世界」詩歌的問題和可能性》，《新詩評論》，2006年第1輯。

〔註208〕有關「文學本論」和「文學分論」的討論見劉若愚：《中國文學理論》，杜國清譯，南京：江蘇教育出版社，2006。

〔註209〕李歐梵：《現代性的追求》，第111～112頁。

〔註210〕趙園：《地之子：鄉村小說與農民文化》，北京：北京大學出版社，2007。

〔註211〕王德威：《原鄉神話的追逐者：沈從文、宋澤萊、莫言、李永平》，《想像中國的方法》，第225頁。

詳、研磨〔註212〕。

同這種「透露出似近實遠、既親且疏的浪漫想像」〔註213〕的鄉村故事不同，城市是另一種話語。它「既是一個巨大的事實，又是現代性的公認象徵。它既構成了現代性的困境，又象徵著這一困境：置身於人群中的人，既無名，又無根，切斷了過去，切斷了他曾擁有的人際關係紐帶；他焦慮、不安，受到大眾媒介的奴役，又因上帝的消失而擁有可怕的精神選擇的自由。這就是典型的大都市居民。他在城市裏體驗著交通癱瘓、衰朽、政治腐敗、種族危機、經濟危機、犯罪、暴亂、警察的暴行。」〔註214〕換言之，城市的形象直接構成了一個「物態化」的事實，它的場景、設施、事項都形塑了個人真切的日常世界。無論他樂意不樂意這樣的現實，他都必須試著去接受，甚至學著去「閱讀不可閱讀之物」〔註215〕，把握那些變幻莫測的城市表情。

為了能對這種「意志化」的鄉村情調和「物態化」的都市生活作出很好的說明，我分別在新文學和鴛蝴派的譜系內擇選了各自最有代表性的人物——沈從文和張恨水。前者的作品被稱為「idyllic（田園詩）傑作」〔註216〕，而後者描繪的北平世界則極富文化研究之趣味。一個鄉土、一個城市；一者理想，一者日常。

一、理想：沈從文的邊城牧歌

儘管沈從文身世崎嶇，早年的生活也充滿野趣和冒險，但他畢竟沒有受過正規的教育，而且起初對於西方文學也一無所知，可是正是這樣一個「鄉下人」，在隻身來到北京後兩年，就受到了英美派人士胡適、徐志摩、陳源等人的注意和熱介。他的作品常常在他們主辦的刊物上發表，其中就包括著名的《晨報副刊》、《現代評論》、《新月》等。沈從文與他們結交，建立友誼，

〔註212〕張英進曾把書寫鄉村（小鎮）的模式歸納為四：一是魯迅的「哀憐（pathetic）模式」、二、三是沈從文的「牧歌模式」和「幻想模式」，四則是師陀的「諷刺樣式」。參見張英進：《中國現代文學與電影中的城市》，第34〜41、43頁。

〔註213〕王德威：《想像中國的方法》，第226頁。

〔註214〕張英進：《中國現代文學與電影中的城市》，第127頁。

〔註215〕關於「閱讀不可閱讀之物」的出處及論述可見張英進：《中國現代文學與電影中的城市》，第126〜159頁。

〔註216〕這個評語乃李健吾（劉西渭）所下，見《李健吾文學評論選》，銀川：寧夏人民出版社，1983，第54頁。

並且還與丁玲、胡也頻過起了波希米亞式的生活〔註217〕。夏志清認為，沈從文的到來之所以會引起他們的興趣：

> 不但因為他文筆流暢，最重要的還是他那種天生的保守性和對舊中國不移的信心。他相信要確定中國的前途，非先對中國的弱點和優點實實際際地弄個明白不可。胡適等人看中沈從文的，就是這種務實的保守性。他們覺得，這種保守主義跟他們所倡導的批判的自由主義一樣，對當時激進的革命氣氛，會發生撥亂反正的作用。他們對沈從文的信心沒有白費，因為胡適後來致力於歷史研究和政治活動，徐志摩於1931年撞機身亡，而陳源退隱文壇——只剩下沈從文一人，卓然而立，代表著藝術良心和知識分子不能淫不能屈的人格。〔註218〕

沈從文的成功，很大一部分原因要歸功給他那持之以恒的文學追求，以及對「原鄉主題」不厭其煩地述寫。他並沒有在大革命到來之前，人云亦云地浪漫或吶喊，相反的，他回身自顧，「神臨」了那片最初生養過他的沃土，並以一種「抒情的文體」，持續開發了一個名為「湘西」的世界，而成為一個道地的「鄉土主義者」，但不幸的是，他也由此成為了一個政治上的「保守派」，處處為人詬病〔註219〕。

　　這些標籤，無論讚揚還是批評，都無助於我們全面地領會沈從文及其作品的真實品質。所以，王德威主張使用「批判的抒情」這個概念，來一探那些潛隱於沈從文抒情的地方主義之下的理論與形成動力，以及它們所透露的現代性。這一研究提醒我們，在沈從文那些超越了時間和變遷的神秘烏托邦之下，仍不詳地存在著誤解、延宕、不顧一切的激情與毀滅力量。比如，沈從文不但善於描寫《邊城》式的田園幻景，也有極寫暴力與愛欲、戀屍與砍頭的癖好。王德威認為：

> 沈從文既未曾設想純潔無瑕的自然世界，也雅不欲創造一清二白的烏托邦，用以與當下墮落的世界相對照。……沈從文的世界充

〔註217〕參見（美）金介甫（Jeffrey C. Kinkley）：《沈從文傳》，符家欽譯，北京：國際文化出版公司，2005。另外亦可見凌宇：《沈從文傳》，北京：十月文藝出版社，1988。

〔註218〕夏志清：《中國現代小說史》，第137頁。

〔註219〕王德威：《批判的抒情——沈從文的現實主義》，《現代中國小說十講》，第129頁。

> 滿辯證式的張力。在這個世界裏，他賦予陰鷲或儈俗的現象以抒情
> 的悲憫，並試圖從人間的暴虐愚行中重覓生命的肯定。〔註220〕

循此，我所定義的「理想」，不囿於美化或醜化鄉村的世界來自我抒懷或哀憐國家，它也是指在念茲在茲的寫實與浪漫之間，對那尚屬未知的人性疆域投以驚鴻一瞥。而且不惟沈從文如是，就是那些決然站在他反面的左翼作家，也未曾脫離這意識中的「黑暗面」，而對其所標舉的國家道義依違不定。故此，「理想」既不是以追憶來敷衍現實，也不是借前瞻來鋪陳未來，而就是要在這想像與原欲之間警覺到人性的罅隙、延挪和弔詭。而如此的措辭，顯然又一次使我們想到了陶淵明，那個「桃花源」想像的開創者。

作為「潯陽三隱」之一的陶淵明，並沒有像其他的隱士那樣離開正常的生活道路，而逃避到遠方的山澤去，他僅僅是拒絕當官而已。他的草屋就坐落在嘈雜的人世，邇來的車馬之喧，並不能真正打動他，原因在於他有一顆超脫的心。下面這首著名的《飲酒》詩很好地透露這個意思：

> 結廬在人境，而無車馬喧。
> 問君何能爾？心遠地自偏。
> 採菊東籬下，悠然見南山。
> 山氣日夕佳，飛鳥相與還。
> 此中有真意，欲辨已忘言。

而與此相似，沈從文也時時表現出一種退而不隱的人生姿態。他生活在北京，遭受到城市的侵擾，但仍以「鄉下人」自居，他講：

> 我實在是個鄉下人，說鄉下人我毫無驕傲，也不在自貶，鄉下
> 人照例有根深蒂固永遠的鄉巴佬的性情，愛憎和哀樂自有它獨特的
> 式樣，與城市中人截然不同！他保守、頑固、愛土地，也不缺少機
> 警卻不甚懂得詭詐。他對一切事照例十分認真，似乎太認真了，這
> 認真處某一時就不免成為傻頭傻腦……〔註221〕

除了對鄉土的依戀外，他也像陶淵明一樣著力強調人與自然的和諧：

> 這些人（指鄉下人——引注）生活卻彷彿同「自然」已相融合，
> 很從容地各在那裏盡其性命之理，與其他無生命物質一樣，惟在日

〔註220〕王德威：《批判的抒情——沈從文的現實主義》，《現代中國小說十講》，第130頁。

〔註221〕沈從文：《習作選集代序》，《沈從文全集》（9），太原：北嶽文藝出版社，2002，第3頁。

月升降寒暑交替中放射、分解。〔註222〕

幾乎同柄谷行人在《日本現代文學的起源》一書中提示的觀念相反，沈從文或陶淵明的風景不僅僅只是一種認識「內在的人」（inner man）的裝置〔242〕〔註223〕，它同時也是自我昇華的通道。言外，不只是由人發現了風景，人與風景可以相互置換；同樣也是人由風景發現，借助風景，人得到了更多的提升。當然，這個意思就是人與自然的互惠，而非利用。如孫康宜對陶淵明《抒情賦》的解讀就幫助說明了這一點。她講：

> ……宋玉的《高唐賦》和曹植的《洛神賦》：在早期的這些賦裏，「自然」為豔情提供合適的背景；而在陶淵明此賦裏，「自然」卻起了頗為不同的作用。……他描寫了憑藉自然的力量去戰勝非分的情感，……「自然」是自我認知的鑰匙，這個信念獨特處在陶淵明詩法（我想稱之為「抒情詩的昇華」〔lyrical sublimation〕）的中心位置。〔註224〕

如此，我們把這個觀點挪用過來考察沈從文，同樣也會發現其作品中謹約的抒情話語，正是對自我的專注和詰問。在對《邊城》和《長河》兩部作品中的人物的內心情緒與作者疊印在這些情緒上的人生感慨做了一番對照性排列後，凌宇得到了這樣的結論：

> 《邊城》和《長河》以情感的強烈性與真摯性，唱出一曲感傷、淒婉而又不勝抑揚的生命之歌。這使得它們成為一種象徵的抒情的作品。這象徵已不像西方的象徵主義，作品的意象只是一個朦朧的影子，所象徵的人生情緒空濛而難以把握。《邊城》、《長河》的意象是具體可感受的，借意象抒發的人生情緒與意象本身的情緒內涵在性質上是契合的。〔註225〕

除了善寫這些優美的景物和純樸民風外，沈從文筆下的暴力與色欲視景同樣不容小覷。這種看似純任天然的寫作，卻兀自有其書寫方式。同我們在第一節中討論的魯迅一樣，沈從文持續描寫的暴力場景中就有砍頭一項，然而不

〔註222〕沈從文：《箱子岩》，《沈從文全集》（11），太原：北嶽文藝出版社，2002，280。
〔註223〕柄谷行人：《日本現代文學的起源》，趙京華譯，北京：生活・讀書・新知三聯書店，2006：15。
〔註224〕孫康宜：《抒情與描寫》，第49頁。
〔註225〕凌宇：《從邊城走向世界》，北京：生活・讀書・新知三聯書店，1986，第298頁。

同於魯迅借反覆的道德自擾來降解暴力衝擊，沈從文采用了一種新的抒情文體來維持這種堪稱暴力的美學。在這一點上，他可與廢名、周作人等人引為師友〔註226〕，但其實他又比他們走得更遠，因為他試圖在抒情之軟和暴力之硬間尋覓人性最後的坐標。換言之，沈從文「錯位的」抒情，並不真如魯迅式的砍頭那般，僅僅只是對其隱射的現實意義充滿興趣，將其看作是一種文學儀式，他想做的是探問砍頭作為時人完成死亡的主要方式之一，它與人生的其他部分到底有何關連。而此即王德威所說的，「他並不在意砍頭自身的『意義』，而在意砍頭如何被書寫，以使我們記得（remember），並且重新聯結（re-member）生命的其餘部分」〔註227〕。準此，沈從文津津樂道的砍頭視窗，連接的並不是看與被看、良知與國家，而是對於那永恒不能達成的我與我的另一個的重新安排，這其間就包含著那驅動愛與死、逾越與違逆的神秘人性。

在這一點上，我仍然主張是陶淵明而非屈原可以作為他的先導。因為後者無論從哪個角度看都酷似魯迅。他所有的那些牢騷、情懷以及一本正經的道德，都是關於他和他的君主——一個被蒙蔽了視聽而有待啟蒙的人的；他劇烈地投入到一種國家情懷中，以至於他濃烈的抒情變成一種針尖麥芒似的吶喊，最後他戲劇性的死亡方式也變成為一種儀式，而且不論是關於紀念，還是關於責任，他都離沈從文太過遙遠，以至於他們同根但不同路。反倒是陶淵明，他貌似簡單的文學卻充分表達了複雜的人生。正如宇文所安講的，這是一個矛盾，「而矛盾出自一個複雜而富有自覺意識的人卻渴望變得不複雜和不自覺」。孫康宜補充道：這是「一個知道在其詩中如何在自我亮相和自我隱藏間做出抉擇的人物」。〔註228〕

陶淵明著名的理想國「桃花源」，可以看作是沈從文邊城世界的古代版本。在那個膾炙人口的散文故事《桃花源記》中，陶淵明以一種近乎志怪小說的筆觸，敘寫了一個漁夫在漫無目的地沿溪而行之後，竟突然發現了一片洞天世界的離奇經歷。這個故事看起來像是一種純粹的虛構，因為它與現實的東晉社會毫無共同之處。作者所處的時代，戰亂頻繁，農民為此經受顛沛流離之苦，所以，從這一點來看，這個美好的桃源世界像是一種自我的慰藉。通過虛構一個與現實絕然不同的世界，以此來尋覓生命的安頓。

〔註226〕當然這份名單還可以向屠格涅夫、契訶夫等人擴展，請參見王德威：《現代中國小說十講》，第 134～135 頁。
〔註227〕王德威，《現代中國小說十講》，第 151 頁。
〔註228〕孫康宜：《抒情與描寫》，第 221、226 頁。

　　而此外，陳寅恪的考據則說明作者寫作此篇的靈感，也可能源於同時代的人關於一些眞實存在且與世隔絕之部落的發現〔註229〕。當然，這就意味著，陶淵明的創作很可能不是空穴來風，而是寄予了他對那個世界的極大期待。當然，故事最後還是在一種巨大的孤獨感和失落感中落下了帷幕，那個美好的世界得而復失，不復再重新尋找。而這就意味著在桃源世界的「常」與「變」中，外來勢力的介入是其轉捩的關鍵。循此思路，我們也就可以理解爲什麼，在「新生活」運動到來之時，鄉下的人們會變得如此惶惶不可終日（《長河》），而沈從文本人在 1937 年逗留湘西的 4 個月中，見出的也都是「在變化中那點墮落趨勢」〔註230〕。是的，這些美好的世界實際上就是另一些自我，閱讀或者書寫他們，就面臨著對當前這個自我的修復或更改，而此即王德威所說的「重新連接」。爲此，我們可以把這種理想化的生活原型看作是自我的一面鏡子，它出自詩人和作家對「自我界說」（self-definition）的需要。〔註231〕

　　與《桃花源記》裙帶的《桃花源》詩，最後兩句即是以陳述個人的願望作結的：「願言躡清風，高舉尋吾契」。孫康宜說，這個結尾明白無誤地告訴讀者：

　　　　他的《桃花源》詩不是別的，而是他對自己所終生尋覓的志同道合友伴（「吾契」）的理性認識。一般墨守成規者或許會拒絕接受他筆下的桃花源中的人，但陶淵明卻偏把那些生活在理想國裏、思想通達的人當作自己的化身。〔註232〕

同這種尋覓知音的願望步調一致，沈從文的《邊城》最後也是在翠翠獨操一槳、癡心等待情郎中收尾的。「這人也許永遠不回來了，也許『明天』回來！」〔註233〕這一閃爍牽延的措辭，依然可以讀作悲劇性地挑戰時間的力量，而尋找另一自我的理想。翠翠懷水而常盼情郎，而沈從文則借寫邊城重審自我。那個出走的情郎或許正有沈從文的影子，如今當他重新回到他日思夜念的故鄉，是否還是翠翠們期待的那個二毛，而自己又是否還是原來的自我呢？時

〔註229〕陳寅恪：《桃花源記旁證》，《陳寅恪先生全集》（下），臺北：里仁書局，1979，第 1169～1178 頁。
〔註230〕沈從文：《〈長河〉題記》，《沈從文全集》（10），第 3 頁。
〔註231〕孫康宜：《抒情與描寫》，第 22 頁。
〔註232〕孫康宜：《抒情與描寫》，第 23 頁。
〔註233〕沈從文：《邊城》，《沈從文全集》（8），第 152 頁。

代的錯置，我與我的另一個的重逢與對照，顯示了遺留於歷史深淵中的最普遍的人性。

所以，在金介甫（Jeffrey C. Kinkley）給沈從文所下的定語之後，「從一個湘西人觀點來審察全部中國現代史，就等於從邊疆看中國，從沈從文眼光看中國」〔註234〕，我願意補充一句，這也是從理想看人生死愛欲的本心和情懷。

二、日常：張恨水的北平視界

儘管沈從文和張恨水都生活在北京（北平），但顯然北京並不是沈從文的（精神上的）「故鄉」，所以他一次次地在思想上返回湘西，返回理想。誠如他最優的傳者金介甫所言，這位真正浸透了苗族詩意的作家，「捍衛的最高理想並不像是有些評論家說的那樣，是什麼象牙之塔，而是個人主義、性愛和宗教構成的『原始』王國」〔註235〕。而且以沈從文為承續的中點，上起廢名，下至蕭乾、汪曾祺等人，都是身在城市，而不寫城市的。為此，有評者說：

> 正如京派作家多不是北京人，京派小說雖姓「京」，卻既不表現城市，又不反映北京；雖被譏為「貴族化」，題材和內容卻是徹底「平民的」。因而京派小說，往往被歸為鄉土文學的一途。〔註236〕

當然，這僅是問題的一面，另一方面是以老舍為代表的道地的北京人所描繪的北京世俗世界。他的代表作《茶館》中所刻畫的公眾飲茶場景，幾乎和王笛所研究的成都茶館一樣，充滿「街頭文化」的無言之妙，是一幅生動的民俗畫〔註237〕。而與老舍的努力方向一致，是另一位來自安徽的年輕人。他本來是想到北大讀書的，可惜事不遂願，他最後還是被迫在報館裏掙錢謀生，貼補家用。但是，這不幸反倒也成全了他洞若觀火的眼睛，他寫北京的古都之美，寫軍閥的可惡嘴臉，寫世家的分崩離析，都各有一套，被人們稱作「小說奇才」、「章回大家」〔註238〕。他就是在30年代引起過大轟動，而如今也是

〔註234〕金介甫：《沈從文傳》，第290頁。
〔註235〕金介甫：《沈從文傳》，第287頁。
〔註236〕楊東平：《城市季風：北京和上海的文化精神》，北京：新星出版社，2006，第73頁。
〔註237〕王笛：《街頭文化：成都公共空間、下層民眾與地方政治，1870～1930》，李德英、謝繼華、鄧麗譯，北京：中國人民大學出版社，2006。
〔註238〕關於張恨水的生平可參見張占國、韋守忠主編：《張恨水研究資料》，天津：天津人民出版社，1986。另可參見其子張伍的回憶錄《我的父親張恨水》，北

風頭正好的張恨水。

　　張恨水一生寫小說、編報紙、填詞作文，有人估計，大約有個三千萬言〔註239〕，不可不謂數量駭人。這些等身的著作，名聲叫得最響的又屬《春明外史》、《金粉世家》、《啼笑因緣》三部，而這三部又都是北京的背景，所以有理由說，北京才是張恨水眞正的家，在這裡他的文學才華、思考感悟都得到了巨大限度的滿足和提升。正好比他在那本一時洛陽紙貴的小說《啼笑因緣》的自序裏寫的，這部小說的成形完全得益於北京中山公園的一段夏日景致：

> 　　那是民國十八年，舊京五月的天氣。陽光雖然抹上一層淡雲，風吹到人身上，並不覺得怎樣涼。中山公園的丁香花、牡丹花、芍藥花都開過去了；然而綠樹陰中，零碎擺下些千葉石榴的盆景，猩紅點點，在綠油油的葉子上正初生出來，分外覺得嬌豔。水池子裏的荷葉，不過碗口那樣大小，約有一二十片，在魚鱗般的浪紋上飄蕩著。水邊那些楊柳，拖著丈來長的綠穗子，和水裏的影子對拂著。那綠樹裏有幾間紅色的屋子，不就是水榭後的「四宜軒」嗎？在小山下隔岸望著，眞個是一幅工筆圖畫啊！
>
> 　　……我慢慢的鑒賞著這一幅工筆的圖畫。雖然，我的目的，不在那石榴花上，不在荷錢上，也不在楊柳樓臺一切景致上；我只要借這些外物，鼓動我的情緒。我趁著興致很好的時候，腦筋裏構出一種悲歡離合的幻影來。這些幻影，我不願它立刻即逝，一想出來之後，馬上掏出日記本子，用鉛筆草草的錄出大意了。這些幻影是什麼？不瞞諸位說，就是諸位現在所讀的《啼笑因緣》了。〔註240〕

京：團結出版社，2006；以及袁進：《張恨水評傳》，長沙：湖南文藝出版社，1988。另外，關於張恨水是否鴛蝴派的問題還有爭議，這些討論見范伯群：《張恨水的局部代表作——兼論張恨水是否歸屬鴛鴦蝴蝶派問題》，范伯群：《禮拜六的蝴蝶夢·論鴛鴦蝴蝶派》，第227～251頁；趙孝萱：《從張恨水的文學史定位，談現代文學研究的史觀問題》，趙孝萱：《「鴛鴦蝴蝶派」新論》，第32～63頁。

〔註239〕張恨水：《我的創作和生活》，張占國、韋守忠主編：《張恨水研究資料》，天津：天津人民出版社，1986，第97頁。

〔註240〕張恨水：《一九三○年作者〈自序〉》，《啼笑因緣》（插圖本），北京：北京出版社，1981，第16～17頁。

張恨水想借北平的風景來自我推銷，這一點是不肖懷疑的。《春外外史》也好，《金粉世家》也罷，接受的語境都是在北方地區（京津）；但到了《啼笑因緣》就不同了，它是爲著南方的讀者而寫的〔註241〕。這裡面就不免有點賣弄北方風情的意味，因爲他畢竟知道其時的上海人是看慣了所謂的「肉感的」和「武俠而神怪的」小說的〔註242〕。而後來的事實也證明，這種民俗制景是大成功了。1929 年到 1930 年，《啼笑因緣》在上海《新聞報》的副刊《快活林》連載時，引發了大轟動。製片商爲了牟利，競相爭奪拍攝權，並爲此大打官司；也有人專門爲了此而去成立一個出版社，俟機掙錢；也有商人要求於《啼笑因緣》所在的版面上刊登廣告，用來吸引眼球。評彈、大鼓、說書、話劇、京劇、滬劇、評劇、粵劇，紛紛移植改編；而且迄至 30 年代末，該書就已再版 20 餘次，印數達十萬冊以上；此外，續書、僞書、盜名之作更是猶如過江之鯽，不絕於耳；電影、電視劇也是連拍十餘次而不知厭足。那情形簡直已經到了萬人空巷的地步：「上至黨國名流，下至風塵少女，一見著面，便問《啼笑因緣》」〔註243〕。故此，在 1930 年嚴獨鶴給該書作序時說：

> 一時文壇竟有「啼笑因緣迷」的口號。一部小說，能使閱者對它發生迷戀，這在今人著作中，實在可以說是創造小說界的新紀錄。〔註244〕

當然，有追捧就有異聲，何況如此的聲勢，對它的一番批判，不免就成了最好的鬥爭方式。新文學方面撰文詰難，其中點了名來批評的就有沈雁冰（茅盾）的《封建的小市民文藝》、錢杏邨（阿英）的《上海事變與鴛鴦蝴蝶派文藝》，以及夏征農的《讀〈啼笑因緣〉──答伍臣君》〔註245〕。這些批評同把《啼笑因緣》看成了「小市民的文藝」。如果說不加「封建」這個定語，按理說，它也尚稱公允。畢竟北平市民的日常生活確是它著力表現的方面，而且

〔註241〕范伯群主編：《中國近現代通俗文學史》（上卷），第 241 頁。

〔註242〕張恨水：《我的寫作生涯》，成都：四川人民出版社，1991，第 45 頁。

〔註243〕張恨水：《我的小說過程》，轉自范伯群：《中國現代通俗文學史》（插圖本），第 446 頁。其他有關《啼笑因緣》轟動一時的情況概述見范伯群、孔慶東：《通俗文學十五講》，第 128 頁；魏紹昌：《我看鴛鴦蝴蝶》，第 103～105 頁；袁進：《鴛鴦蝴蝶派》，第 139～140 頁；劉揚體：《流變中的流派──「鴛鴦蝴蝶派」新論》，第 213 頁。

〔註244〕嚴獨鶴：《一九三〇年〈嚴獨鶴序〉》，張恨水：《啼笑因緣》（插圖本），第 11 頁。

〔註245〕這三篇文章分別見魏紹昌編：《鴛鴦蝴蝶派研究資料》（史料部分），第 47～50、76～89、90～96 頁。

正是借著這「京味魅力」，它才有了那家弦戶誦的「奇觀」。

　　小說的一開始便說北京是個「首善之區」，是如何的適合居住，適合作為首都。陰晴的天氣，四合院裏的花木，統統都是好的。而他的主人公樊家樹，19 歲，也和南方的讀者一樣，是第一次來到北京。為此，他要專門去北京最具民俗趣味和日常風韻的天橋轉轉，這樣我們的視線就和樊家樹的視線不期而合了：

> 　　到了那裡，車子停住，四圍亂閧閧地，全是些梆子胡琴及鑼鼓之聲。在自己面前，一路就是三四家木板支的街樓，樓面前掛了許多紅紙牌，上面用金字或黑字標著，什麼「狗肉缸」、「娃娃生」，又是什麼「水仙花小牡丹合演《鋸沙鍋》」。給了車錢，走過去一看，門樓邊牽牽連連，擺了許多攤子。……轉過身去一看，卻是幾條土巷，巷子兩邊，全是蘆棚。前面兩條巷，遠遠望見，蘆棚裏掛了許多紅紅綠綠的衣服，大概那是最出名的估衣街了。這邊一個小巷，來來往往的人極多。巷口上，就是在灰地上擺了一堆的舊鞋子。也有幾處是零貨攤，滿地是煤油燈，洋瓷盆，銅鐵器。……先是由東邊進來的，這且由西邊出去──一過去卻見一排都是茶棚。穿過茶棚，人聲喧囔，遠遠一看，有唱大鼓書的，有賣解的，有摔跤的，有弄口技的，有說相聲的。……〔註246〕

小說這一開頭便耗去了許多筆墨來寫北京的日常民俗，而我如此大段的引用，也是為了說明這種描寫是如何的工整細緻，以至於完全可以當作一份地方志來閱讀。緊接著這些描寫，我們的主人公也漸次遇到了故事中的三位女主角，一個四角戀愛的故事也由是展開了。林培瑞說：「這個戀愛故事的劇情主線，在於樊家樹對兩位女性的選擇，一個是何麗娜（任性、受過教育、西化），一個是沈鳳喜（被動、未受教育、未受西方影響）。」這兩個人剛好象徵了新舊兩種迥然不同的文化類型〔註247〕。但是，情形遠不止這麼簡單，正如我們隨著故事推進所讀到的，沈鳳喜和何麗娜之間時常會發生一些「疊印」（doubling）現象。不僅是她們的外貌酷似，就是在生活風貌上也是幾經交混。沈鳳喜纏著家樹給她買手錶、高跟皮鞋、白紡綢圍巾、自來水筆、眼鏡、金戒指，甚至還試圖去舞廳看看，並不完全是「舊」的。而另一方面，肉感、

〔註246〕張恨水：《啼笑因緣》（插圖本），第3～5頁。
〔註247〕Perry Link, *Mandarin Ducks and Butterflies*, pp.23～24.

奢侈的何麗娜精心裝飾自己，以求家樹的喜歡，她開始朝著相反的方向來要求自己，甚至最後她還在父親的別墅裏吃齋念佛起來，可說是蛻盡了現代尤物的一切皮相，而變得有點「舊」了。

當然，問題還不止如此，我已經說過了，這其實是一個四角的戀愛。在沈鳳喜與何麗娜之外，還另有一位俠女關秀姑暗戀著家樹。這個形象不能被簡單地說成傳統的或現代的。從唐傳奇中的聶隱娘、紅線等人開始，到秋瑾鑒湖女俠的形象，再到關秀姑，這條線索是一脈而成的。但是同前面的這些模型或榜樣都不同的是，在關秀姑身上顯然有更明顯的兒女私情。儘管她時時壓抑這種女兒情感，而且在故事的最後也為成全何麗娜與樊家樹的婚姻而自動引退，但還是可以看出，在這個所謂的中國女俠身上畢竟展示出了一些新問題。而這些問題，事實上也就是那些革命女性的問題，即如何在個人情感與國家道義間做出權衡，在俠義與私情中找到平衡點。書寫俠義顯然可以被譽為現代，而描寫後者就多少有些綿弱無力，有點像一個不能終場的才子佳人故事。所以，現代女俠（革命女性）的形象總是在不斷超脫私情而趨向俠義。

但是我們知道，其實古代的女俠幾乎是不為兒女情感所累的。比如聶隱娘，她毫無理由地就看中了一個磨鏡少年，然後下嫁給他。之後又離他而去，隻身浪迹天涯〔註 248〕。感情對於她們幾乎並不是什麼為難的事情，反倒是提倡自由的現代，她們的處境才有點困難，出現了一般女子懷春不得的淒痛。為此，我的推論是日常世界（即女性化的生活）開始進入人們的視野（男性化的現實或父權制的社會）。日常生活不再由道德世界來支配和擠兌，它相應地具備了自己獨立的位置。一言以蔽之，即在所謂的俠義、國家公正、社會秩序之外，一種新的論述話語開始崛起。這一崛起比我們所能想像的「現代」，還要來得更為久遠，至少在明末冒闢疆的《影梅庵憶語》、《夢記》等記述中，它就已經開始顯現雛形。而那個時代恰好又是城市生活勃然興盛的時候〔註 249〕，所以有理由相信，張恨水筆下的這些女性可能只是一些日常生活不同切面的代表，而非更大論域中的現代或傳統、甚或它們混體的喻象。當然，需要補充的是，日常生活的合法性還有待時間的檢驗，或者它在

〔註 248〕關於聶隱娘的故事見裴鉶：《裴鉶傳奇‧聶隱娘》，周楞枷輯注，上海：上海古籍出版社，1981。
〔註 249〕李孝悌：《戀戀紅塵：中國的城市、欲望和生活》，上海：上海人民出版社，2007；李孝悌編：《中國的城市生活》，北京：新星出版社，2006。

一開始就受到了懷疑，所以，卜正民（Timothy Brook）以「縱樂的困惑」（the confusions of pleasure）來形容整個明代的商業和文化生活〔註250〕，而我們也於現代小說中看到了「男女易裝」、「去性別化」現象的屢有發生。比如在該書的續篇中，張恨水就是把關秀姑寫成一個女扮男裝的抗日名將。

　　然而，不論是「易服」，還是「易性」，我想提醒的是，張恨水最終是在為南方的讀者而寫，為此，我們完全沒有必要把事情弄得這麼複雜。這三位女性其實就是三種生活的代表，而讀者就是和樊家樹一起，不時地與其發生關係，就如同賞心悅目地去觀看一副現代《清明上河圖》一樣。關於這一點，可由張英進對這三位女性所代表的不同城市空間的劃分來證明。在張英進看來：

　　（1）圍繞著秀姑的，是她殺死劉將軍的廟，以及她和父親救出被綁架的家樹的西山。

　　（2）圍繞著鳳喜的，是唱大鼓書的地方（或是公共娛樂場所，或是請她去唱大鼓書的私宅）；她自己的房間（她在那裡單獨接待家樹）；女子職業學校（她在那裡學到新式知識），以及醫院（她這個「瘋女人」被關在那裡）。

　　（3）圍繞著何小姐的，是舞廳、電影院、音樂廳、劇場、火車（她坐火車追家樹到天津），最後是郊區一個幽閉的別墅（她在那裡成了吃素的隱士）。〔註251〕

這些互相區別又互相關聯的形象，形成了對北京的一個複雜構形，在這些構形中，城市的日常生活被充分地展示出來，從而形成了一個廣闊的社會圖景。所以，無論是「社會」投入多於「言情」投入，還是「言情」投入多過「社會」投入〔註252〕，它們都是不相違背的。

　　如果我們同意以上的這些論述，那麼就發現其實李歐梵關於鴛蝴小說只是寫「抽抽鴉片，吃吃飯，到妓女家中說說笑笑，在報館中寫寫文章」的「室內生活」〔註253〕的評介並不全面，鴛蝴同樣可以有它波瀾不驚的社會日常圖景。

〔註250〕卜正民：《縱樂的困惑：明代的商業與文化》，方駿、王秀麗、羅天祐譯，北京：生活・讀書・新知三聯書店，2004。
〔註251〕張英進：《中國現代文學與電影中的城市》，第81～82頁。
〔註252〕范伯群主編：《中國近現代通俗文學史》（上卷），第241頁。
〔註253〕李歐梵：《未完成的現代性》，第165頁。

第四章　場域中的傳奇和占位

　　「每一種文明都是試圖在其文學思想傳統內部，闡明文學關注與其他關注之間的關係，也就是說，試圖對文學在該文明中所扮演的角色作一說明，並以若干同時活躍在學術和社會生活其他領域中的術語，對文學和文學作品作一描述。」宇文所安的這段話，意味著文學並不是什麼自然而然、天經地義的事情。「只要存在所謂文學思想傳統，就說明存在這樣一個假定：文學的性質、地位和價值並非不言自明；在人類所從事的各項事業中，文學事業被視為一個問題，其合理性需要加以解釋和證明。」〔註1〕

　　事實上，不惟文學的合理性需要加以說明，就是其內部各個系統間的合法性也應當加以整理。我們不應該忘記胡適「一代有一代之文學」的論述，彷彿每一個時代的文學只有一種聲音。這聲音與其所在的時代之間是如此清澈見底的關係，以至於不能容納任何新的可能。但是現在我們知道了，在這種清澈之外，另有一股被壓抑的潛流。它們雖未被標榜為主流或正宗，但確實提供了一種拐彎抹角的洞見。借助它們，我們得以深入那些潛藏在「共名」之下的頹廢、濫情、回轉、謔仿以至日常的種種可能性的廣闊領域〔註2〕。

　　一種聲音被壓抑了，而另一種聲音則被拔高了，應當說，這並不是歷史的本意，而是它被運作、掌控乃至誤解的一部分。而這一部分恰就導源於不同的文學潮流或傾向試圖去建立自己的合法性，試圖去闡明自身，並通過系列的運動使自己成立或者脫穎而出。它們提供各種證據用於表明自己高於或

〔註1〕宇文所安（Stephen Owen）：《中國文論：英譯與評論》，上海：上海社會科學出版社，2003，第 1 頁。
〔註2〕王德威：《被壓抑的現代性》，第 20～65 頁。

優於其他的聲音，甚至在必要的時候，只使得自己成為歷史的主角。這一系列複雜的過程，在穿越重重的迷障到達這裡時，我們僅僅只能借用最簡單的兩個字——「鬥爭」來形容它們。當然，鬥爭的結果就是「成王敗寇」，於是這就衍成了文學史今天的樣子，歷史只記錄了「英雄」。

但既為研究，我們就不能只執一端，而應看看英雄如何成為英雄，敗寇如何成為敗寇。換句話說，就是要察看各式不同的審美取向到底是如何相互鬥爭，並最終形成它們在文學史中等級各異的處境的。用布迪厄的話講，我們這一章討論的內容，就是要分析某一個生產者以連續佔據的地位而組成的文學生涯。這些分析不僅應該包括史的客觀陳述，也應當容納場感和象徵資本如何被具體運用的方略考察。

第一節　歷史：三個時期的牴牾

魏紹昌說，鴛蝴派和新文學是「井水不犯河水」的關係，它們在長達四十年的歷程中，「和平共處，互不侵犯」〔註3〕。其實，這是不符合事實的。我們知道，五四起來之後，它們之間就有過多次論爭，而且往往是新文學的主動出擊，批判舊文學，指謫它的是非。鴛蝴派倒是抱著不予理睬的態度，依然故我地寫它的美麗文章。雖然偶有回應，那也不過是娟娟數語，聊備一格的。

在上一章我們講，所謂的雅俗之辯，不過是美學上的不同選擇，但在新文學人士看來卻並非如此，他們以為這中間有著性質上的根本差異，前者為新，後者為舊。而他們要做這樣的評判，恰就是為鬥爭策略的需要。舊文學是壞的、死的、僵硬的文學，所以五四起事，就要統統革命。為此，不同美學取向上的文學的鬥爭也就由此拉開序幕。這裡我酌選了三次較為重要的論爭來做歷史的回顧，意圖還原文學場域內的真實占位格局。

一、文學革命時期

這一時期我主要是指上世紀的 10 年代，它包括了文學革命的醞釀、發生以及持續高潮。在這段時期內，許多五四的前驅先行參與了論爭，而那時（1919年之前）鴛蝴派的名稱並未真正出現，但它已經獨步文壇，所以批判也總是

〔註 3〕魏紹昌：《我看鴛鴦蝴蝶派》，第 47 頁。

含糊地採用「當今文壇」如何如何的措辭，這一做法一直延續到1919年錢玄同發明「鴛鴦蝴蝶派」這個概念爲止。

　　1914年程公達在《學生雜誌》第1卷第6期上撰文《論豔情小說》，對當時風行的鴛蝴言情小說予以指責。他說：「近來中國之文士，多從事於豔情小說，加意描寫，盡相窮形，以放蕩爲風流，以佻達爲名士」。「纖巧之語、淫穢之詞，雖錦章耀目，華文悅耳，有蔑禮儀傷廉恥而已。」在程看來，鴛蝴小說「敗壞風俗」，無功於世道人心，對讀者尤其是青年讀者是一種毒害。〔註4〕

　　隨後一年，梁啓超也在《中華小說界》上發文《告小說家》一篇，表達了他對以鴛蝴爲主潮的小說界的不滿和失望，以爲整個文壇令人慘不忍睹，作品遺禍青年：

　　　　其什九則誨盜與誨淫而已，或則尖酸輕薄毫無取義之遊戲文也，於以煽誘舉國青年子弟，使其桀黠者濡染於險詖鈎距作奸犯科，而摹擬某種偵探小說中之節目。其柔靡者浸淫於目成魂與窬牆鑽穴，而自比於某種豔情小說之主人公。於是其思想習於污賤齷齪，其行誼習於邪曲放蕩，其言論習於詭隨尖刻。〔註5〕

追隨梁啓超，1916年李大釗（守常）在《〈晨鐘〉之使命》一文中提出：近代西方文藝界以新文藝來改造國民精神，促進社會進步，而「以視吾之文壇，墮落於男女獸欲之鬼窟，而罔克自拔，柔靡豔麗，驅青年於婦人醇酒之中者，蓋有人禽之殊，天淵之別矣。」他以青年德意志的文明光彩來比照中國文壇的現實黑暗，認爲鴛蝴小說與新民的國家理想完全背道而馳。〔註6〕

　　接著是胡適對鴛蝴派義正詞嚴的攻擊。他說「此類文字，只可抹桌子，固不值一駁」，像「《海上繁華夢》與《九尾龜》所以能風行一時，正因爲他們都只剛剛夠得上『嫖界指南』的資格，而都沒有文學價值，都沒有深刻的見解，與深刻的描寫，這些書都只是供一般讀者消遣的書，讀時無所用心，讀過毫無餘味。」〔註7〕除了斥責鴛蝴作品品質低劣之外，胡適又極言其作品

〔註4〕程公達：《論豔情小說》，陳平原、夏曉虹編：《二十世紀中國小說理論資料》，第480頁。
〔註5〕梁啓超：《告小說家》，陳平原、夏曉虹編：《二十世紀中國小說理論資料》，第511頁。
〔註6〕范伯群、芮和師等編：《鴛鴦蝴蝶派文學資料》，第710～711頁。
〔註7〕阿英：《晚清小說史·晚清小說之末流》，上海：東方出版社，1996，第197頁。

質量粗糙：「全是不懂文學方法的：既不知佈局，又不知結構，又不知描寫人物，只做成了許多又長又臭的文字……」〔註8〕

　　新文學的先鋒們儘管罵，可鴛蝴的名士們還是照舊如癡如醉地寫、踟躕滿志地編。在1909～1920的這十年間迎來了中國現代文學期刊的第二波。魯迅說，這是「鴛鴦蝴蝶式文學的極盛時期」，大概也就是指1914和1915這兩年前後。就目前不完全的期刊統計數目來看，僅1914年就有創刊雜誌24種，1915年13種〔註9〕。這些琳瑯滿目的雜誌在創刊時就明確標舉娛樂、消閒的趣味主義文學觀。王鈍根和陳蝶仙在《遊戲雜誌》第1期（1913年）的序言中說：「不世之勳，一游戲之事也。萬國來朝，一遊戲之場也。號霸稱王，一遊戲之局也。」〔註10〕許嘯天夫人高劍華女士所編輯的《眉語》一刊，在創刊詞（1914年）中亦是開門見山地就表示該雜誌是閒暇之伴、寂寞之友：「璿閨姊妹以職業之暇，聚釵光鬢影能及時行樂者，亦解人也。然而踏青納涼賞月話雪，寂寂相對，是亦不可以無伴。」〔註11〕

　　鴛蝴的經典雜誌《禮拜六》，其出版贅言（1914年）中更是坦誠布公地將賣點導向消遣，宣稱：

> 買笑耗金錢，覓醉礙衛生，顧曲苦喧囂，不若讀小說之省儉而安樂也。且買笑覓醉顧曲，其爲樂轉瞬即逝，不能繼續以至明日也。讀小說則以小銀元一枚，換得新奇小說數十篇。倦遊歸齋，挑燈展卷，或與良友抵掌評論，或與愛妻並肩互讀。意興稍闌，則以其餘留於明日讀之。晴曦照窗，花香入坐，一編在手，萬慮都忘，勞瘁一周，安閒此日，不亦快哉！故有人不愛買笑，不愛買醉，不愛顧曲，而未有不愛讀小說者。況小說之輕便有趣如《禮拜六》者乎？
> 〔註12〕

其他的像什麼「仗我片言，集來尺幅，博人一噱，化去千愁」〔註13〕、「野老閒談之料，茶餘酒後，備個人消閒之資」〔註14〕、「無論文言俗語、一以興味

〔註8〕胡適：《建設的文學革命論》，胡適編選：《中國新文學大系·建設理論集》，第135頁。

〔註9〕范伯群：《中國現代通俗文學史》（插圖本），第175頁。

〔註10〕范伯群、芮和師等編：《鴛鴦蝴蝶派文學資料》，第4頁。標點係筆者所加。

〔註11〕范伯群、芮和師等編：《鴛鴦蝴蝶派文學資料》，第8頁。

〔註12〕范伯群、芮和師等編：《鴛鴦蝴蝶派文學資料》，第7頁。標點係筆者所加。

〔註13〕范伯群、芮和師等編：《鴛鴦蝴蝶派文學資料》，第6頁。標點係筆者所加。

〔註14〕范伯群、芮和師等編：《鴛鴦蝴蝶派文學資料》，第5頁。標點係筆者所加。

爲主」〔註15〕等等，無不標舉趣味、休閒之說。儘管這些方面可以看作是鴛蝴主要的特徵，但它仍有一面有待我們記憶，即其追隨梁啓超的「新小說」理論而展開的輿論轉圜。這部分論述往往緊密地聯結在「趣味」、「休閒」之中，大有古時候「寓教於樂」的意思。比如《遊戲雜誌》的序末有這樣的挽轉語：

> 當今之世，忠言逆耳，名論良箴，束諸高閣，惟此譎諫隱詞，讀者能受盡言。故本雜誌搜集眾長，獨標一格，冀藉淳于微諷，呼醒當世。顧此雖名屬遊戲，豈得以遊戲目之哉。且今日之所謂遊戲文字，他日進爲規人之必要，亦未可知也。〔註16〕

而《眉語》宣言中亦不失這樣的意思：「錦心繡口，句香意雅，雖曰遊戲文章、荒唐演述，然譎諫微諷，潛移默化於消閒之餘，以未始無感化之功也。」〔註17〕

另外，像徐枕亞、李涵秋這些偏寫感傷情調的鴛蝴作家，又哪一個不曾信誓旦旦表示過：「小說是爲改良社會之一助」、「我輩手無斧柯，雖不能澄清國政，然有一支筆在，亦可以改良社會，喚醒人民」〔註18〕之類的豪言壯語。這些表面上看僅僅是追逐「新小說」理論的時髦之語，卻也正是鴛蝴作者善用場感來減輕自己文學主張阻力的聰明舉動。至少在用輕鬆愉快招徠讀者的同時，他們也需要安撫那些舊式文人，使其以爲文學也不總是一無是處的。

當然，這樣的措辭確實掩過了那些多烘道學的耳目，但對於五四的新文學而言，國事蜩螗，豈容笑謔，於是新文化運動風起雲湧之後，這些「寓教於樂」、「寓教於惡」〔註19〕的篇目和言論又統統遭受了挫折。其中最主要的抨擊就集中在 1918 和 1919 這兩年，因爲其時的「黑幕書」〔註20〕已引起了極大的民憤。

1916 年上海《時事新報》「報餘叢載」一欄刊登「黑幕大懸賞」的徵文啓事，「務乞以鑄鼎象奸之筆，發爲探微索引之文。本本源源，盡情揭示……共

〔註15〕 范伯群、芮和師等編：《鴛鴦蝴蝶派文學資料》，第 12 頁。
〔註16〕 范伯群、芮和師等編：《鴛鴦蝴蝶派文學資料》，第 4 頁。標點係筆者所加。
〔註17〕 范伯群、芮和師等編：《鴛鴦蝴蝶派文學資料》，第 8 頁。
〔註18〕 郭延禮：《20 世紀中國近代文學研究學術史》，南昌：江西高校出版社，2004，第 326 頁。
〔註19〕 「寓教於惡」的討論見王德威：《被壓抑的現代性》，第 66～137 頁。
〔註20〕 此處所說的「黑幕書」與鴛蝴作品中的「黑幕小說」有本質區別，不可混同，討論見范伯群：《中國現代通俗文學史》（插圖本），第 226～229 頁。

除人道蟊賊，務使若輩無逃形影，重光天日而後已。」起首，揭黑是以改良社會為宏願，用意純良，但誰知此風一開，便從此不可收拾，連續 25 個月，「日無間斷」，導致黑幕泛濫，許多齷齪不潔之事也竟相藉此風混雜魚目：「夫開男盜女娼之函授學校，則直曰開男盜女娼之函授學校耳；賣淫書直曰賣淫書耳，而必曰宣佈黑幕也。」事易時移，黑幕已經變質，其惡劣習氣使得教育部也不得不下文告誡，希望其見好就收，最後事情終以《時事新報》在 1918 年 11 月 7 日的頭條發佈「裁撤黑幕欄通告」而告一段落。〔註21〕

而其後的故事就是，剛剛登上文壇不久的新文學欲借批駁此事來樹立自己良好的公眾形象，同時趁機打壓橫亙文壇已久的鴛蝴派，以此來擴大自己的文學地盤，爭取必要的讀者。這其中首先發難的是錢玄同。其發表在《新青年》6 卷 1 號上（1919 年）的文章《「黑幕」書》，不僅第一次明確提出了「鴛鴦蝴蝶派」的名稱，更是罵責「『黑幕』書之貽毒於青年，稍有識者皆能知之。然人人皆知『黑幕』書為一種不正當之書籍，其實與『黑幕』同類之書籍正復不少。如《豔情尺牘》、《香豔韻語》，及『鴛鴦蝴蝶派小說』等等，皆是。」他認為這些文類之所以甚囂塵上，那是與袁世凱的專政、復辟潮流脫不了干係的：「清末亡時，國人尚有革新之思想，到了民國成立，反而提倡復古，袁政府以此愚民，國民不但不反抗，還要來推波助瀾，我真不解彼等是何居心。」〔註22〕雖然錢玄同並未主攻鴛蝴，而只是裙帶連及，但他一出手就為它扣上了一頂「政治綠帽」，這實在不能不說是間接將其推上了道德大不韙的境地。

錢玄同之後，魯迅發表《有無相通》，周作人以「仲密」的筆名發表《論「黑幕」》和《再論「黑幕」》二文，志希（羅家倫）則發表了《今日中國之小說界》等。這些文章仍主攻黑幕，並順批鴛蝴。因此，鴛蝴在這次被批過程中始終是處於敬陪末座的地位。周作人的兩篇文章，幾乎通篇談論黑幕，而並不涉及鴛蝴；倒是志希的討論，在黑幕之外，提到了「濫調四六派」和「筆記派」。他說前者「這一派的人只會套來套去，做幾句濫調的四六，香豔的詩詞」，辭藻匱乏，結構千篇一律，代表就是徐枕亞、李定夷等人的言情作品。他說，批判這類的作品，「把我的筆都弄污穢了」〔註23〕。同前兩人的批

〔註21〕這一段歷史見范伯群：《中國現代通俗文學史》（插圖本），第 221～224 頁。文中兩處引言分別見第 221、226 頁。
〔註22〕范伯群、芮和師等編：《鴛鴦蝴蝶派文學資料》，第 823～824 頁。
〔註23〕范伯群、芮和師等編：《鴛鴦蝴蝶派文學資料》，第 717～718 頁。

判姿態不同，魯迅是本著規勸的態度來寫《有無相通》的，因爲在他看來這些「江蘇浙江湖南的才子們、名士們」完全有能力憑著自己的才華「譯幾頁有用的新書」。所以，他希望「我們改良點自己，保全些別人，想些互助的方法，收了互害的局面」。〔註24〕

所以，我們看到在10年代所進行的這場批判中，鴛蝴派並不是新文學重點批判的對象，它總是被順帶提及，而且由於鴛蝴的概念並沒有被廣泛的採納，所以總是以對個別作家、作品或含糊其詞的「當今文壇」如何如何的用語來進行，因而顯得有些火力不夠集中，並未引起鴛蝴方面的重視。當然，最重要的是鴛蝴本身發展勢頭正猛，雖然五四崛起給它帶來了一定衝擊，但畢竟遠遠沒有到了傷筋動骨的嚴重地步，而且爲了避開五四摧枯拉朽式的尖銳鋒芒，所以鴛蝴就抱持著不予理會和不應理睬的態度，照樣我行我素地去編撰各類以移情逸樂爲尚的報刊雜誌，試圖用讀者來維護自己獨步文壇的一尊地位。

二、革命文學時期

鴛蝴派與新文學的第二次交鋒主要集中在1920到1929的這10年間。它上起茅盾改組《小說月報》，下至三十年代黎烈文接編《申報》副刊《自由談》。這10年一改從前新文學獨唱專場的形式，而變爲雙方的你來我往，衝突不斷。幾乎就是這10年，鬥爭雙方基本確立了其在文學場域中的占位格局，而變得意義非凡。

從1920年茅盾參與《小說月報》的編輯開始，到第二年元月，他正式走馬上任，全權接編《小說月報》，不過幾個月的時間，新文學與鴛蝴派的梁子由此結下，並於隨後全面爆發。茅盾在回憶錄中這樣寫到：

> 我偶然地被選爲打開缺口的人，又偶然地被選爲進行全部革新的人，然而因此同頑固派結成不解的深仇。這頑固派就是當時以小型刊物《禮拜六》爲代表的所謂鴛鴦蝴蝶派文人。鴛鴦蝴蝶派是封建思想和賣辦意識的混血兒，在當時的小市民階層中有相當影響。
> 〔註25〕

1921年1月，革新後的《小說月報》第12卷第1號出版，上面刊載了於同月

〔註24〕范伯群、芮和師等編：《鴛鴦蝴蝶派文學資料》，第720頁。
〔註25〕茅盾：《回憶錄（三）》，《新文學史料》（第3輯），1979年5月。

成立的文學研究會的宣言，宣言中說：「將文藝當作高興時的遊戲或失意時的消遣的時候，現在已經過去了。我們相信文學是一種工作，而且又是於人生很切要的一種工作；治文學的人也當以這事業爲他終身的事業，正同勞農一樣。」〔註26〕文中的「遊戲」、「消遣」等字眼，顯然是針對鴛蝴而發。因爲不久前創刊的《遊戲新報》（1920 年 12 月）又一次明白無誤地使用了「遊戲」二字，並在發刊詞中極言消遣之樂：

> 今世何世，乃有吾曹閒人？偶爾弄翰，亦遊戲事耳，乃可以卻
> 暑。歲月如流，涼飆且至，孰能知我輩消夏之樂？盍謀所以永之，
> 余曰：無已，裝一書冊，顏以遊戲，月有所刊，署曰：新報，不亦
> 可乎？眾曰：善……堂皇厥旨，是爲遊戲，誠亦雅言，不與政事……
>
> 〔註27〕

而與茅盾等人的文學研究會及其宣言針鋒相對的是，在這年的 3 月 19 停刊將近 5 年的《禮拜六》一聲炮響，又復刊了。而且在其 103 期的《編輯室》中明確寫道：「本刊小說，頗注重社會問題，家庭問題，以極誠懇之筆出之。」〔註28〕這一措辭顯然是要與文學研究會所說的文學「是於人生很切要的一種工作」叫板、抗衡。

茅盾已經明顯地感覺到了來自鴛蝴派的壓力，在這一年 8 月給周作人的信中，他不無感慨的寫道：

> 上海謾罵之報紙太多，《晶報》常與《小說月報》開玩笑，我
> 們要辦他事，更成功少而笑罵多；且上海同人太少，力量亦不及。
>
> 〔註29〕

關於這段故實，鄭振鐸在《〈文學論爭集〉導言》中予以了證實，他講：

> 當《小說月報》初改革的時間，他們卻也感覺到自己的危機的
> 到臨，曾奪其酒色淘空了的精神，作最後的掙扎。他們在他們實力
> 所及的一個圈子裏，對《小說月報》下總攻擊令。冷嘲熱罵，延長
> 到好幾個月還未已。可惜這一類的文字，現在也收集不到，不能將
> 他們重刊於此。〔註30〕

〔註26〕轉引自范伯群：《禮拜六的蝴蝶夢·論鴛鴦蝴蝶派》，第 17 頁。
〔註27〕范伯群、芮和師等編：《鴛鴦蝴蝶派文學資料》，第 14 頁。標點係筆者所加。
〔註28〕轉引自范伯群：《中國現代通俗文學史》（插圖本），第 254 頁。
〔註29〕轉引自董麗敏：《想像現代性：革新時期的〈小說月報〉研究》，第 53 頁。
〔註30〕魏紹昌編：《鴛鴦蝴蝶派研究資料》（上卷），第 51 頁。

這些鄭振鐸所不能尋找到的文字，就是茅盾文中所說的《晶報》開的玩笑，此類玩笑包括了寒雲（袁寒雲）的《闢創作》以及寄塵（胡寄塵）的《一個被強盜捉去的新文化運動者底成績》。前者明明白白地批評新文學是「一班妄徒、拿外國的文法、做中國的小說、還要加上外國的圈點、用外國的款式、什麼的呀、底呀、地呀、鬧得烏煙瘴氣、一句通順的句子也沒有」，而且其矛頭直指全面革新的《小說月報》。文章說：

> 海上某大書店出的一種小說雜誌、從前很有點價值、今年忽然野心起來了、內容著重的、就是新的創作、所謂創作呢、文法、學外國的樣、圈點、學外國的樣、款式、學外國的樣、甚至連紀年、也用的是西曆一千九百二十一年、他還要老著臉皮、說是創作、難道學了外國、就算創作嗎、這種雜誌、既然變了非驢非馬、稍微有點小說智識的、是決不去看他、就是去想翻他、看他到底是怎麼回事、頂多看上三五句、也要頭昏腦漲、廢然掩卷了……

文章最後還說，「如果都照這樣做下去、不但害盡青年、連我國優美高尚的文字、恐怕漸漸都要消滅哩」〔註31〕。寒雲的這些論調可謂是和新文學來了一個以牙還牙。而更甚者是寄塵的後一篇小說，極盡挖苦之能事，講一個新文學作家被強盜抓去後，如何醜態百出地宣講「奮鬥」和「改造」，並在被放後又如何在同伴面前邀功自誇，講自己成功地改造了強盜，使其覺悟〔註32〕。小說諷刺了新文學那些所謂的崇高政治理想，不過是紙上談兵、癡人的夢囈，不切實際。

　　為了對這些冷嘲熱諷來一次有力的還擊，文學研究會專門創辦了自己的機關刊物《文學旬刊》，並在上面撰文回應。鄭振鐸說：「《文學旬刊》對於他們也曾以全力對付過，幾乎大部分的文字都是針對他們而發的。都是以嚴正的理論來對付不大上流的污蔑的話。」〔註33〕這些文章包括了鄭振鐸（西諦）本人的《思想的反流》、《新舊文學的調和》、《血與淚的文學》、《消閑？！》、《中國文人（？）對於文學的根本誤解》，葉聖陶（聖陶）的《侮辱人們的人》等近20餘篇文章。

　　而其他一些發在別的雜誌或報章上的文章，如魯迅的《「一是之學說」》、

〔註31〕范伯群、芮和師等編：《鴛鴦蝴蝶派文學資料》，第170、171頁。
〔註32〕范伯群、芮和師等編：《鴛鴦蝴蝶派文學資料》，第171～173頁。
〔註33〕魏紹昌編：《鴛鴦蝴蝶派研究資料》（上卷），第51頁。

《所謂「國學」》、《名字》、《關於〈小說世界〉》；茅盾的《「寫實小說之流弊」》、《眞有代表就文化舊文藝的作品麼》、《反動？》以及郭沫若、李芾甘等人的文章都參與了這場聲勢浩大的新文學保衛戰。

在這些人當中，鄭振鐸身先士卒，勇爲先鋒。他撰文《悲觀》、《「文娼」》等，對鴛蝴文學進行定位，並毫不猶豫地將其稱爲「文娼」和「文丐」。他認爲時代「到處是榛棘、是悲慘、是槍聲炮影」，人們的靈魂被擾、心神苦悶，因而「所需要的是血的文學、淚的文學，不是『雍容爾雅』『吟風嘯月』的冷血的產品」〔註34〕。對於鄭的批評，鴛蝴人士不但不予辯解，反以「文丐」自豪，認爲「靠著一支筆拿來生活」並不可恥，反倒「比著自己做了某小說雜誌主任，再化了名，譯了小說，算是北京來的稿子，要支五塊錢一千字的，我覺得還正大光明得多啊。」〔註35〕

此外，葉聖陶還曾針對鴛蝴「寧可不娶小老孃，不可不看《禮拜六》」一句大加撻伐，認爲「這實在是一種侮辱、普遍的侮辱，他們侮辱自己，侮辱文學，更侮辱他人！……無論什麼遊戲的事總不至卑鄙到這樣，遊戲也要高尙和眞誠的啊！如今既有寫出這兩句的人……這不僅是文學前途的渺茫和憂慮，竟是中國民族超昇的渺茫和憂慮了。」〔註36〕

通過以上的這些例子我們看到，儘管文學研究會的成員對鴛蝴多有不滿，但批判並未上昇到鄭振鐸所說的「嚴正的理論」高度上，它們更多的是一種情感性的評判。在理論方面做的較好的其實是李之常和沈雁冰。前者《支配社會底文學論》一文在直陳鴛蝴小說的種種是非後，明確提出了文學的功用「是爲人生的，爲民眾的，使人哭和怒的，支配社會的，絕不是供少數人賞玩的，娛樂的」。而爲了實現這些功用，就必須以「自然主義」作爲當前文學的基本規範：

> 中國的黑暗的現狀，亟待謀經濟組織底更變，非用科學的精密觀察描寫中國地多方面的病的現象之眞況，以培養國人革命底感情不可，非採用自然主義作今日底文學主義不可。中國文學採用自然主義是適應環境。〔註37〕

〔註34〕 范伯群、芮和師等編：《鴛鴦蝴蝶派文學資料》，第733頁。
〔註35〕 范伯群、芮和師等編：《鴛鴦蝴蝶派文學資料》，第185、177頁。
〔註36〕 范伯群、芮和師等編：《鴛鴦蝴蝶派文學資料》，第729頁。
〔註37〕 轉引自董麗敏：《想像現代性：革新時期的〈小說月報〉研究》，第57頁。

同李之常的觀點相近，且又更進一步的是茅盾發表在《小說月報》第13卷第7期上的長篇論文《自然主義與中國現代小說》。這篇檄文，

> ……引用了《禮拜六》第一百零八期上所登的名為《留聲機片》
> 的一個短篇小說（未點作者的姓名）作為例子，用嚴正的態度，從
> 思想內容以至描寫方法，做了千把字的分析，然後下了判斷：「作者
> 自己既然沒有確定的人生觀，又沒有觀察人生的一副深炯眼光和冷
> 靜頭腦，所以他們雖然也做了人道主義的小說，也做描寫無產階級
> 窮困的小說，而其結果，人道主義反變成了淺薄的慈善主義，描寫
> 無產階級的窮困反成了譏刺無產階級的粗陋與可厭了。」又批評他
> 們寫得最多的戀愛小說或家庭小說的中心思想，無非是封建思想的
> 「書中自有黃金屋，書中有女顏如玉」的各色各樣的翻版而已。
>
> 　這篇文章，義正詞嚴，不作人身攻擊，比之稱他們為文丐、文
> 娼，或馬路文人者實在客氣得多。但也許正因為是詞嚴義正的批判，
> 不作謾罵，必將引起「禮拜六派」小說讀者的注意，以及同情於此
> 派小說者的深思，故「禮拜六派」恨之更甚。他們就對商務當局施
> 加壓力……〔註38〕

而這施壓的後果正是茅盾的離職和商務又衍出一個《小說世界》來專供鴛蝴使用。對於此事，茅盾曾和王統照等人在《時事新報》《學燈》欄擬文予以嘲諷和批判，小題為《「出人意表之外」之事》〔註39〕。

事實上，讓茅盾等文學研究會成員出乎意料的事情，不光來自鴛蝴，同樣也來自新文學內部。儘管彼時文學研究會和創造社因著「文學為什麼」的問題而酣戰不止，但茅盾等人還是不能理解其對鴛蝴姑息縱容的做法。他在回憶錄中這樣記道：

> 　當時，同樣使我們不能理解的一件事，是創造社諸公的大多數
> 對於鴛鴦蝴蝶派十分吝惜筆墨，從來不放一槍。也有一個例外，就
> 是成仿吾在《創造季刊》第二期上曾寫了一篇《歧路》，對「禮拜六」
> 狠狠地開了一炮。〔註40〕

〔註38〕 茅盾：《茅盾全集（34）：回憶錄一集》，葉子銘校注、定稿，北京：北京人民
　　　　文學出版社，1997，第208頁。
〔註39〕 范伯群、芮和師等編：《鴛鴦蝴蝶派文學資料》，第851～854頁。
〔註40〕 范伯群、芮和師等編：《鴛鴦蝴蝶派文學資料》，第237頁。

事實上，由此可以看出，鴛蝴派和新文學的第二次交鋒雖然深入而持久，但其牽涉的新文學面顯然要小過第一次。在上一次，新文學的左、中、右各部都投入了火力，但這一次更多的是其中的左翼力量在發揮作用，他們著力強調的是文學的社會功用。

新文學的來勢洶洶，咄咄逼人，通常的看法是鴛蝴派就此吃了虧，變得一蹶不振，而其實呢，卻是它的不甘示弱，越挫越勇，迎來了通俗期刊小說的第三波高潮。1921 年創刊的著名報刊不下 10 種；1922 年又辦 15 種；1923 年 17 種；1924 年 10 餘種……生生不息，滾滾向前〔註41〕。他們成立青社和星社，專以「吃喝玩樂」為結社方式，每月小聚，吟詩作賦，頗有一些與文學研究會、創造社等一本正經、照章辦事的文學組織抗衡、搗蛋的意思。青社的社刊《長青》，雖然時日不久，但對待新文學的態度倒是清清楚楚的：《止謗莫如無辯》〔註42〕。這篇文章雖然看不到了，也無從知曉這「謗」字到底何指，但我們卻可以借其他的一些文章看出點端倪。這些文章多數都發在張枕綠所編的《最小》報上。比如胡寄塵的《消遣？》、《一封曾被拒絕發表的信》；張舍我的《批評小說》、《創造自由》、《什麼叫做「禮拜六派」》；樓一葉的《一句公平話》；畢倚虹的《婆婆小記》；聽潮聲的《精神……原質》等等。

這些文章基本上都是在表明，鴛蝴是本著「井水不犯河水」和「公好饅頭婆好面」的態度來看待此次批判的，他們同樣也希望新文學方面的作家「不必把新舊的界限放在心裏。不必把人我的界限放在心裏」〔註43〕。「大家平心靜氣。破除成見。細細搜求一些對方高深優美的作品來看看。便自然知道都誤解了。他們所不同的。只是一點形式。那原質是一樣。也有好也有壞呀。」〔註44〕

胡寄塵還在給鄭振鐸的信中明確表示，文學改革不是黨同伐異，而是要自由競爭，最終的優劣存亡，應當讓歷史自己去做抉擇。他講：

> ……前清初行郵政的時候。並不曾將有的信局（即民間寄信機關）一例封閉然後再開設郵政局。只將郵政局辦好了。老式的信局自然而然的減少了。久之終必要消滅。又如上海初行電車。並不曾禁止人力車馬駛行。然後行電車。只將電車的成績辦好了。人力車

〔註41〕孔慶東：《1921：誰主浮沉》，濟南：山東教育出版社，2002，第 189 頁。
〔註42〕范伯群：《中國現代通俗文學史》（插圖本），第 239～241 頁。
〔註43〕范伯群、芮和師等編：《鴛鴦蝴蝶派文學資料》，第 181 頁。
〔註44〕范伯群、芮和師等編：《鴛鴦蝴蝶派文學資料》，第 183 頁。

馬車自然要減少了。久之終必也要消滅。改革文學。何嘗不是如此
呢。〔註45〕

儘管胡寄塵句句在理，可惜這畢竟是一場鬥爭，這樣「委曲求全」的方
式不免有些天真了。新文學陣營內的宋雲彬也曾主張用此法對待鴛蝴，但旋
即遭受責難：

> （宋雲彬）先生說：「我們不必怕《禮拜六》式的『瓦釜雷鳴』，
> 我們但教把自己的『黃鐘』敲得響」。我們以為不然，因為若在「文
> 字」兩字立腳點上說，《禮拜六》簡直不配稱為文學作品，他根本的
> 不能成立，何論高低，便無所謂「黃鐘」與「瓦釜」之分了。〔註46〕

可見新文學方面是絕沒有平等競爭的意識的，他們但想除之而後快，所以胡
寄塵的這封信「曾被拒絕發表」。

與胡寄塵等人的低調姿態不同，亦有像袁寒雲式的盛氣凌人，畢竟他是
一代貴冑，說話難免有些傲氣。他的《小說迷的一封信》，挖苦新改版的《小
說月報》是看也看不懂，賣給舊書店的不要，送給醬鴨店做包裝紙，老闆還
要嫌上面的字太臭〔註47〕。又與這兩種鬥爭方式都不一樣，且更為高明的是
范煙橋。這位鴛蝴派的十八羅漢之一：

> ……曾在一九二七寫過一冊堂而皇之的《中國小說史》，追流溯
> 源，把民初以來便盛行不衰的鴛鴦蝴蝶式通俗小說正式納入中國本
> 土小說發展的「全盛時期」，大書《玉梨魂》和《廣陵潮》的承前啟
> 後，同時隻字不提五四以來方興未艾的新文學，也算是給新文學運
> 動健將們針對鴛鴦蝴蝶派發出的種種責難攻擊一個不卑不亢的回
> 應。〔註48〕

一個批，一個應，儘管方式千差萬別，但最終是誰也沒有勝過誰，倒是那新
與舊的界限被清清楚楚地畫了個分明。而沿著這涇渭分明的分水嶺，鬥爭的
雙方把這場沒有完結的戰役延伸到了三十年代的舞臺。但那裡時有戰爭的炮
火，所以情形又更為複雜。

〔註45〕 范伯群、芮和師等編：《鴛鴦蝴蝶派文學資料》，第 181 頁。
〔註46〕 轉引自魏紹昌：《我看鴛鴦蝴蝶派》，第 46〜47 頁。其實，魯迅的觀點也是同
　　　　胡寄塵、宋雲彬的相近的，見其《關於〈小說世界〉》一文，范伯群、芮和師
　　　　等編：《鴛鴦蝴蝶派文學資料》，第 858〜859 頁。
〔註47〕 范伯群、芮和師等編：《鴛鴦蝴蝶派文學資料》，第 174〜175 頁。
〔註48〕 唐小兵：《蝶魂花影惜紛飛》，《讀書》，1993 年第 3 期，第 105 頁。

三、抗戰文學時期

此次論爭起於 30 年代初的武俠小說熱潮，而最終泯於戰爭的硝煙，大致也是 10 年的時間。期間，魯迅發表了《上海文藝之一瞥》、《偽自由書・後記》、《答徐懋庸並關於抗日統一戰線問題》；瞿秋白發表了《鬼門關以外的戰爭》、《論大眾文藝》、《財神還是反財神？》、《學閥萬歲！》、《吉訶德的時代》；鄭振鐸發表了《論武俠小說》、《文學論爭集・導言》；沈雁冰發表了《封建的小市民文藝》；錢杏邨發表了《上海事變與鴛鴦蝴蝶派文藝》等文章參與批判。

從 1922 年起，平江不肖生（向愷然）的《江湖奇俠傳》「在上海《紅》雜誌（後更名《紅玫瑰》）連載，邊寫邊刊邊出書，經過六個年頭，到一九二八年全書一百三十四回才告完成。」〔註 49〕這個過程中，上海的市民階層中掀起了一股巨大的「武俠狂潮」。這個狂潮據說歷廿年而不衰，「一直熱到 1949 年」〔註 50〕。而根據小說第 65 回至 86 回內容改編的電影《火燒紅蓮寺》，在放映時，更是場場爆滿，電影院裏叫聲、掌聲一片。茅盾目睹盛況而撰文《封建的小市民文藝》，文中說：

> 1930 年，中國的「武俠小說」盛極一時。自《江湖奇俠傳》以下，摹仿因襲的武俠小說，少說也有百來種罷。同時國產影片方面，也是「武俠片」的全盛時代：《火燒紅蓮寺》出足了風頭以後，一時以「火燒……」號召的影片，恐怕也有十來種。
>
> ……
>
> 《火燒紅蓮寺》對於小市民層的魔力之大，只要你一到那開映這影片的影戲院內就可以看到。叫好、拍掌，在那些影戲院裏是不禁的；從頭到尾，你是在狂熱的包圍中，而每逢影片中劍俠放飛劍互相鬥爭的時候，看客們的狂呼就如同作戰一般，他們對紅姑的飛降而喝彩，……
>
> 從銀幕上的《火燒紅蓮寺》又成為「連環圖畫的小說」的《火燒紅蓮寺》實在是簡陋得多了，可是那風魔人心的效力依然不減。……在沒有影戲院的內地鄉鎮，此種「連環圖畫小說」的《火燒紅蓮寺》就替代了影片。〔註51〕

〔註49〕魏紹昌：《我看鴛鴦蝴蝶派》，第 153 頁。
〔註50〕袁進：《鴛鴦蝴蝶派》，第 120 頁。
〔註51〕范伯群、芮和師等編：《鴛鴦蝴蝶派文學資料》，第 841～843 頁。

鴛蝴的這股「武俠狂浪」著實是激起了茅盾等左翼人士的極端不滿。他批評
道：「一方面，這是封建的小市民要求『出路』的反映，另一方面，這又是封
建勢力對於動搖中的小市民給的一碗迷魂湯。」〔註52〕而鄭振鐸則認為：「武
俠小說的發達……最重要的原因之一，便是一般民眾，在受了極端的暴政的壓
迫之時，滿肚子的填塞著不平與憤怒，卻又因力量不足，不能反抗。」〔註53〕
同上述觀點近似，瞿秋白的文章《吉訶德的時代》還提出，武俠小說不僅會
造成「濟貧自有飛仙客，爾且安心做奴才」的愚民思想，更會使得「夢想著
青天大老爺的青天白日主義者，甚至於把這種強盜當做青天大老爺，當做救
苦救難觀世音菩薩。」〔註54〕認定武俠小說百害而無一益。這些文章主要是
站在階級論的基礎之上，從政治鬥爭的角度對武俠小說予以了批駁，並沒有
真正就文學而論文學。

　　同左翼方面一味的攻訐謾罵不同，魯迅在《上海文藝之一瞥》一文中，
保持了必要的客觀態度。他對鴛蝴既作批判，也示肯定。文章高屋建瓴，回
顧了20世紀初鴛蝴興起和變遷的具體情形及模式，將它當作歷史上一個真實
的現象來處理，並批評那些所謂的無產階級作家說：

　　　　但是，雖是僅僅攻擊舊社會的作品，倘若知不清缺點，看不透
　　病根，也就是革命有害，但可惜的是現在的作家，連革命家和批評
　　家，也往往不能，或不敢正視現社會，知道它的底細，尤其是認為
　　敵人的底細。……一個戰鬥者，我認為，在瞭解革命和敵人上，倒
　　是必須更多的去解剖當面的敵人的。要寫文學作品也一樣，不但應
　　該知道革命的實際，也必須深知敵人的情形，現在的各方面的狀況，
　　再去斷定革命的前途。惟有明白舊的，看到新的，瞭解過去，推斷
　　將來，我們的文學的發展才有希望。〔註55〕

可以說，魯迅的態度是公允的，他並未僅僅將鴛蝴看作是一文不名的新文學
敵人，而是自己傳統的一部分，是一個可以團結的同路人。面對抗敵禦侮的
嚴峻形勢，魯迅主張建立最廣泛的抗日聯合戰線，號召全國的文藝界人士團
結起來：「文藝家在抗日問題上的聯合是無條件的，只要他不是漢奸，願意或
贊成抗日，則不論叫哥哥妹妹，之乎者也，或鴛鴦蝴蝶都無妨。」在倡導聯

〔註52〕范伯群、芮和師等編：《鴛鴦蝴蝶派文學資料》，第 841 頁。
〔註53〕范伯群、芮和師等編：《鴛鴦蝴蝶派文學資料》，第 838 頁。
〔註54〕范伯群、芮和師等編：《鴛鴦蝴蝶派文學資料》，第 835、836 頁。
〔註55〕范伯群、芮和師等編：《鴛鴦蝴蝶派文學資料》，第 795～796 頁。

合的同時，魯迅也強調「在文藝問題上我們仍可以互相批判。」〔註 56〕1935
年 10 月，《文藝界同人爲團結禦侮與言論自由宣言》發表，宣言上列名者 21
人，包天笑、周瘦鵑也在其列，王稼句說：「這並不是『恩賜』，而是鴛鴦蝴
蝶派作家的自覺，表明抗日救亡的決心，共赴國難。」〔註 57〕

　　從上面的這個例子可以看出，此次爭論的一個特點就是，鬥爭雙方既有
糾葛又有團結。但總的說來還是鬥多於和的。比如，就在宣言發表的當月，
鄭振鐸便在《中國新文學大系・文學論爭集》的導言裏批鬥了鴛蝴，他說：

> 鴛鴦蝴蝶派的大本營是在上海。他們對於文學的態度，完全是
> 抱著遊戲的態度的。那時盛行的「集錦小說」——即一人寫一段，
> 集合十餘人寫成一篇的小說——便是最好的一個例子。他們對於人
> 生也便是抱著這樣的遊戲態度的。他們對於國家大事乃至小小的瑣
> 故，全是以冷嘲的態度處之。他們沒有一點的熱情，沒有一點的同
> 情心。只是迎合著當時社會的一時的下流嗜好，在喋喋地閒談著，
> 在裝小丑，說笑話，在寫著大量的黑幕小說，以及鴛鴦蝴蝶派的小
> 說來維持他們的「花天酒地」的頹廢的生活。幾有不知「人間何世」
> 的樣子。恰和林琴南輩的道貌岸然是相反。有人謚之曰「文丐」，實
> 在不是委屈了他們。〔註58〕

此外，瞿秋白針對鴛蝴也發表了各式議論，但由於過於散亂，容易爲人忽略。
不過幸有蘇州大學的范伯群教授將其歸納爲五，我這裡摘要轉錄如下：

> 一、他提出了鴛鴦蝴蝶派作品的思想實質是「維新的封建道德」，是
> 　　「改良禮教」，是資産階級「民族主義」。……
> 二、瞿秋白還批判了鴛鴦蝴蝶派的「笑罵一切的虛無主義」……指
> 　　出的就是那種鴛鴦蝴蝶派中「趕潮流」者的「命不可不革，也
> 　　不可太革」的論調，是起著消極的歷史作用，實際上是障眼法，
> 　　有利於搖搖欲墜的現制度。
> 三、瞿秋白指出，鴛鴦蝴蝶派在接受白話的問題上雖然並沒有與新
> 　　文學營壘進行鬥爭，但他們之廢除文言主要是受市場公律的支
> 　　配的……鴛鴦蝴蝶派的一些作品是「草臺班上說的腔調」，是「清

〔註 56〕范伯群、芮和師等編：《鴛鴦蝴蝶派文學資料》，第 812 頁。
〔註 57〕王稼句：《關於鴛鴦蝴蝶派》，《十月》，2007 年第 3 期。
〔註 58〕范伯群、芮和師等編：《鴛鴦蝴蝶派文學資料》，第 805 頁。

朝測字先生的死鬼的掉文腔調」，他們就是「運用下等人容易懂
得的話……來勾引下等人」，其作用也是很惡劣的。

四、在討論「大眾文藝」時，瞿秋白指出：我們左翼文藝不大善於
運用大眾文藝的體裁，而鴛鴦蝴蝶派卻巧妙地運用了。結果是，
他們反倒可以「到處都在鑽來鑽去，窮鄉僻壤沒有一處不見它
們的狗腳爪的。」……鴛鴦蝴蝶善於利用舊有的大眾化的形式
傳播庸俗的思想內容。……

五、瞿秋白從理論上批判了鴛鴦蝴蝶派的「趣味主義」，以趣味而達
到消遣的目的，是鴛鴦蝴蝶派的寫作信條。〔註59〕

除了魯迅、鄭振鐸、瞿秋白等人就鴛蝴的整體特徵作出評介和批判外，亦有
人對具體的鴛蝴作家和作品提出批評，比如錢杏邨的《上海事變和鴛鴦蝴蝶
派文藝》、夏征農的《讀〈啼笑因緣〉》就對張恨水、徐卓呆、顧明道以及小
說《啼笑因緣》等提出了嚴正指責，認為他們是「封建餘孽的小說作家」，作
品雖然披上了「國難」的外衣，「所表演的思想，無疑的是充分帶有近代有產
者的基調的」。他們的作品「是談不上技術的，雖然在偶爾一兩篇內，作者稍
稍加以描寫，大部分是連新聞通信都不如」。〔註60〕

面對新文學的咄咄逼人，鴛蝴派或抱排斥態度，或持「新舊兼容」心態
〔註61〕，並未對此類批評作過多回應，想來是這些「文妖」、「文氓」、「封建
小市民」的論調他們早已於上個 10 年聽膩味了，顧而也就瞭然於心，任它
四處播行了。但有一件事是真正觸動了鴛蝴的，那便是 1932 年 12 月，史量
才起用剛從法國留學歸來、28 歲的黎烈文，改革《申報》副刊「自由談」。
這樣，周瘦鵑長達 12 年零 7 個月的主編生涯就此宣告結束。「於是平地一聲
雷，來了個大轉變，換上了一幅新面目……」〔註62〕。但旋即，在「1933
年春，《申報》經理史量才不忍周瘦鵑賦閒，又在《申報》闢《春秋》副刊
給他。任《春秋》副刊編輯後，周瘦鵑暗下決心，有心和《自由談》較量一
番，想盡一切辦法與《自由談》爭奪讀者。」〔註63〕從表面上看，由《自由

〔註59〕　范伯群：《禮拜六的蝴蝶夢‧論鴛鴦蝴蝶派》，第 24～26 頁。

〔註60〕　三處引言分別見范伯群、芮和師等編：《鴛鴦蝴蝶派文學資料》，第 877、882、
869 頁。

〔註61〕　范伯群主編：《中國近現代通俗文學史》（下卷），第 658 頁。

〔註62〕　王智毅編：《周瘦鵑研究資料》，天津：天津人民出版社，1993，第 276 頁。

〔註63〕　王智毅編：《周瘦鵑研究資料》，天津：天津人民出版社，1993，第 34 頁。

談》而《春秋》，完全是《申報》自身的改革和經營策略，但事實上，這中間卻是摻雜了許多微秒的明爭暗鬥的。關於此事，魯迅在《僞自由書》的後記中這樣寫道：

> 最近守舊的《申報》，忽將《自由談》編輯禮拜六派的巨子周瘦鵑撤職，換了一個新派作家黎烈文，這對於舊勢力當然是件非常的變動，遂形成了今日新舊文壇劇烈的衝突。周瘦鵑一方面策動各小報，對黎烈文作總攻擊，我們只要看鄭逸梅主編的《金剛鑽》，主張周瘦鵑仍返《自由談》原位，讓黎烈文主編《春秋》，也足見舊派文人終不能忘情於已失的地盤。而另一方面周瘦鵑在自己編的《春秋》內說：各種副刊有各種副刊的特性，作河水不犯井水之論，也足見周瘦鵑猶惴惴於他現有地位的危殆。周同時還硬拉非蘇州人的嚴獨鶴加入周所主持的純蘇州人的文藝團體「星社」，以爲拉攏而固地位之計。不圖舊派勢力的失敗，竟以周啓其端。……周瘦鵑作了導火索，造成了今日新舊兩派短兵相接戰鬥愈烈的境界！以後想好戲還多……〔註64〕

這裡魯迅講的好戲，恐怕更多的是指 1933 年以來，以范煙橋主編的《珊瑚》半月刊對新文學的反攻。因爲只有這些才「比較算得上論爭的」〔註65〕。《珊瑚》的第 20 號上發了一篇署名彳亍的短文《新文學家的陳迹》，歷數劉半農、魯迅、施蟄存、戴望舒、黃中、俞長源、老舍、樓建南、葉紹鈞、吻雲、蘇鳳、杜衡、滕固等新作家都曾在鴛蝴的雜誌上發表過作品。文章單列姓名以及雜誌的名稱，不做任何評論，但意圖卻很明顯，那是要揭新文學的老底。爲了更進一步地表明態度，《珊瑚》自第 13 期起就開闢「說話」欄目，對中國的現代文學創作進行了系統總結。認爲「新文學派裏，確有當得起『新』，夠得上『文學』的作品。《禮拜六》派裏，也有極『新』，極『文學』的作品。」關於「九一八」和「一・二八」的作品，對於新文學作家只注重形式不注重內容的片面批評，也表示了異議，「才子穿了西裝，佳人剪了頭髮，放到小說裏，就不算鴛鴦蝴蝶了，把自殺做結局，就算文藝的至上者了，這種觀念，我們也得轉變些。」「要是嚕離嚕蘇，記些新式簿記，或是舊式流賬，都不配稱他爲好小說。」〔註66〕

〔註64〕范伯群、芮和師等編：《鴛鴦蝴蝶派文學資料》，第 803 頁。
〔註65〕范伯群：《禮拜六的蝴蝶夢・論鴛鴦蝴蝶派》，第 27 頁。
〔註66〕轉引自范伯群主編：《中國近現代通俗文學史》（下卷），第 658～660 頁。

這次的論爭，同樣是一攻一守，而且其中又牽扯著「京派」「海派」的爭
鬥，所以看上去不免有些情形複雜。而事實上呢，雖然京派批判的對象包括
了鴛蝴，但自有杜衡等海派人士的回應，所以他們又是不應戰的。而此後戰
爭肆虐，新文學的作家們紛紛奔走抗日，上海成爲「孤島」，這所謂的新舊之
爭又不了了之。以後的時間，雖有人舊事重提〔註 67〕，但畢竟微乎其微。倒
是在 1947 年的時候，朱自清寫了一篇《論嚴肅》，態度平正，對鴛蝴作了恰
當的評論。

第二節　分歧：不同次場的齟齬

在對鴛蝴派和新文學的鬥爭作了歷史的回顧之後，我們仍有必要探問：
在這些現象背後到底有哪些因素參與了運作，它們是以怎樣的方式進行，以
及如何被定位，甚至又在最後被誤解的。以下提及的的這三組關係可能有助
於我們理清思路，並在一定範圍內回答這些疑問。比如，在「文人」與「文
丐」的問題上，我以爲這至少是現代語境下，文學商品化所必然帶來的兩面。
它們的對立意義就在於它們的融洽無間，即它們像商品的兩屬性——價值和
使用價值——一樣共同成就商品。但是當我們故意象新文學那樣去分裂它們
時，這事實上又成了一種後設命名和主觀決斷。而這就是一種運作的方式。
這裡，我具體地將之歸納爲「同仁」與「同鄉」的關係。在「同仁」模式的
考察上，我想超出這三次具體的鬥爭，看一下它的源頭——《新青年》到底
是如何塑造它的。而與之相對，「同鄉」關係我也要在傳統的淵源裏發掘一下
它的氣質，以便看出它的那種「隨意性」是如何不適宜作戰，以至於使它變
成一種天眞的「和平共存、自行消亡」的。最後一點，「文言」與「白話」的
對立，根本不是鴛蝴派與新文學論爭的焦點，這是後來的許多討論臆測出來
的，但它確實又跟「新」與「舊」這樣的話語緊密相連，而且直觀。所以，
這樣的誤解又並非沒有絕對的理由，特別是鴛蝴派確在很長的時間內書寫文
言，甚至像徐枕亞一樣因之而造成轟動。但我的討論只想注意這種「虛擬關
係」是如何被言說和討論的，而不是其具體造成的經過。下面就讓我們從鬥
爭的方式開始談起。

〔註 67〕葉素：《禮拜六派的重振》；佐思：《禮拜六派新舊小説家的比較》，見魏紹昌
　　　編：《鴛鴦蝴蝶派研究資料》（上卷），第 116～131 頁。

一、「同仁」與「同鄉」：兩種文學實踐的顯現

　　文人以團體或流派的方式參與文學生產，是一個現代性行為。以前文學活動受因地緣限制，故常出「公安派」、「桐城派」、「江西詩派」，但報紙、雜誌、大學起來後，文學生產的模式就徹底變了，一個社團、一份雜誌、一座學校就是一種文學流派、一股文學勢力〔註68〕。文人集團的地緣性因素減弱，相應地，學緣關係（師生關係、校友關係、留學背景）、文學觀念、媒介力量成為一種新的聚合態勢〔註69〕。這種態勢在「五四」之後惹發了一股「創刊」、「結社」的狂潮，文學創作開始以集團性的方式全面鋪展。

　　布迪厄自認為放之四海而皆準的場域理論，剛好不能解釋中國文學場中這種獨有的集體性特徵，特別是至關重要的師生關係。賀麥曉的這一結論，是在考察上世紀二十年代中國「文學場」時得出來的。所以準確地講，集團性特徵描繪的應該是一種「五四」文學傳統，它「是《新青年》模式在文學領域裏擴散的結果」〔註70〕。正如我們看到的，近代以來，文人參演文學劇目，從來就不會像陳獨秀們那樣去設計一種團體發展方案，他們更多的是以一種個體方式，偶或再間雜一些中國傳統的引薦關係在活動，晚清的報刊文人那種鬆散的寫作方式本身就是很好的說明。像近來持續引發關注的「南社」，以及本書討論的「鴛蝴派」，表面上看都可以稱為一個大流派，但實際上，他們都只是一種「文酒詩會」的「大聚義」〔註71〕，「即便稱之為鬆散的文藝集團，也是不夠格的」〔註72〕。

〔註68〕可參見王曉明：《一份雜誌和一個「社團」——重識「五四」文學傳統》（程光煒主編：《大眾媒介與中國現當代文學》，北京：人民文學出版社，2005）、劉納：《社團、勢力及其它——從一個角度介入「五四」文學史》（程光煒主編：《文人集團與中國現當代文學》，北京：人民文學出版社，2005））等文章。
〔註69〕程光煒曾在《試論四十年代的文人集團》一文中指出，文人集團的形成，「不外是這幾個因素：一是文學觀念的分化，導致了現代文人的『聚合』，在此基礎上出現了一個新的作家群體；二是相近的『大學』、『籍貫』、『留學』的背景，容易形成相同的社會意識、審美觀念，孕育出一個『文學圈子』；三是政治、市場、文學的運作和傳播方式，也會促成一個文學流派、文人集團的生成和發展。」參見程光煒：《試論四十年代的文人集團》，《海南師院學報》，2003年第5期。
〔註70〕王曉明：《一份雜誌和一個「社團」——重識「五四」文學傳統》，程光煒主編：《大眾媒介與中國現當代文學》，第73頁。
〔註71〕孫之梅：《南社研究》，北京：人民文學出版社，2003。
〔註72〕魏紹昌：《我看鴛鴦蝴蝶》，第228頁。

　　但「五四」起來後，這種狀況被徹底改寫了，文學刊物數量激增，文學團體蜂起。據茅盾統計，1921 年到 1923 年，全國出現大小社團 40 餘個，出版文藝刊物 50 多種。而到了 1925 年，文學社團和相應刊物激增到 100 多個。它們以「星星」、「嬰孩」、「玫瑰」、「淺草」、「綠波」、「微笑」、「嫩芽」、「春風」、「晨曦」、「火焰」、「彩虹」、「曉光」、「卿雲」、「澎湃」等年輕而生氣勃勃的詞彙命名〔註73〕。它們大部分都是由大學生和中學生組織的，領頭的是在北京的教授和學生〔註74〕。

　　而至於此前的 1917 到 1921 年，即我們通常所說的「五四」時期，文學報刊和社團的發展狀況，遠比 1921 年以後的情勢來得迅猛。照周策縱先生的意見，此一時因受「五四」思潮激蕩，新知識分子之間團結增強，新型出版物急劇增加，社會組織和社會服務機構紛紛成立，而舊刊物也順勢改革。據其估算，當時全國共有新出報刊千種以上，且多以白話形式寫成，與青年學生和同情學生人士息息相關。這些雜誌雖然多數都只是曇花一現，但卻從根本上改變了中國出版事業不景氣的現實，拓開了輿論市場，「把中國年輕的知識分子介紹給人民大眾，並為青年知識分子提供了一條交流的渠道，他們在後來的幾十年中成為中國著名的社會、政治、文學方面的領導人物」，劃時代意義鮮明。〔註75〕

　　據此我們相信，北京作為「五四」的策源地，「五四」作為新文學的源頭，已經從根本上影響了全國範圍內的文學活動。特別是《新青年》雜誌，它以同人「『運動』的方式推進文學事業」〔註76〕，從根本上建制了一整套獨特的話語體系──「新青年話語」。這套話語，「在相當一段時間裏佔據中國思想界的中心位置」，影響著文學的生產和文人的思考方式，左右著文壇的輿論傾向和走勢，「直到今天，仍然對我們有深刻的影響」〔註77〕。

　　周策縱曾提醒我們注意，「《新青年》是在中國近代第一份中文刊物出現整整一百年後創刊的」，言外，就是要把《新青年》放在晚清以降的報刊大潮中加以討論。陳平原說：「這個提醒無疑是重要的，尤其對於刻意拔高《新青年》在報刊史上意義的流行思路，更具反駁作用。」正如陳所指出的那樣：「陳

〔註73〕茅盾編選：《中國新文學大系·小說一集·導論》（影印版），第 5～7 頁。
〔註74〕李歐梵：《中國現代作家的浪漫一代》，第 9 頁。
〔註75〕周策縱：《五四運動：現代中國的思想革命》，第 174～200 頁。
〔註76〕程光煒編：《大眾媒介與中國現當代文學》，第 10、21 頁。
〔註77〕程光煒編：《大眾媒介與中國現當代文學》，第 67 頁。

獨秀等人所開創的事業，並不是建基於一張『可畫最新最美圖畫』的白紙，而是在已經縱橫交錯的草圖上刪繁就簡，添光加彩。」〔註78〕

「清末民初迅速崛起的報刊，已經大致形成商業報刊、機關刊物、同人雜誌三足鼎立的局面。」〔註79〕《新青年》的加入，則無疑在後兩個坐標上被凸顯。雖說它本身也可以贏利，但卻絕無商業氣息，畢竟它是把思想文化革命視爲自己的宗旨，啓蒙態度堅決，這自然也就讓它站到了所謂的「名士才情」和「商業競賣」〔註80〕的反面。而與這種啓蒙意識相反，鴛蝴派從一開始就表現出其濃厚的商業氣息，主張寫作乃是以娛樂消費爲目的的。正是出於這種寫作供人消遣的「軟性文章」的偏好，在無形中聯絡了一大批以所謂的鴛蝴雜誌——如《禮拜六》、《遊戲雜誌》、《小說月報》等——爲中心的鴛蝴文人，形成了一個鬆散的「文人圈子」。後來出現的「星社」和「青社」，都是這個「同人圈子」牽引的結果〔註81〕，所以從此意義上，我們把鴛蝴當作一個流派來研究和看待。他們的出現，更多的是一種大眾傳媒的聚合結果，這與《新青年》那種「兼及社會團體的動員和組織功能」的「同人雜誌」有著本質區別。這一區別不論是在它後來的性質轉變，還是在此前的「運動」作戰中都有所表現。

1920年春，《新青年》因陳獨秀從事實際政治活動而南下，遷址上海，同年9月出版的第8卷1號被改組爲中國共產黨上海發起組的機關刊物，用於宣傳社會主義思想，黨派意識鮮明。自此，獨立的知識分子思考，被堅定的政黨立場所取代。原先的「同人雜誌」宗旨固然受到一定程度的衝擊，但同時卻因爲其政黨化傾向的強化，無形中使得《新青年》更像一股集團勢力得以廣泛而持久地進行思想上和文化上的革新建設。所以，《新青年》的意義，首先從思想史，而後才是文學史、政治史上被顯現出來。〔註82〕

《新青年》後期政治色彩強化，使得那些圍繞它的同人，不僅僅是一個雜誌的作者群，而是帶有明顯政治傾向的「文人集團」。這個集團之所以能夠在南下後被迅速造成，很大一部分原因在於，那些之前就已經具備的「政治

〔註78〕程光煒編：《大眾媒介與中國現當代文學》，第11頁。
〔註79〕程光煒編：《大眾媒介與中國現當代文學》，第11頁。
〔註80〕沈從文：《論「海派」》，《沈從文文集》（第12卷），廣州：花城出版社，1984，第158頁。
〔註81〕魏紹昌：《我看鴛鴦蝴蝶》，第221～229頁。
〔註82〕程光煒編：《大眾媒介與中國現當代文學》，第10、15、21頁。

情懷」和「運動意識」。所謂「政治情懷」，不過是講《新青年》的「啓蒙」和「救亡」意識，這點無需我們饒舌，方家一觀即明。而至於後者，也有陳平原、王曉明諸先生的高見在前，我這裡不過略作轉述，以示清晰。

《新青年》作爲「一份非常主觀的刊物，除了『通信』欄，其他版面上概不發與編者意旨相悖的文字」。而這個表面上貌似「自由公允」的輿論平臺——「通信」，實際上也包含了一種可能更爲深刻的「新青年」意識形態暗示。一方面，它更多的是一種冒名的「雙簧」表演，雙方你來我往，熱鬧非常，但結果往往是一個提供批判的靶子，一個藉此反覆申說「新青年」意識。另一方面，即便偶爾有一兩次構成了眞正的衝擊，他們也可以態度堅決地群起而攻之，聲色俱厲，輕鬆打發。但不論情勢如何，《新青年》一貫的作風就是，批判的一方要「措辭激烈，不惜在論述上走極端」。雖然此一作派頗受非議，但確實是因爲它的態度決絕，方才使得《新青年》在一個「眾聲喧嘩」的遊移時代，摧枯拉朽、力排眾議，迅速執掌話語權力，左右輿論態勢的發展。

延續這種偏激的策略，《新青年》又增設「隨感錄」一欄，將正襟危坐的「政論」變成寸鐵殺人的「隨感」雜文。並適時「尋覓」乃至「製造」新的話題，以嬉笑怒罵的筆法，褒揚貶抑，縱論天下，「不僅僅爲作家贏得了一個自由揮灑的專欄／文體，更凸顯了五四新文化人的一貫追求——政治表述的文學化。」〔註83〕

所以至此，我們已經清楚：以《新青年》爲模型的「同人模式」擅「以『運動』的方式推進文學事業，講究策略，追求效果，相對忽略細緻入微的學理分析」〔註84〕。而這些特點也恰好應證了上節我們所說的文學研究會通過團體作戰的方式，以及鄭振鐸、宋雲彬、夏征農等人借書信問答的形式展開批判的事實。因爲已經說過，所以這裡我就不再添蛇足了。

另外，至於「同鄉」模式，我上面也已說過，這是一種傳統意義上因地緣關係而扭結成的文學活動樣式。在共同的文學追求之外，它更多地注重彼此間的感情聯絡，酬唱、雅集、流連光景。歷史上最爲著名的一次雅集活動出現在東晉永和九年三月三日，即公元353年的上巳節。當時的貴族王羲之，邀請了包括謝安、謝萬、孫綽、許詢等在內的42名文人學士、社會名流，在

〔註83〕程光煒編：《大眾媒介與中國現當代文學》，第9～75頁。引文分別見第63、64、40頁。
〔註84〕程光煒編：《大眾媒介與中國現當代文學》，第41頁。

浙江山陰的蘭亭舉行暮春修禊儀式。這次雅集，與會者共創作了 37 首題為「蘭亭」的詩篇，王羲之的《蘭亭集序》正是為此而作。

> 永和九年，歲在癸丑，暮春之初，會於會稽山陰之蘭亭，修禊事也。群賢畢至，少長咸集。此地有崇山峻嶺，茂林修竹；又有清流激湍，映帶左右，引以為流觴曲水，列坐其次。雖無絲竹管絃之盛，一觴一詠，亦足以暢敘幽情。是日也，天朗氣清，惠風和暢，仰觀宇宙之大，俯察品類之盛，所以遊目騁懷，足以極視聽之娛，信可樂也。夫人之相與，俯仰一世，或取諸懷抱，晤言一室之內；或因寄所託，放浪形骸之外。雖取捨萬殊，靜躁不同，當其欣於所遇，暫得於己，快然自足，不知老之將至。及其所之既倦，情隨事遷，感慨繫之矣。向之所欣，俯仰之間，已為陳迹，猶不能不以之興懷。況修短隨化，終期於盡。古人云：「死生亦大矣。」豈不痛哉！每覽昔人興感之由，若合一契，未嘗不臨文嗟悼，不能喻之於懷。固知一死生為虛誕，齊彭殤為妄作。後之視今，亦猶今之視昔。悲夫！故列敘時人，錄其所述，雖世殊事異，所以興懷，其致一也。後之覽者，亦將有感於斯文。〔註85〕

「蘭亭文士集會開創了江南文人詩酒文會的濫觴，其後流風餘韻代代不絕。」〔註86〕從唐到宋，再入明清，文人宴集頻仍，不絕耳目。而且，正如孫康宜指出的，此類傳統樣式的文學結社活動是以抒情為主要特徵的〔註87〕。因而，它從根本上不能抗衡那種以「運動意識」為指導的同仁模式，所以，它注定是要為別人所命名的。

我們知道發於上世紀 20 年代（1922 年）的鴛蝴兩大社團——青社和星社就是一個純以抒情遊宴為特徵的文酒詩社。「這兩個社團似乎是他們的『同業會』，是聲應氣求的趣味相投，倒不是為了對付借鑒革新派對他們的批評」〔註88〕。最早的青社「規定每月開聚餐會一次」〔註89〕，第一次是在上海半淞園舉行，「接著又在大西洋西菜社、新利查西餐館、東亞酒樓等處聚餐過

〔註85〕 轉引自景遐東：《江南文化與唐代文學研究》，北京：人民文學出版社，2005，第 188 頁。
〔註86〕 景遐東：《江南文化與唐代文學研究》，第 189 頁。
〔註87〕 孫康宜：《抒情與描寫》，第 6 頁。
〔註88〕 范伯群：《中國現代通俗文學史》（插圖本），第 239 頁。
〔註89〕 范伯群：《中國現代通俗文學史》（插圖本），第 240 頁。

幾次。」〔註90〕可見，這青社完全是形式鬆散的同鄉聯絡會。而緊隨其後，就是與它頗有交集的星社，情況亦然。星社最初由趙眠雲、范煙橋等人發起於蘇州留園，後來聚會人數高達 105 人，只要有社友介紹，便可隨便入會，不定什麼「社約」、交「入社書」。他們每逢春禊、七夕、重陽這樣的傳統節日就在蘇州的各個名園聚會，其內容也不外是行酒令、猜謎語、作詩、書法、繪畫等等。他們弄什麼「茶會」、「酒會」、「時令集會」、「趣味展覽會」，甚至還於報紙上做起了「集錦小說」。一部小說由眾人聯絡合寫，一人一段，在文末把下一個人的名字嵌進去，純粹的娛思、娛藝、娛技，從不奢談什麼文學鬥爭。〔註91〕

關於此類雅集，周瘦鵑還專門寫過一篇短文《記狼虎會》。所謂「狼虎」，周瘦鵑說：「蓋謂與會者須狼吞虎咽，不以為謙相尚。而人人之中以體態作比，適得狼四，而虎亦四也。」鴛蝴才士，聚會飲宴，「食必盈腹，笑輒進淚軮掌」，常常是妙語解頤，絲竹相伴，賦詩為樂。周瘦鵑說：此「誠開竹林之生面，亦蘭亭之別裁也。」〔註92〕這分明是在提醒我們，鴛蝴的那種結社方式與魏晉以還的風流蘊藉息息相關。通過這種相似性的比較，我們當然也就明白了隱藏在這風雅遊戲後面的是一位「六朝書法家所要表達的被意識到的和連綿不斷的情感：時光流逝，良辰美景和友誼的轉瞬即逝」。〔註93〕

為此我們可是說，鴛蝴的「同鄉」模式只是提供一種情境來反映人生的和政治的惆悵，它提供了一種方式來欣賞過去的與現在的歡愉，並最終提供一個機會來舒解「在經歷『環境的現代化』這種急速變化過程中那種心理上的焦慮不安」〔註94〕。它不以「載道」說事，只是做了詩人作家那難以言表的對人世光景流連的一個通道罷了。當然，這樣情緒化的文學實踐方式，是很難與那種嚴整的「同仁」運動相提並論的。在鬥爭中它的失利是不可避免的，而結果自然也就是它的被動挨打，為人隨意地命名並定性——「文娼」、「文丐」、「文妖」、「文氓」、「妖魔」、「流氓派文人」、「卑鄙寄生蟲」，甚至是「狗」、「狗吠」、「豬糞」、「排泄物」。

〔註90〕 魏紹昌：《我看鴛鴦蝴蝶》，第 221 頁。
〔註91〕 范伯群、芮和師等編：《鴛鴦蝴蝶派文學資料》，第 195～227 頁。
〔註92〕 王智毅編：《周瘦鵑研究資料》，第 68～69 頁。
〔註93〕 梅爾清：《清初揚州文化》，朱修春譯，上海：復旦大學出版社，2006，第 67 頁。
〔註94〕 李歐梵：《現代性的追求》，第 190 頁。

二、「文人」與「文丐」：二元對立結構的浮現

章克標在上世紀的 20 年代寫了一本如何在文壇成功的書——《文壇登龍術》，裏面給出了如下方案：

1. 「資格」。最低的要求僅僅是「認識幾個字」的能力。配備了這最基本的工具，一個文人還要具有以下條件，包括對自己的天份堅信不一、特殊的癖好、姣好的外貌、戀愛經驗、面對指謫時的老面皮和靈活性、對傳統文化的一點認識，特別是流行小說，還有記得 20 個西方作家的名字。

2. 「氣質」。一個現代文人應該放蕩不羈、風流成性、喜歡自吹自擂、懶惰而狡猾、常常抱怨，而且是情緒化而非理想化的。

3. 「生活」。他應該喜歡摩登和流行的服飾、在飲食方面有品位、嗜好煙酒、居無定所、賭博和嫖妓、欠債、患病（特別是肺結核和梅毒），還要有閒聊和冥想的能力。

4. 「社交」。他應該對文壇的主要潮流和結構有最新的認識，要時常拜會文學界的名人、組織社團、參與派系鬥爭，並且能夠維持良好的聯繫和結交新朋友——無論是國內還是國際性的。

5. 「著作」。一個文人最好在家裏有一間書房；抱持知道多一點比不知道好的意願，堅持寫作的原創性，特別是對他自己的羅曼史，假如沒有能力創作，就去翻譯：揀流行的「主義」或學說，從個人經驗中——尤其是愛情方面——選取素材和主題，並以個人風格寫作如下文體：詩歌、戲劇、小說、自傳、日記、情書、隨筆、短文、遊記和文學評論。

6. 「出版」。爲了令自己成名，他應該向其他刊物或報紙投稿、出版自己的雜誌和書、結識和操縱一些出版商。

7. 「宣傳」。他應該印刷包括所有名銜的名片、使用附有個人箋頭的文具、照相、在報章發表聲明、參加會議並發表長篇演說、向文學刊物的信息欄提供關於自己行蹤的資料，或者自己捏造。

8. 「守成」。他應該贊助新作家、雇用搶手、檢驗「國粹」、翻譯外國經典、建新房子或重修舊的，還要編制文集。

9. 「應變」。〔註95〕

〔註95〕轉引自李歐梵：《中國現代作家的浪漫一代》，第 39～40 頁。

從這些描述中，我們可以發掘出一大批重要人物的痕迹，比如喜歡演講的魯迅、「患病」的郁達夫，以及感情風流的徐志摩。當然了，只要我們願意，也完全可以發現那些與之截然相反的人物，比如善用自傳的徐枕亞、周瘦鵑、陳蝶仙，嗜煙好酒的劉雲若，留戀妓院的韓邦慶、孫家振等人。也許，章克標本來的意思就是要提醒我們，所謂的「文人」與「文丐」不過是一樣東西。當我們一條一條的來看待這些所謂的條件是，我們感受到的或許是「流氓習氣」、「妓女作風」、「商人做派」，但是當我們把它們綜合在一處的時候，這活脫又是一個「文人」。所以，絕對有理由相信，「文人」與「文丐」就是一體之兩面。而且，聯繫近代稿費制度的興盛，以及商品經濟的全面確立，我們更可以將其比作是一件用於出售的物品的兩屬性。一方面它需要具備有用性，即其使用價值，才能用於買賣。沒有人會買一件一無是處的東西，即便是用來充點門面，那也是它的作用；而另一方面，它又要待價而沽，由市場決定它的價值，即買賣中的價格。使用「文丐」這個措詞，當然是想表明他們與金錢的緊密關係，即這種商品式的價值；而相反，「文人」則因其作為道義的象徵，甚至因為其清高的品行而被詡為「有用的價值」，即他們關乎世道人心、天下蒼生、民族興亡，因而有用。為此，章克標這些帶著嘲蔑的概述，應當說是以十分準確地描摹了一個現代文人的主要特徵，雖然他僅僅只是一個漫畫形象。但是，誠如李歐梵富有洞察的見解一樣：

> 這個挖苦的混合描繪，幾乎不能穿透表面。倘若不是某些支配性的內在感覺和思想的表現，行為的外在模式會沒有那麼重要。就是一個文人的內在和外在方面的相互作用，激起了另一個時代的歷史學家的興趣，因為這揭示了現代中國文學和歷史中的一個重要主題：一種浪漫性情的進化。〔註96〕

比李歐梵定義的這個「浪漫」要狹隘的多，我僅將其理解為對文學之用的憧憬，即對那個古老的命題——文學是載道的——的熱愛和信仰。而與之相聯，一旦我們不贊同或者偏離了這個理解，就必然地站到了另一個命題上，那便是文學是抒情的。它認為文學只是專注人的內心或者藝術本身，而無視它的社會義務。相信，鄭振鐸最初對鴛蝴做出「文娼」與「文丐」這個定義時，確實是包含著這層意思的。比如，我們提到的文學研究會的宣言，就明確指出文學應當是一項於社會有義的工作，而非無用的內心舒遣。

〔註96〕李歐梵：《中國現代作家的浪漫一代》，第40頁。

　　當然，信奉「文學是於社會有益的事業」這種看法，既可能與傳統有著緊密關聯，但同時也在很大程度上受到了梁啟超關於文學與群治之關係的著名觀點的導引。我已經強調了，至少在鴛蝴主張消遣的同時，他們還是試圖與梁啟超保持步調一致。許多發刊詞中的迴環措詞是這一點最好的證明。但是，新文學方面對此卻是視而不見，或者至少鄙薄這種亦步亦趨的做法。在他們看來，這種追逐時尚的做法不外是一種造作的伎倆：附庸風雅、邯鄲學步，甚或只是一個粗鄙妓女用來兜售自己的東施效顰。不論魯迅在《魏晉風度及文章與藥及酒之關係》這篇文章中所說的那些「只會吃藥，或竟假裝吃藥，而不會做文章」〔註97〕的人是否直接影射了鴛蝴，他的這個批評意見都是與其他新文學作家對鴛蝴的定性相通的。

　　如果我們繼續追問這種批判何以會出現，那麼馬上就可以發現其下隱匿著的象徵資本的激烈爭奪。用卜正民（Timothy Brook）的話講，這是關於「時尚」的爭奪。他說：

> 　　時尚的確並不是一個公開的過程。它總是被那些既定的精英人物所裁斷。時尚的標準不是由那些從底層爬上來的企求者決定的，而是由那些已經達到既定水平、需要保護既得的經營地位的人們決定的。他們劃出時尚與普通的界限，將大多數企圖擠進上流社會的追尋者都拒之門外；不然的話，他們的上流社會地位就會變得不值錢，它們的足以象徵其優越地位的資本就會失去價值。這種排拒大多數的辦法並不是沒有遭到來自下層的反抗。商業圈中的精英人物力圖將他們自己的時尚強加於社會，力圖剷除由他人制定的、他們無法企及的那些標準。這樣，那些處於社會上層的時尚的制定者和下層的追隨者之間就會發生無休止的衝突。下層的追逐者千方百計地想擴大時髦的範圍以便將他們自己也包括進去；上層的制定者則處心積慮要設置新的障礙，不讓圈外的人進來。所以，時尚設計者就必須一次又一次地使那些大眾消費者明白，他所穿戴或者收藏的東西是錯誤的，或是穿戴或收藏的方法不對，否則就會缺乏時尚創新的生命力；他們必須摒棄由下層素材構思新款式的企圖，除非將其融合改造使一般民眾無法企及。〔註98〕

〔註97〕魯迅：《魏晉風度及文章與藥及酒之關係》，《魯迅全集》（第3卷），第497頁。
〔註98〕卜正民：《縱樂的困惑：明代的商業與文化》，方駿、王秀麗、羅天祐譯，北

儘管卜正民討論的是明代商業與文化中的時尚，比如服裝、對象（金石、字畫、古玩）、性的時尚等等，但是其借鑒意義絕對不容小覷。至少在這段話中我們可以看到，新文學陣營爲了鞏固自己剛剛建立起來的「精英」地位，而不得不對鴛蝴式的生活與寫作模式進行沖刷。他們共同使用了梁啓超的「新民」學說，但爲了證明鴛蝴的失敗和錯誤，新文學又指出了新的方向，並融合了新的質素使鴛蝴望塵莫及。這一點就是茅盾提出的「現實主義」和鄭振鐸所說的「血與淚的文學」。這就是一個現代文人與鴛蝴才子的最本質差別，前者是被外國時尚和新式思想現代化了的。即便是啓用傳統，他們也需要尋找相似的「西方／日本資源」來佐證其「新」意。所以我說過，新文學的特質是其「異質化」的陌生。而鴛蝴儘管也不乏對西方的借鑒，但他們仍願意將其轉化到傳統中去，比如「禮拜六」這個概念明顯地借自西方，以它命名的雜誌也是模仿的美國的一本周刊《禮拜六郵晚報》而辦〔註99〕，但它最終又回到了「戲園顧曲」、「酒樓覓醉」、「平康買笑」這一中國化的消遣譜繫上。所以，在「價值」與「使用價值」、「載道」與「言情」之外，「文人」與「文丐」的第三大區別來自他們對待「西方／日本」這個「時尚」的不同運用。新文學成功地借它區別了「出類拔萃」和「平庸通俗」。上世紀的 20 年代，上海文壇主義風行，魯迅說：

　　　　我們能聽到某人在提倡某主義——如成仿吾之大談表現主義，
　　高長虹之以未來派自居之類——而從未見某主義的一篇作品，大吹
　　大擂地掛起招牌來，攣生了開張和倒閉，所以歐洲的文藝思潮，在
　　中國還未開演，而又像已經一一演過了。〔註100〕

新文學這種「城頭變化大王旗」的做法，除了李歐梵所說的，是一個現代文人自以爲是的清高和「最貼近西方流行潮流」〔註101〕的沾沾自喜之外，恐怕還有通過不斷移動時尚的邊界，來挫敗鴛蝴緊隨時代的意識。關於這一點我將在下一章作專門討論，這裡點到爲止。

　　此外，「文人」與「文娼」這組概念的設計，又顯然地牽涉了性別的對立。這種對立來自象徵意義，前者在喻意上扮演男性，而後者理所當然的是女性，因爲他是「娼」。按照西諦（鄭振鐸）的描述，「他們像『娼』的地方，不只

京：生活·讀書·新知三聯書店，2004，第251～252頁。
〔註99〕魏紹昌編：《鴛鴦蝴蝶派研究資料》（上卷），第181～182頁。
〔註100〕魯迅：《〈奔流〉編校後記》（十一），《魯迅全集》（第7卷），第554頁。
〔註101〕李歐梵：《中國現代作家的浪漫一代》，第38頁。

是迎合社會心理這一點」，以下的這些方面都必然地使他們成爲「文娼」：

> （一）娼只認得錢，「文娼」亦知撈錢；（二）娼的本領在應酬交際，「文娼」亦然；（三）娼對於同行中生意好的，非常眼熱，常想設計中傷，「文娼」亦是如此。〔註102〕

儘管鄭振鐸絕無意自貶，但他的措辭確實又使得其成了「娼」的同類（「同行」）。而且，從鴛蝴自認「文娼」、「文丐」來看，應當說，他們也已經意識到了新文學這種措辭本身所帶有的自我設限的困境。於是，表面上看，鴛蝴是在做著自我消解，但實際上卻正是對新文學不動聲色的以牙還牙。

鴛蝴這種不以對手爲起點，而以自身的貶抑爲開端的另一個著名例子，出現在爲《禮拜六》雜誌而作的廣告語中：「寧可不娶小老嬤，不可不看《禮拜六》」。這句話引來了葉聖陶的強烈抗議，他將這種自我擬設爲女性的表述稱爲公然的侮辱，「普遍的侮辱，他們侮辱自己，侮辱文學，更侮辱他人」〔註103〕。從葉聖陶的憤怒態度來看，這裡的「他們」毫無疑問地包括了新文學，特別是文學研究會。因爲這種將閱讀體驗與性經驗毫不掩飾地等同起來的做法，直接損傷的就是文學研究會所說的「文學是一項有益的工作」。爲此，鴛蝴的女性化並非像我們表面上看到的那樣，僅僅是面對新文學的強勢打壓而造成的龜縮和雌化，相反，它很可能是一種致對手於不義或至少是同類處境的逆向命名。所以，當我們在文學中處理男性改造女性，或者書寫女性這樣的命題時，也應當注意到在女性自願修改或自覺轉變中包含著的對男性話語的顛覆與威脅。

換言之，我們不應意見相左地來解讀那些表面上對立的概念，而應在二者共謀的立場上來考察他們之間的關係。正好像我在開頭所說的那樣，「文人」與「文丐／文娼」這組概念是一體，而非分裂的。沒有哪個是絕對正確或者必然勝利的，那些都是在相對意義上講的。當然，如果其中的一方爲了能使自己在場域中不但保持住已有的占位，而且還要擴大戰果的話，那麼他就需要懂得適時地延伸其在某些方面的優勢，甚至藉此造成幻像，打擊對手。而我想，在這方面，新文學確實是做到了的，他們利用了自己對時尚的主控權，編製了「文言」與「白話」這組虛構的對立，而把鴛蝴遠遠地排棄在了「現代」之外。

〔註102〕魏紹昌編：《鴛鴦蝴蝶派研究資料》（上卷），第 64 頁。
〔註103〕魏紹昌編：《鴛鴦蝴蝶派研究資料》（上卷），第 68 頁。

三、「白話」與「文言」：一對虛擬表述的凸現

在現代漢語寫作規範的締建過程中，新文學的健將們位居要功，這是不容置喙的，但是將其推至一尊的地位那又是絕然不妥的。恰如陳獨秀在當時就認識到的：

> 常有人說白話文的局面是胡適之陳獨秀一班人鬧出來的。其實這是我們的不虞之譽。中國近來產業發達，人口集中，白話文完全是應這個需要而發生而存在的。適之等若在三十年前提倡白話文，只需章行嚴一篇文章便駁得煙消灰滅，此時章行嚴的崇論宏議有誰肯聽？〔註104〕

循此，我們清楚白話文學運動的發生，決不是以新文學的一己之力促成的。在很大程度上，它是應歷史本身的要求而出現的一股社會浪潮。據目前的統計材料來看，清末就刊行有不下一千五百餘種的白話小說；申報館也於1876 年就創辦了使用白話的《民報》，它「專爲民間所設，故字句俱如常談話」；從 1895 至 1911 的 7 年間，全國發行白話報刊達到 140 份，數量相當可觀〔註105〕。而這中間就有包天笑於 1901 年創辦的《蘇州白話報》。可見，在提倡白話文方面，鴛蝴是決不落後的，甚至還有些先知先覺。他們很早就提出了「通妥白話」的問題，並嘗試在報刊雜誌上用白話文來寫小說。而且又由包天笑作始，在 1917 年 1 月開辦雜誌《小說畫報》，創刊號《例言》的第一條中便寫：「小說以白話爲正宗，本雜誌全用白話體，取其雅俗共賞，凡閨秀、學生、商界、工人，無不咸宜。」《例言》前所附的《短引》，出自主編包天笑之手，但其膽識論調卻絕對可與胡適在《中國白話文學史》中舉證的諸般觀點等量齊觀，他說：

> 鄙人從事於小說界十餘寒暑矣，惟檢點舊稿，翻譯多而撰述少，文言夥而俗話鮮，頗以爲病也。該文學進化之軌道必由古語之文學變而爲俗語之文學。中國先秦之文多用俗語，廣宇楚辭墨莊方言雜出可爲證也。自宋而後，文學界一大革命即俗話文學之崛然特起：其一爲儒家禪家之語錄，其二即小說也。今憂時之彥亦以吾國言文之不一致爲種種進化之障礙，引爲大戚。若吾鄉陳頌平先生等，奔

〔註104〕陳獨秀：《答適之——討論科學與人生觀序》，胡適：《胡適文集》（第 3 冊），北京：北京大學出版社，1998，第 177 頁。
〔註105〕曹而云：《白話文體與現代性》，第 127 頁。

走南北，創國語研究會，到處勸導，用心苦矣。然而數千年來語言
文字相距愈遠，一旦欲溝通之，夫豈易易耶？即如小說一道，近世
競譯歐文而恒出以詞章之筆，務為高古以取悅於文人學子。鄙人即
不免坐此病，惟去進化之旨遠矣。又以吾國小說家不乏思想敏妙之
士，奚必定欲借材異域求群治之進化，非求諸吾自撰述之小說不可。
乃本四肢，創茲小說畫報。〔註106〕

由茲可見，新文學與鴛蝴派在倡導白話文問題上是本無出入的。但是，這種
一致性顯然又是新文學人士所不樂於見到的，畢竟他們是與鴛蝴不同的「新」
體系。為此，他們在白話文的內部和外部尋找了不同的參照系，來拉開彼此
的距離，以便使自己的特徵得到彰明。第一個區分就來自他們對待文言文的
態度。按照蔡元培的描述，新文學的白話文運動是語言工具的革命，是以白
話文替換文言文；而鴛蝴派則是在文言之外，添上一種新工具。一個是破舊
立新，而另一個則是再闢蹊徑，有著質的區別。蔡元培說：

民元前十年左右，白話文也頗流行，……但那時候作白話文的
緣故，是專為通俗易解，可以普及常識，並非取文言而代之，主張
白話文代文言，而高揭文學革命的旗幟，這是從《新青年》時代開
始的。〔註107〕

這裡雖然不點鴛蝴的名，但明顯又是把它包括在內了的。如果我們同意劉禾
所說的，《新文學大系》的編撰正是為了話語權力爭奪的觀點〔註108〕，那麼，
蔡元培的這篇總序則無疑就成了其中重要的「倒鴛力量」了。所以，對待文
言的不同態度，是新文學從外部找到的一個疏離鴛蝴的辦法。而另一種方式，
則來自白話文體內部。

我們知道，按照胡適最初的設計，現代白話包含了三個重要的部分：傳
統白話、民間口語以及最關鍵的西語「詞枝」（figure of speech，傅斯年語，包
括日本修辭術）〔註109〕。關於這一點，周作人在給俞平伯的《燕知草》寫跋

〔註106〕范伯群、芮和師等編：《鴛鴦蝴蝶派文學資料》，第12～13頁。標點係筆者所
加。

〔註107〕蔡元培：《中國新文學大系·總序》，第10頁。

〔註108〕劉禾：《跨語際實踐》，第329～330頁。

〔註109〕李歐梵也認為「最後出現在五四文學中的這種『國語』，含有口語詞彙、歐化
的語詞以及古代典故等各種成分」，見《現代性的追求》，第201頁。另外，「西
語詞枝」一詞轉自郜元寶：《「胡適之體」和「魯迅風」——關於二十世紀中
國文學語言之路的思考》，《學人》，第13輯，1998，第328頁。

時，做了細緻界定，他講，現代白話是「以口語爲基礎，再加上歐話語、古文、方言等分子，雜糅調和，適宜地或吝嗇地安排起來，有知識與趣味的兩重的統制，才可以造出優雅的俗語文來。」〔註110〕而且，對於這白話的「白」字，胡適也解釋得很清楚，約爲三端：

> （一）白話的「白」，是戲臺上「說白」的白，是俗語「土白」的白。故白話即是俗語。（二）白話的「白」是「清白」的白，是「明白」的白。白話但須要「明白如話」，不妨夾幾個文言的字眼。（三）白話的「白」，是「黑白」的白。白話便是乾乾淨淨沒有堆砌塗飾的話，也不妨夾入幾個明白易曉的文言字眼。〔註111〕

但後來的事實卻證明胡適的這些設想統統未被實踐，新文學追求的更多的是那些外來的語詞。正如耿德華（Edward Gunn）在《重寫中文》（*Rewriting Chinese*）一書中論證的那樣，新文學除了自由使用「日本化」和歐化的語詞和寫作風格外，還對諸如意識流寫作和內心獨白等等分離技巧熟練運用，這些技巧削弱了句子的黏著性和連貫性，而變得不像中文〔註112〕。我在上節已經說過，袁寒雲曾專門就此事而寫過一篇極富挖苦色彩的文章，他當時的矛頭是革新後的《小說月報》。可是，新文學的這些歐化（日化）文體讀起來儘管費力，但它確實在爲新文學更易時尚的界限，並拋開在語言問題上緊隨其後的鴛蝴方面起到了作用的。因爲新文學的白話文是新的，活的語言，而鴛蝴的語言則過多地源自胡適所說的「土白」和傳統。瞿秋白在《鬼門關以外的戰爭》一文中批評道：

> 白話文學運動發展之後，一般「新文學界」往往以爲《水滸》《紅樓》的白話，就是所謂「活的言語」。其實，這是錯誤的見解。……現在一般禮拜六派和一切用章回體寫小說的人，其實是用的「死的言語」——鬼話。這種舊式白話的確是活過的言語，但是，他現在已經死了。〔註113〕

顯然，瞿秋白的這個區分是從白話文的內部做出的，即舊式白話雖是白話，

〔註110〕轉引自曹而云：《白話文體與現代性》，第 119 頁。
〔註111〕胡適：《答錢玄同書》，《胡適文集》（第 2 冊），北京：北京大學出版社，1998，第 35 頁。
〔註112〕轉引自史書美：《現代的誘惑》，第 79 頁。
〔註113〕瞿秋白：《瞿秋白文集》（第 2 卷），北京：人民文學出版社，1953，第 642～643 頁。

但它卻是一種過時的白話，它與有著西方或日本象徵資本的現代白話是完全不可同日而語的。而如果我們繼續追問，這種現代白話內部的傳統資源與西方資源何以會有如此等差鮮明的區分的話，那麼這就會牽及語言的終極屬性問題。即語言是一種工具，還是一種思想載體。在對這個問題的討論上，新文學顯然是佔據了後者的，他們希望借後者與西方文化的聯姻來打擊鴛蝴與傳統的相連。

但實際上我們知道，在一開始，胡適是極力主張語言工具說的，這一點到他晚年都未曾有過更易〔註114〕，可是他中間還有過一次微妙的態度變遷，認爲在工具之外，必須要有高明的「文學方法」，而他態度的改變顯然又與新文學要極力做出與鴛蝴的區分有關。我們來看下面的這兩段話：

> 一部中國文學史只是一部文學形式（工具）新陳代謝的歷史，只是「活文學」隨時起來替代「死文學」的歷史。文學的生命全靠能用一個時代的活的工具來表現一個時代的情感與思想。工具僵化了，必須另換新的，活的，這就是「文學革命」。〔註115〕

> 我以爲中國近代文學所以這樣腐敗，大半雖由於沒有適用的「工具」，但是單有「工具」，沒有辦法，也還不能造成新文學。做木匠的人，單有鋸鑿鑽刨，又有規矩師法，決不能造成木器。文學也是如此。若單靠白話便可造成新文學，難道把鄭孝胥、陳三立的詩翻成了白話，就可算得新文學了嗎？難道那些用白話做的《新華春夢記》、《九尾龜》也可以算作新文學了嗎？我以爲在國內新起的一班「文人」，受病最深的所在，只有沒有高明的文學方法。〔註116〕

前一段文字來自胡適著名的《逼上梁山》一文，而後一段則源自他《建設的文學革命論》一篇。前文以回溯的方式，憶及了文學革命發生之前的諸般情形，而據作者的自述來看，形成上述觀點的時間應在 1916 年的 2、3 月間；而後文則寫於 1918，新文學運動之後，從文中點名批評的《九尾龜》、《廣陵潮》來看，胡適此段的用意是在批駁鴛蝴（當然包括其他）。雖然，此處胡適只是含糊地講到方法問題，但隨之而起的論調，顯然就點破了這所謂的方法正是語言的思想問題。傅斯年在《白話文學與心理的改革》一文中稱：

〔註114〕曹而云：《白話文體與現代性》，第 139 頁。
〔註115〕胡適編選：《中國新文學大系·建設理論集》（影印版），第 9 頁。
〔註116〕胡適編選：《中國新文學大系·建設理論集》（影印版），第 134～135 頁。

　　　　我現在看到許多不長進的白話，如此辦下去，勢必有「駢文主
　　　義的」「八股主義的白話」，白話的墓誌銘、神道碑。我們須得認清
　　　楚白話文學的材料和主義不能相離，去創造相稱，靈魂和骨殼一貫
　　　的眞白話文學。所以我們現在爲文學革命的緣故，最要注意的是思
　　　想的革命裏頭應當有的思想是什麼思想，人的文學中早已說得正確
　　　而透徹。〔註 117〕

此處，傅斯年所說的「人的文學」自然是指周作人的同名文章。但這裡我不
準備引它來作證，而是想借他的另一篇文章來作說明，因爲這篇文章從標題
上，就更明確地表示出白話文運動的核心在於《思想革命》。在這一文章中，
周作人說：

　　　　如今廢去古文，將這表現荒謬思想的專用器具撤去，也是一種
　　　有效的辦法。但他們心裏的思想，恐怕終於不能一時變過，將來老
　　　癮發時，仍舊胡說亂道的寫了出來，不過從前用的古文，此刻用了
　　　白話罷了。話雖然容易懂了，思想卻仍然荒謬，仍然有害。還比「君
　　　師主義」的人，穿上洋服，掛上維新的招牌，難道就能說實行民主
　　　政治？這單變文字不變思想的改革，也怎能算是文學革命的完全勝
　　　利呢？〔註 118〕

恰如邇來的論者注意到的，「白話的興起，表面上看是說文言已經變得僵死無
力（從我們現在的歷史場合看來這當然是偏激的說法），事實上，它的興起是
負有任務的，那便是要將舊思想的缺點和新思想的需要『傳達』更多的人」。
〔註 119〕劉心皇將此一認識正確地歸納爲：「由文字工具的革新（文體革命）到
文學內容的革新（文學革命）的，文字工具的革新是『漢字寫白話』，文學內
容的革新是『人的文學』、『獨抒性靈』和『自由的文學』」。〔註 120〕

　　如果說，鴛蝴的白話文學實踐在前一點上仍能與新文學抗衡的話，那麼
在後者它顯然又是備受指責的。儘管他們也做抗戰小說、國難小說，在報紙
上弄婦女專號、離婚專號等等，但還是被認爲在「追趕潮流」，其內涵經不住
時間的考驗。爲此，魯迅曾說：「……伊孛生的劇本和胡適之的《終生大事》
的別一形式的出現，雖然並不是故意的，然而鴛鴦蝴蝶派作爲命根的那婚姻

〔註 117〕胡適編選：《中國新文學大系・建設理論集》（影印版），第 206 頁。
〔註 118〕胡適編選：《中國新文學大系・建設理論集》（影印版），第 200 頁。
〔註 119〕葉維廉：《中國詩學》，北京：生活・讀書・新知三聯書店，1992，第 216 頁。
〔註 120〕轉引自曹而雲《白話文體與現代性》，第 67 頁。

問題，卻也因此而諾拉似（Nora）的跑掉了。」〔註121〕因此，從這裡來看，五四白話文運動中的思想內容之變革，乃是有意針對那些落後的思想而發。它的革命性正在於它激進的反傳統主義，將所有帶有傳統質素的「工具」、「思想」統統隔絕了，那麼就意味著一個全新的國家即將被造成。

然而正如史書美提醒的，這樣特定的方式也事實上從反面削弱了白話文運動中的民主潛力，它所使用的西化的語言和民眾所採用的日常白話之間存在著很大的距離。閱讀這些現代白話所帶來的陌生感和艱澀感同他們閱讀文言文時的感受所差無幾〔註122〕。爲此，可以大膽說，五四所主張的「言文一致」運動是某種程度上是被懸擱了的。那麼換句話說，就是五四的「白話」在某種程度上就是傳統的「文言」，他們具有相似的屬性，並不眞正通行於民，便利新的思想傳播。反倒是那種半新不舊的鴛蝴語言，雖然被目爲追逐時尚，但卻眞實地踐行了「啓蒙」與「新民」的國家理想，爲此他們也擁有最多的讀者。

第三節　衝突：象徵資本的周旋

爲了繼續上面的討論，我將在這一節內深入探問：那些似幻非眞的二元結構之下到底還掩藏著哪些更爲具體的因素，以及他們是如何在新文學與鴛蝴派的相互掣肘和糾紛中發揮作用的，並且對以後文學場域的形成和重新發展又有怎樣決定性的影響。當然，這些討論不可避免地存在交集，甚至在某種程度上只表現爲一種形態，那便是對西方永恒的眷戀（loving others）。但是，爲了能夠區分其中的不同層次，我還是將其分爲「聲望」、「理論」以及「西方」三個具體的方面。「聲望」，亦即我們通常所談論的個人（或團體）在社會上擁有的名譽、號召力及影響力，我用它來說明論爭中的輿論是如何因之而發生偏移的。儘管我討論的很多「聲望」，可能本身就是在文學場域內部建立起來的，比如魯迅作爲文學家的聲望，但是我仍然把它視爲場外資本。因爲對於一個成熟而獨立的文學場域來說，它不應當通過那些外在於文本的東西去評定作品的好壞優劣，而應該讓文本自己來說話。關於「理論」，我們知道，在現代文學乃至當代文學中，它都毫無疑問的是指西方理論。在有的評者看來，中國文學本身並沒有「理論」，僅有的只是「文論」，而且這兩個概

〔註121〕魏紹昌編：《鴛鴦蝴蝶派研究資料》（上卷），第 5 頁。
〔註122〕史書美：《現代的誘惑》，第 80～81 頁。

念在某種層面上是並不通約的〔註 123〕。我同意這樣的說法，但是這並不意味著我的分析完全準此而作。它具體地考慮到在鴛蝴和新文學的鬥爭中，鴛蝴派確實沒有提出過什麼像樣的理論，而新文學則屢屢從要用從他們剛剛收穫的西方理論那裡尋求必要的論證支柱。最後一點是「西方」，我說過，這個名詞幾乎是包容性的，正彷彿整個中國現代文學就籠罩於它的陰影之下一樣，論爭中出現的措辭和方法，甚至虛擬的背景都借自於它，但我的重心只在「作為心理範疇的西方」上，它是張英進所說過的「構形」。

一、聲望：場外資本的介入

在中國現代文學史上，因個人聲望而影響到文學場域，並最終改變它的發展方向的著名例子是毛澤東。他於延安整風時期發表的《反對黨八股》和《在延安文藝座談會上的講話》兩篇文章，完全改變了中國現代文學的修辭法則和詞語系統，造就了一種無法僭越的話語規範——毛文體。這種文體歷時半個多世紀的發展，其影響一直延續到今天，而不能有所更易。李陀甚至認為，這種文體在一定程度上已經變成一種隱喻，一種文化上的霸權，「對知識分子來說，在毛文體和其它之間做選擇，成了一個要不要革命的問題。」〔註 124〕

「毛文體」的出現，是與毛澤東在政治場域內崇高的聲望密不可分的。我們知道，中國現代文學的確立恰好又是跟民族國家的建立這些政治命題息息相關的，所以絕對沒有必要去驚訝，毛澤東作為有一個場外人士，他的文學輻射力是如此的強大。在中國現代史上，政治與文學始終都未曾有過片刻分離，「革命文學」、「文學革命」，這正正反反的命題，已經清楚地表示出這層關係。而且情況不單如此，有學者已經指出，毛的影響已經突破國界，而成為一股越洋（跨文化）勢力，餘波惠及戰後西方的各個思想領域。由此可知，布迪厄所謂的，將一個場域內的資本兌換成另一種，便可以憑此加入其他場域的論斷，所言不虛〔註 125〕。

〔註 123〕余虹：《中國文論與西方詩學》，北京：生活·讀書·新知三聯書店，1999。

〔註 124〕有關「毛文體」的討論參見李陀：《汪曾祺與現代漢語寫作——兼談毛文體》，《今天》，1997 年第 4 期。

〔註 125〕賀麥曉：《布狄厄的文學社會學思想》，《讀書》，1996（11）：77。另外關於毛對西方社會的影響，見 Andrew Ross：《毛澤東對西方文化政治的影響》，鄭洛譯，吳一慶校，威虎網思想中國。

　　當然更重要的是，通過這個特殊的例子，我們也看到了聲望在塑造文學場域方面不可或缺的作用。或許在有的時候，某些聲望並不能堪比毛澤東，但它們確實也是有著舉足輕重的意義。下面的例子是胡適，他可以幫助我來說明這一點。

　　在上一章談到胡適的時候，我已捎帶談及了他的聲譽問題，指出「我的朋友胡適之」在當時的轟動與摩登效應。而這裡我將細緻地討論一下這些轟動，又是如何委婉地左右著文學場域的成長的。

　　林語堂曾說：「胡適之先生在道德文章上，人品學問上，都足為我輩師表。」戴季陶在給胡適的對子上講：「天下文章，莫大胡適；一時賢士，皆出其門」。章士釗亦說，當時的中國青年無不「以適之為大章，績溪為上京，遂乃一味於《胡適文存》中求文章義法，於《嘗試集》中求詩歌律令，目無旁鶩，筆不暫停。」另外，魯迅也曾作文《文攤秘訣十條》用譏誚的口吻挪揄了「我的朋友」四字，他說：「須多談胡適之之流，但上面應加『我的朋友』四字」〔註 126〕。這些評論，無論是正面的肯定，還是側面的嘲弄，卻都已清楚地表明胡適在當時所享有的勃然盛譽。但是，聰明的胡適並沒有簡單地讓這些讚譽停留在道德和人格的隆替上，他很快地將這種象徵資本轉移出去，用於提拔後進同鄉，接待市井凡人，並又藉此收益更多的權力（power）。在對中國早期新詩的出版研究中，姜濤曾經指陳了如下一個事實，他說：

　　　　作為新詩的「專賣店」，亞東圖書館幾乎包攬了早期新詩集的出
　　版，而胡適在其中起到了相當重要的影響作用。具體來說，《草兒》、
　　《冬夜》、《蕙的風》、《胡思永遺詩》等詩集的作者都是胡適的學生、
　　晚輩或同鄉，《渡河》作者陸志韋也是胡適的北大同人，其稿本出版
　　前就由胡適看過，其中的人事關係不言自明，其中許多詩集的出版，
　　很可能與他的推薦有關。在亞東詩集序列裏，胡適費心最多的應該
　　是汪靜之的《蕙的風》。汪靜之與胡適的關係非同尋常，作為一個中
　　學生，汪靜之最初能夠在《新潮》、《新青年》上發詩，儼然成為詩
　　壇上一顆令人豔羨的新星，特殊的人事背景自然增添不少的助益。
　　《蕙的風》當初是汪靜之自己直接投寄給亞東，但並不順利，他轉
　　而寄給胡適，請他作序。得不到回音時還寫信催促，在 1922 年 4

<hr>

〔註 126〕章士釗一句轉自唐德剛：《胡適口述自傳》，合肥：安徽教育出版社，2005；
　　　　　其餘各句轉自曹而云：《白話文體與現代性》，第 195 頁。

月 9 日給胡適的信中，汪靜之抱怨《蕙的風》音訊全無：「我們居於小學生地位的人要想出版一本詩集這點小事情竟遭到了這許多波折，我實在不耐煩了。」可以說《蕙的風》能夠被接受，多虧了胡適的介入。

相比之下，《蕙的風》的姊妹集《湖畔》（同是湖畔社的出品），卻沒有如此的幸運。最初，《湖畔》計劃是由應修人帶回上海，「準備找一個書店出版」。而應修人最先找到的書店就是亞東圖書館，但遭到拒絕，理由是「因爲詩集一般銷路不大，無利可圖」。「無利可圖」，大概只是《湖畔》遭拒的一個原因。雖然，湖畔詩人與他們的老師朱自清、葉聖陶等人關係緊密，應修人在 20 年代初詩壇上的活動能力也相當可觀，但至少還是缺少胡適這樣能影響書局的靠山，最後只能由應修人自費出版。後來，當後期創造社的小夥計痛斥出版界的黑暗時，一條罪狀就是「看情面收稿」：「你的著作，只要經過名流博士介紹吹捧，哪怕是糟粕醜屎，定令幫你出版。」言語之中，明顯是在影射胡適與亞東的關係。〔註127〕

胡適對後起之秀的接納和推介之所以能夠如此順利地完成，很大的原因就在於他的「鼎鼎大名」。來自創造社「名流博士」的指責也從側面反襯了這一點。而胡適之所以如此熱心於介紹他這些朋友和同鄉後輩，關鍵的原因也不只在於他要履踐一種同鄉情誼或師生之情來維持他「好人」的形象，他更是希望藉此來推動自己所倡導的白話文運動。我們知道，胡適本人的白話文學實踐正是從寫詩開始的，所以他熱推詩歌作品，也是有他的道理的。因爲在他看來，這種寫作至少是與自己的文學主張並行不悖、相輔相成的，而且一旦這些作品成功，那麼他就可以改變自己苦撐大局的市面，做到對舊的、僵死的文學的全線圍剿。

這些評述從表面上看，像是我個人的一廂情願，可我下面要舉證的例子卻會證明：不僅是胡適確有利用自己的聲勢來推進文學事業的打算，而且他還樂意人家來利用他的影響力，實踐新文學運動。這件事情正是著名的《新文學大系》的編撰工作。

我們知道，30 年代的胡適早已同激進的政治力量撇清了關係，而被阿英、

〔註127〕姜濤：《「新詩集」與「新書局」：早期新詩的出版研究》，程光煒主編：《大眾媒介與中國現當代文學》，第 174～175 頁。

鄭伯奇等左翼知識分子視為擁護現存體制的反動力量。對於這一點胡適本人也是心知肚明，但是當趙家璧找到他，讓他參與這個以左派為主的項目時，他也很快應允了。儘管他也表示過對良友圖書公司的蔑視，但他還是接受了這個請求，成了掩護大系免受政府檢察官頻頻干擾的煙霧彈，並且大大地提高了大系的知名度〔註 128〕。而這大系的任務，正是要與鴛蝴爭奪話語權力和文學空間。所以有理由認為，胡適的屈就是他對自己聲望可能造成的效果的一種準確認識和運用。儘管胡適對「革命文學」無甚熱情，但他卻保存了對「文學革命」最初的赤誠之心。因為這是他畢生依戀和熱愛的事業。

　　另一個利用聲望來製造聲勢的例子，也同樣出現在《新文學大系》的編輯工作中。大系的編委除了胡適以外，另有魯迅、茅盾、郭沫若、鄭振鐸、郁達夫、阿英、周作人、洪深以及鄭伯奇等 9 人。這最初設計的 10 個人當中有 4 位——魯迅、郭沫若、茅盾、阿英——是被國民黨上海黨部列為重點審查對象的，他們的作品也被查禁了。但後來的情形卻是，這 4 個人當中只有郭沫若未被審查通過，而由朱自清取而代之，其他的 3 個人都奇迹般地通過臨檢而成為大系的編者〔註 129〕。我之所這樣強調他們的被查禁的身份，是想表明這些被國民黨列為「反動勢力」的人物，對於普通的民眾和青年學生而言，本身就是一種象徵資本。他們是國家正義和道德良知的代言人，他們越被壓抑就說明他們的價值越高，而且也越容易激起讀者的關注。對於這種秘密之美的擊節讚賞，後來也在斯大林時期的俄國上演，並衍生出一個著名的品牌「薩米茲達特」。為了對照此處我所說的「被囚禁的聲望」就是一種對抗資本，我將不嫌其煩地引用馬克·斯洛寧（Mark Slonim）在《蘇維埃俄羅斯文學》一書中的一段長文來說明問題，希望能對我們理解這一點會有所助益。他講：

　　　　二十年代，自由刊物遭到禁止，革命前的一些出版社都被封閉；從此以後，國家對文學藝術所施加的壓力就逐年加強。結果，許多詩歌、文章和短篇小說都因有「顛覆性」或曖昧的內容而沒有獲得在「合法」刊物上發表的機會；於是它們開始以打字稿的形式在主要是知識分子中間流傳。但直到斯大林逝世為止，這種「刊物」只是偶然出現，範圍很小，地區也很分散。不過，從那時起，它就具有廣泛而有組織的活動的特徵，成為自由發表意見的一種出路，並

〔註 128〕劉禾：《跨語際實踐》，第 322 頁。
〔註 129〕劉禾：《跨語際實踐》，第 321、322 頁。

獲得「薩米茲達特」（俄語的意思是「自發性刊物」）的名稱，這一
著名的名稱不僅在蘇聯，而且在西方也使用了。「薩米茲達特」以莫
斯科和列寧格勒為中心，並小範圍地在一些省城逐漸擴展成為打字
的、油印的，以及照相複製的一種真正的地下刊物。……「薩米茲
達特」成了一種重要的文化因素，也成了使保安機構傷透腦筋的偵
查對象。〔註130〕

儘管斯洛寧所說的這種「對抗美學」源自「薩米茲達特」對政府體制的疏離
和越軌。但是不能否認的是，這種同主流意識形態為敵的做法也恰恰提升了
他在文學場域內部的聲望。許多在今天的文學史上享有美好盛譽的作家，大
部分都是從這種對抗中走出來的。魯迅是，茅盾是，後來的北島、多多等人
也是。而這些恰恰都是在中國或俄羅斯式的「第三世界文學格局」才會出現
的獨特文學現象，因為他們的文學與政治場域是如此緊密地黏連著，以至於
許多文學的法則需要有政治資本來加以確認和維持。

　　而作為新文學的反面，鴛蝴派則少有這種能夠支撐大局或者引領一時風
氣的名聲。他們的聲望不過來自讀者的追捧和喜愛，有時候甚至只是書商手
中一枚小小的棋子，以此招攬顧客，從中牟利。他們的作品寫尋常百姓、日
常生計，所以不一定要與政治錙銖必較，針尖對麥芒。儘管此中不缺撻伐，
比如張恨水寫軍閥之罪也曾為他招來喪命之虞〔註131〕，但這些似乎都無法與
新文學因狂熱的流血而凝聚起來的聲譽相匹敵。在更多的時候，聲譽只能為
他們帶來一點生活的餘裕，最好的時候還可以是一段姻緣，比如徐枕亞，因
為他的文采而打動末代狀元劉春霖的女兒而成為「狀元女婿」〔註132〕。其他
的情況不過寥寥，所以說他們的組合方式都是詩酒的酬答，相互恭維，在報
上做一些娛思娛技的文章，寬以自慰。他們的名聲除了對那些書商還有點「再
生產」的價值之外，這些東西本身是不能再生衍出新的可能了，所以新文學
說鴛蝴是「文丐」，也全不是沒有理由的。因為其聲望在轉換為象徵資本方面
正可謂是付之闕如的。所以，新文學的能在政治險惡中九死一生，並最終贏
來「一統天下」的大局，固其宜也。

〔註130〕馬克·斯洛寧：《蘇維埃俄羅斯文學》，上海：上海譯文出版社，1983，第395
　　　　頁。
〔註131〕袁進：《鴛鴦蝴蝶派》，第140～141頁。
〔註132〕袁進：《鴛鴦蝴蝶派》，第48～51頁。

二、理論：被誇張了的力量

杜博妮（Bonnie McDougall）曾在她那本介紹西方文學理論如何進入中國的重要論著中，這樣明白無誤地指出，中國人對西方文學運動的瞭解完全出自西方和日本的二手材料。比如，在革命時期極富文學市場的現代主義和自然主義，就根源於如下一些著作：它們是莫爾頓（Richard Green Moulton）的《文學的現代研究》（*The Modern Study of Literature*）、島村抱月的《文壇上的自然主義》，以及勃蘭兌斯（Georg Morris Cohen Brandes）著名的 6 卷本的《十九世紀文學主潮》〔註133〕。這些文學理論盛極一時，而且層出不窮，數度引起評者的側目。譬如，在 1930 年，沈從文就曾詫異於文學理論家的倡導和實際出版物內容之間無法彌合的斷裂〔註134〕。而於此之前的 1928 和 1929 年兩年，魯迅也幾次撰文批評這種熱衷於西方理論，而又對其知之甚少、囫圇吞棗的文壇風氣。在一篇名為《扁》的雜文中，魯迅這樣言道：

> 中國文藝界上可怕的現象，是在盡先輸入名詞，而不介紹這名詞的涵義。
>
> 於是各各以意為之。看見作品上多講自己，便稱之為表現主義；多講別人，是寫實主義；見女郎小腿肚作詩，是浪漫主義；見女郎小腿肚不准作詩，是古典主義。〔註135〕

這篇文章寫在 1928 年，那時候革命文學愈演愈烈，所以應當相信，作家們如此樂而不疲地輪番表演這些新式理論，並非只是為了炫學，而是有著它深刻的歷史根源的。正如安敏成在《現實主義的限制》一書中指出的：

> 要理解現代中國文學中對理論力量顯而易見的誇大，必須考察新文學誕生其中的文化危機語境以及為中國知識分子所熱衷的一種特殊的文學借鑒。……中國文學是一系列挫折的產物，始於 1898 年失敗的維新運動，繼之以 20 世紀 30 年代日本的侵略。在其間的歲月中，中國的變革者經歷了一連串的失敗。……因此，新文學無疑是產生於一個多災多難的時代，個人以及整個民族都處於連續不斷的動蕩與混亂之中。雖然中國的這兩種革命——政治的與文學的——在歷史中都呈現出一種必然的趨向，但值得謹記的是，那些年

〔註133〕Bonnie S. McDougall. *The Introduction of Western Literary Theories into Modern China*, Chapter 4.
〔註134〕安敏成：《現實主義的限制》，第 2 頁。
〔註135〕魯迅：《扁》，《魯迅全集》（第 4 卷），第 87 頁。

代的鬥爭精神是爲頻繁的歷史倒退中的挫折感所哺育的。〔註136〕
安敏成的這段話，顯然可以清楚地解釋張若谷寫於 1929 年的一個文學故實。
他講：

> 中國十二年來新文學的運動，全部差不多都傾注在北歐文學方
> 面。除了大批鼓吹介紹俄國文學之外，同時還注意到「弱小民族文
> 學」，「被損害民族文學」的提倡，留下一些極小部分的餘暇，附帶
> 介紹了幾種法國自然主義的作品。〔註137〕

中國現代文學中被譯介的作品和理論，在篇幅和地位上落差是如此之大，就
不由地不激起我們的思考。這些文學理論到底是用於怎樣的用途，以及它們
是如何與中國現實的挫折和失敗聯繫起來的？或許這樣的做法僅僅是爲表白
倡導它的人們是如何的現代、他們與西方潮流是如何的緊密？甚或只是爲了
要不停地更換時尚的界限，以致於使那些汲汲於文學事業的新人或跟風者望
而卻步？

　　在具體地回答這些問題之前，先讓我來轉述這樣的一個事實。那就是，
自 1918 年周作人在北大文科研究所小說研究會上，發表題爲「日本近三十年
小說之發達」的演講以來，此後的二十年，中國大約出版了 15 部「講小說是
什麼東西」的理論著作，可是就是沒有一部能像周作人所說的日本坪內逍遙
的《小說神髓》那樣震撼文壇，並爲現代小說理論發展奠定牢固的根基的。
陳平原說，這內中的緣由，皆因爲它們深刻地籠罩在兩部西方小說理論論著
的陰影之下，而不能有所主張。這兩部著作，一部是美國小說理論家布里斯·
佩里（Bliss Perry）的《小說的研究》（*A Study of Prose Fiction*）、一部是克萊
頓·漢密爾頓（Clayton Hamilton）的《小說藝術指南》（*A Manual of the Art of
Fiction*）。這兩部理論著作中的觀點，不是被部分地抄襲，就是被整章整章地
借用，以致於二、三十年代表面上看來稍有起色的理論著述後面還是掩藏了
巨大的貓膩和水分。陳平原說道：

> 二、三十年代學者著書立說，喜歡開列外文參考書目，以示學
> 識淵博，言之有據。茅盾的《小說研究 ABC》列了三十種，郁達夫
> 的《小說論》列了十五種，趙景深的《小說原理》少點，只列了六
> 種。而這些外文參考書中，《小說藝術指南》和《小說的研究》幾乎

〔註136〕安敏成：《現實主義的限制》，第 2～3 頁。
〔註137〕轉引自李今：《海派小說語現代都市文化》，第 47～48 頁。

是必不可少的。細讀其文，確實也都大體取自這兩部書。……可以毫不誇張地說，二、三十年代中國談小說理論的，幾乎沒有不受這兩本美國小說理論著作的影響。〔註138〕

借助陳平原的這個研究，我們看到，儘管那些新式的西方理論繁複變化，但是真正主宰小說理論討論的不外乎是上述的兩種。換言之，新文學用以確立起文學體系的根本理論柱石正在於這兩部小說理論著作。如果說存在什麼觀點能夠代五四立言的話，那麼就應該不外於此了。所以，對前文提出的三個問題，我也就有了這樣的回答：這些多元的主義確實與中國的受挫語境密切相關。它們不斷地變化邊界，不是爲了標新立異，而是爲了尋求現代性新的可能，但是它們又往往不能被深入探討，因爲其並不是最主要的。而且正因爲如此，它們就很有可能不被視爲打擊敵手的主要武器，而僅被認爲是一種文學方法上的嘗試。史書美在討論中國現代文學中的這些主義時，具體地將之概括爲：「渴望現代」、「炫耀現代」和「反思現代」〔註139〕，很可以說明問題。

但除開上述的這三重提示和各類繽紛的主義之外，我還想補充的是，那兩個能夠代新文學發言的文學理論到底有何作用。這裡我提請注意，在陳平原的論述中，他始終關注的並不是那些具體的內容，而是這兩個理論本身所具備的生產能力。換句話說，新文學通過反覆重寫和改變這兩個理論，不是因爲它們的內容有多麼重要，而是這種改編和復述本身在起著作用。他們通過這個方式將之經典化，反過來又借這種經典化來證明自己的合法性。這是一個雙向的過程，其中重要的不是具體的內容，而是那種追加在理論上的抽象生產力。正是借助於這種抽象的力量，新文學才得以在和學衡派、鴛蝴派的鬥爭中建立起來文學的合法性。劉禾已經率先使用這樣的思路去做了。關於學衡，她說，鬥爭的焦點在於「誰能夠掌握代表中國和西方發言的權力」〔註140〕，而不是這些理論本身的內容是什麼。對於鴛蝴，她的例子，同樣還是新文學大系的編撰。

劉禾讓我們把注意力從大系人員的編排和取捨上移開，而去關注「理論卷和各卷序言對編者們在作者和作品的取捨上施加的限制性影響。」〔註141〕的確，在《新文學大系》的內容配置上，理論部分所佔的重要篇幅不免令人

〔註138〕陳平原：《書裏書外》，杭州：浙江文藝出版社，1997，第138～139頁。
〔註139〕史書美：《現代性的誘惑》，見目錄頁。
〔註140〕劉禾：《跨語際實踐》，第331頁。
〔註141〕劉禾：《跨語際實踐》，第328～329頁。

印象深刻。十卷本的大系，其中有兩卷的內容是專門為理論而設的。胡適編選並作導言的《建設理論集》，以及鄭振鐸編選並作序的《文學論爭集》。它們被編排在大系的開始，有著某種提綱挈領的作用。胡適以其獨有的「實證主義」方法為立場，在導言中以「個人傳記」的方式，回顧了其文學革命思想得以產生的諸般歷史情景，申言了該思想出現的必然性，同時也暗示了這些理論是經得住時間的檢驗，因為它們並非是於一日裏憑空造成的。同胡適序言中表現的個人情節不同，鄭振鐸的導言顯示出更為廣闊的社會視野和整體意識，注重敘述的是新文學內部各路人馬間的通力合作。比如他在書中原單照收地刊載了《新青年》1918 年 3 月號上的錢玄同和劉半農間的「雙簧信」，並在序言中肯定指出，他們對鴛蝴的發難「都是以嚴正的理論來對付不大上流的污蔑的話」。言內對新文學佔據著理論這一重要武器，充滿自信。對此，溫儒敏說：

> 《大系》是新文學的一種「現身說法」與「自我證明」，一方面，它是對一個流動當中的文學現象，作相對有序的整理；另一方面，也是當事人對這個文學過程發難期的榮譽權，進行再分配。歷史的參與者如何又「參與」對歷史的描述，仍在進行中的文學史現象如何在「過來人」的敘說中得以沉澱，這是一個生動的例證。沉澱的工作尤其表現在有關文論的兩集中。〔註142〕

而且，按照劉禾提供的證據來看，這種沉澱根本就是經過事先周密的策劃而出現的，它絕非一個單純的無意識行為。為了能夠迅速地確立起新文學的合法性，他們一開始就要抓住理論這一重要話語。而且按我上面說的，是緊緊抓住那兩個能被不斷書寫的理論。趙家璧在回憶文章中這樣說道：

> 我同鄭振鐸商談時，我原來的設想是《大系》分三部分，理論、作品和史料，理論和史料各編一卷。關於理論集，鄭伯奇、阿英和我都認為請鄭振鐸編最適宜。當我把《大系》的編輯意圖和組稿打算向他說明後，我就提出請他擔任理論集的編選。他考慮一會後，認為理論部分應當分為《建設理論集》和《文學論爭集》兩冊。前者選新文學運動最初發難時期的重要理論，以及稍後一個時期比較傾向於建設方面的理論文章。後者著重於當時新舊兩派對文學改革上引起的論

〔註142〕溫儒敏：《論〈中國新文學大系〉的學科史價值》，程光煒編：《大眾媒介與中國現當代文學》，第 125 頁。

爭，以及後期文學研究會和創造社之間的論爭等等。〔註143〕

《大系》編撰中存在的這個潛在結構，賦予理論和批評以極為重要的地位。正是憑著這一理論優勢，新文學在消費市場之外，把鴛蝴打了個措手不及。劉禾在《跨語際實踐》一書中，這樣評述了該事件，她說：

> 我們或許可以充分地說，正是由於他們齊心協力地倡導理論，五四作家才能夠壓倒鴛鴦蝴蝶這樣的競爭對手。在這裡，理論在一個話語領域裏扮演了合法性角色，在這個話語領域長期的象徵資本是一種比金錢更好的投資。鴛鴦蝴蝶派的小說興旺完全依賴娛樂市場，其報酬或多或少是由大眾消費決定的。而五四作家則憑藉其理論話語、經典製造、評論和文學史寫作這樣一些體制化的做法，來著力於生產自己的合法性術語。理論起著合法化的作用，同時它自己也具有了合法性地位，它以其命名能力、引證能力、召喚和從事修辭活動的能力使象徵財富和權力得以複製、增值和擴散。五四作家和批評家憑藉這種象徵權威而自命為現代文學的先行者，同時把其對手打入傳統陣營，從而取得為遊戲雙方命名和發言的有利地位。相比之下，鴛鴦蝴蝶派作家缺乏對理論話語的興趣則對他們十分不利。〔註144〕

《中國新文學大系》影響深遠，以致於後來所有的文學史寫作，都一律把鴛蝴關在了門外，或者乾脆將其不加分析地斥為「反動的逆流」。至於這種寫作對現代文學的形式和發展有什麼意義，提出了什麼新的可能性等問題，當然也都不在考慮之內了。

三、西方：永恒優先的他者

西方或者說日本，在中國現代文學史上所扮演的重要角色不容忽視。從他們用堅船利炮撬開中國的大門開始，我們便無一日不與之發生關係。從尋常的器物到日常的社會制度，最後乃至到達文學與文化，都因之而發生了重大偏移，甚至面目全非。捷克已故漢學家普實克曾對此中變化感到驚詫不已，在《以中國文學革命為背景看傳統東方文學同現代歐洲文學的對立》這篇長文中，他如下寫道：

〔註143〕轉引自楊義：《新文學開創史的自我證明》，《文藝研究》，1999 年第 5 期，第 66 頁。

〔註144〕劉禾：《跨語際實踐》，第 329～330 頁。

也許可以概括地說，亞洲所有的新文學同歐洲文學——同我們
所說的世界文學——的關係都比他們同本國舊文學的關係要緊密得
多。這一事實是顯而易見的，所以，幾年之前當我初步熟悉中國新
文學時，我曾經寫道，舊中國的文學同第一次世界大戰後興起的文
學之間有著天壤之別，是我們難以相信它們竟是同一個民族的產
物。〔註145〕

對於一位後來的且是外籍的研究者，我們或許仍有微言，以爲其管中窺豹，
所見一斑。但是，當我們面對一位誠實的當事者時，這樣的感覺也許就不復
再有。郁達夫在 20 年代，說了這樣一句令人不堪的話，他講：「中國現代的
小說，實際上是屬於歐洲的文學系統的。」〔註146〕

不止是文學創造，就是文學理論、文化詩學，我們也是生活在一個西方批
評成爲強制性標準，而非一個僅僅可能的時代（not only possible but
mandatory）。爲此，周蕾無不坦率地說道，西方是我們永恒優先的他者〔註147〕。
20 世紀的中國文學，特別是新文學，處在一片異國情調之中，其所受影響之
深，以至於文學的精英們往往以「中國的尼采」、「中國的狄更斯」、「中國的
漢彌爾頓」、「中國的泰戈爾」等揚名，相互恭維或諷刺〔註148〕。

雖則西方（日本）形象在中國大行其道，但是正如我在一開始就提到的，
這樣的西方不過是「心理範疇上的西方」，是一種象徵資本而已。無論它是被
用來支持集體的原則，還是維護個人的利益，甚或用於場域的鬥爭，它們都
僅僅只是挪用了一個在政治、經濟和軍事上無限強悍的西方在文學上投下的
幻影而已。換句話說，西方（日本）於其他領域內的聲望被刻意誤讀爲其在
文學上的強大。他們相信，西方（日本）的強盛是與其文學的發達有著密切
關聯的。所以，從梁啓超開始，他們反覆地混淆著「作爲現實形象的西方」（強
大的侵略者）和「作爲想像意義的西方」（重要的異國經驗）。對此，胡蘭成
作過清楚的區分，他說：

西洋的天文學、物理學是世界性的，不受血型的限制，如日本
已追上了西洋的，我們要追上也不難。但西洋的哲學和文學則與我

〔註145〕普實克：《普實克中國現代文學論文集》，第81頁。
〔註146〕轉引自陳平原：《小說史：理論與實踐》，第62頁。
〔註147〕Rey Chow. *Woman and Chinese Modernity*, p.1.
〔註148〕楊東平：《城市季風：北京和上海的文學結構》，北京：新星出版社，2006，
　　　　第66頁。

們的血型不同，不可以輸血。〔註149〕

延續這種對西方（日本）形象不同層面的區別，史書美提出了「中國現代主義的全球性視角和地區性視角」。在她看來，對待不同面向上的西方（日本）形象是導致這一分叉性策略出現的根本原因〔註150〕。對付殖民的西方（日本），他們需要表現出民族主義的正義，但對於現代性的西方，他們又要盡可能地模仿、借鏡。而且後者往往因爲具有更大的誘惑，它不僅可以藉此革除封建頑固，而且到最終可以反戈一擊，超越它所模範的對象，爲此，對它的親睞遠遠蓋過了對前者警惕。所以，陳小眉使用了「西方主義話語」（Occidentalist discourse）這一術語，來表述這種堪與薩義德所謂的東方主義相抗衡的力量。她認爲，此一術語正出於明顯的地區目的而對西方（日本）他者進行了有意「誤解」〔註151〕。概言之，它是要借西方這個象徵資本來完成本土範圍內的文學革命，並最終造成一個新的國家，爾後與作爲鏡像的西方平起平坐。而此一過程恰好就包含了五四對西方話語的「有價值扭曲」和「戲仿」，它是一整套的心理運作與現實規範的制訂。這一點亦恰如《新文學大系》被用來自我證明，並擊退鴛蝴一樣。

眾所周知，在兩卷本的文學理論之外，《大系》還囊括有茅盾編選作序的《小說一集》、魯迅的《小說二集》、鄭伯奇的《小說三集》、周作人的《散文一集》、郁達夫的《散文二集》、朱自清的《詩集》、洪深的《戲劇集》以及阿英的《史料索引集》。這煌煌十厚本的大系，無論是名字，還是編排體例，甚至整個的出版動機，都無一例外地沿用了西方（日本）觀念。

據趙家璧本人回憶，在 1933 年他曾經得到過當時上海著名的日文書店——內山書店——老闆內山完造贈送給他的幾冊日本的新書目錄。目錄中記錄了一套按時代先後順序編輯而成的日本創作文學的文庫。這套以保存歷史文獻爲特點的圖書，很快使他想到了因國民黨高壓政策而造成困頓局面的五四新文學，他認爲：

> 如果能邀請文學方面的權威人士，由他在茫茫文海中擇優拔萃，再請他寫一篇較長的序言作一番論述，那麼，讀者就可以藉此瞭解，新文學運動在這一領域的概況。對，我就選定這一題材了。

〔註149〕胡蘭成：《中國文學史話》，上海：上海社會科學院出版社，2004，第 124 頁。
〔註150〕史書美：《現代的誘惑》，第 1～54 頁。
〔註151〕史書美：《現代的誘惑》，第 17 頁。

> 至於書名麼，不再用叢書、文庫這些老名稱，就學日本成套書中所
> 用大系二字，「大」表示選稿範圍、出版規模、動員人力之大；「系」
> 則表示整套書的內容規劃，是一個有系統的整體。我想出的這套書
> 就叫《中國新文學大系》。〔註152〕

當趙家璧將這一想法告知給他的同事兼好友鄭伯奇，以及施蟄存知道的時
候，立即得到了兩人的熱烈贊同。特別是對於「大系」這個名字，他們更是
拍手稱快，認為是破了「叢書」、「套書」這些土詞的陳規，而別具新意。尤
其是其背後的日本，更是無形之中為它製造了點「摩登」資本。正因如此，
趙家璧的這個選題，也很快得到良友圖書公司的認可，交付實施。

　　至於編排，正如我們今日所見，完全使用的是西式標準，小說、散文、
戲劇、詩歌的分類準確無誤地對應了英語中的 fiction、familiar prose、drama
和 poetry 四大文類〔註153〕。特別是小說，足足佔據了 3 卷本的分量；新興的
戲劇得以和原來作為絕對主角的詩歌旗鼓相當，而且這裡的詩歌由已由原來
的律詩絕句、唐詩宋詞置換成了白話新詩，這一切都可見出其對傳統觀念的
疏離之遠，而對近代以來輸入的西方文學觀念推崇備至。這種西化（日化）
的做法真實的目的就在於要徹底顛覆傳統中國文類的合法性地位，對文學格
局作出重新安排。而這一行為所導致的最終結果，自然也就使得那些仍舊跼
蹐於古典詩詞和章回小說的鴛蝴派們不攻自破，風流雲散。

　　而且，為了能使「大系」生產出那種無可辯駁的命名能力，趙家璧又在各
部的序言之外設計了一篇能夠綱舉目張的總序。他援引權威，意欲讓德高望重
的蔡元培出面勝任。而蔡元培也欣然受命，借著自己的浩蕩的聲望為大序開幕。
序言的第一段就態度鮮明，他以西方為例子來佐證新文學運動的合法性：

> 　　歐洲近代文化，都從復興時代演出，而這時代所復興的，為希
> 臘羅馬的文化；是人人所公認的。我國周季文化，可與希臘羅馬文
> 化比擬，也經過一種煩瑣的哲學時期，與歐洲中古時代相埒，非有
> 一種復興運動，不能振發起衰；五四運動的新文學運動，就是復興
> 的開始。〔註154〕

〔註152〕轉引自趙修慧：《一個青年編輯的夢想：紀念〈中國新文學大系〉出版七十週
　　　　年》，《出版史料・卷首》，2005 年第 3 期，第 5 頁。
〔註153〕劉禾：《跨語際實踐》，第 332 頁。
〔註154〕蔡元培：《中國新文學大系・總序》，胡適編選：《中國新文學大系・建設理論
　　　　集》（影印版），第 3 頁。

蔡元培的這個觀點，顯然和胡適所提出的「五四」就是「中國文藝復興運動」（Chinese Renaissance）的論調〔註155〕，如出一轍，以爲新文學運動是在中國文學自身的機體上來一次死而復生。蔡元培把藥方開在「周季文化」，胡適把藥引寄放在「一千多年的白話文學作品」中〔註156〕，而周作人則將其方向定在「和明末的文學運動完全相同」上〔註157〕。可試看現實的情形，與其說是「再生」，莫不如說是「新生」，整個地將傳統改裝換面了。於是這才有了開頭普實克的一段喟歎。

如果說，五四的新文學眞有什麼「復興」的話，那也一定是對西方文化或日本文化的「復興」，而不是對本國文化的禮敬。是借西方語言對中國文學進行重新發言，安排它的出生。王宏圖謂：「中國文化傳統資源，不敷以支持現代性。」趙毅衡亦以爲：「中國傳統文化從來不是用來支持現代性的，而是維持歷史相對穩定地循環往復。」〔註158〕不過，從梁啓超發起新民學說，到五四挑起文學革命，哪一樁又不是將傳統作了西方的陪葬品，用它做了現代的反面教材。只要西方是先進的、完美的、強盛的，那中國便是落後的、瑕玷的、腐敗的。各中潛臺詞雖則都是象喻意義上的，但是其間等級差異之巨，生死兩殊，又不得不使人汗顏。日後，各種指責紛至沓來，說它是「衝擊——回應」，說它是「世界詩歌」〔註159〕，端的又不是全無來頭，此中眞義果然頗費思量。

學者白露（Tani Barlow）曾經將這種借西方主義來兌換中國權力話語的策略具體歸納爲四：

①　通過成爲「普遍知識的動力」；②　通過將「本國傳統變爲一個內在的他者」；③　通過將自己塑造成爲英雄的能通多國語言的主體；④　通過將過去妖魔化爲「墮落的和存在著壞影響的」東西。

她說，通過這些方式，掌握著西方話語的歐化（日化）主義者們成功地將自己凌駕於那些未受啓蒙的大眾和思想落伍的文人之上，並將自己的「文化批

〔註155〕胡適：《中國文藝復興運動》，俞吾金選編：《疑古與開新——胡適文選》，上海：遠東出版社，1995，第129～141頁。

〔註156〕胡適編選：《中國新文學大系‧建設理論集‧導言》（影印版），第15頁。

〔註157〕周作人：《中國新文學的源流》，上海：華東師範大學出版社，1996，第58頁。

〔註158〕趙毅衡：《對岸的誘惑：中西文化交流記》，上海：上海人民出版社，2007，第2～3頁。

〔註159〕宇文所安：《什麼是世界詩歌？》，洪越譯，田曉菲校，《新詩評論》，2006年第1輯，第117～128頁。

判」合法化爲必要的政治干預和拯救民族國家的主要方式〔註160〕。這種話語權力上的等級差異，不可避免地形成了一種模擬殖民的形態。在地區意義上，有一部分人扮演殖民者，而另一部分人則相應地成爲被殖民者，其價值任由他人處決。爲此，魯迅對鴛蝴的規勸之詞，不是希望其幡然醒悟，而是要「多譯幾頁有用的書」。言外是要他們用西方的力量來自我征服，通過虛設精神上的自我殖民來達到思想的反轉。

　　同新文學時時交錯兩個西方來尋求象徵資本不同，鴛蝴往往只專注於一個西方——西方的文學。儘管這個西方未必完整，甚至也存在被裝扮和改寫的情形，但對它的改寫顯然不是出於「述行」（比如說，經由特定的情景和語詞對某一觀念進行不斷地復述）的需要，即它不是用來證明我之翻譯擁有不可更易的權威性。相反，它是投合讀者的，在某種程度上，它甚至可以因爲讀者的喜好隨意發生變化，比如《迦因小傳》的兩版本。當然，它的結果就是前述的翻譯因其穩定和重複，而獲得了一種剛直形象，能夠成爲一種新的話語而進入流通；但後者則由於它的自由擺渡而失卻成爲標準的可能，最終它只能依靠別人來命名，甚或根本無名。所以我們說，翻譯作爲認識論意義上穿越不同界限的喻說（trop），總是通過一種事物來解釋另一種事物，但是，這種解釋不是簡單的假設或幻覺上的語言等值關係（hypothetical equivalences），它更多的是一種隱喻，它暗示了他者與自我在多大程度上能夠被關聯起來，並爲我所用。換用劉禾的話說，就是：

> 　　當概念從客方語言走向主方語言時，意義與其說是發生了「改變」，不如說是在主方語言的本土環境中發明創造出來的。在這個意義上，翻譯不再是與政治鬥爭和意識形態鬥爭衝突著的利益無關的中立的事件。實際上，它恰恰成了這種鬥爭的場所，在那裡客方語言被迫遭遇主方語言，而且二者之間無法化約的差別將決一雌雄，權威被呼籲或是遭到挑戰，歧義得以解決或是被創造出來，直到新的詞語和意義在主方語言內部浮出地表。〔註161〕

所以，儘管鴛蝴和新文學同時掌握這西方這個資源，但在「轉換」這個資源上，兩者又是迥然不同的，而這種不同也直接導致了他們在文學場域中的占位變化。而這種變化恰恰就意味著場域資源的重新分配和調整。

〔註160〕轉引自史書美：《現代的誘惑》，第 154 頁。
〔註161〕劉禾：《跨語際實踐》，第 36〜37 頁。

第五章　場域資源的重新分配

　　文學史的寫作或有「成王敗寇」的嫌疑，但是文學史自身的發展卻從不輕易吐露它的這一面。對於歷史，我樂於相信艾略特所說的，這是一個從古至今同時並存的序列，所有的可能交互存在，從而形成了一個巨大的互文本。「從來沒有任何詩人，或從事任何一門藝術的藝術家，他本人就已具備完整的意義。他的重要性，人們對他的評價，也就是對他和已故詩人和藝術家之間的關係的評價。你不可能只就他本身來對他作出估價；你必須把他放在已故的人們當中來進行對照和比較。」〔註1〕

　　而且不惟如斯，他的意義也並存於他和同時代作家的關係之中。他是如何的與之相同，但又與之區分的，這是我們考察一個作家獨特性的重要指標。所以儘管說，文學場是一個永無寧日的鬥爭場域。在那裡，擁有不同文化資本和秉有不同文化習性的文學行動者不斷地表演著各式各樣的鬥爭遊戲，甚至也有人寄希望於通過一切「驚世駭俗」的話語實踐和文學行動來構建另一種現實，謀求對文學合法性的絕對壟斷權力，但是它的結果卻定然不會是一面化的，因為它永遠需要另一樣東西來陪襯它。這正好比「新」與「舊」一樣，失去了其中的任何一面，這個命名都將從此失效。為此，陳平原說，新文學和鴛蝴派的爭鬥永遠都是一場沒有勝負的拔河比賽〔註2〕，沒有哪個可以真正做到「唯我獨尊」，他們擁有的不過是一種「暫時性的維度」。

　　鬥爭，重要的並非結果，而是過程。因為它敦促我們對自身的文學現狀

〔註1〕艾略特：《傳統與個人能力》，《艾略特文學論文集》，李賦寧譯注，南昌：百花洲文藝出版社，1994，第3頁。
〔註2〕陳平原：《小說史：理論與實踐》，第274頁。

作出修正和更易，並在和「敵手」比較中，取長補短，自我完善。徐德明曾
將這樣一個過程稱爲「在對峙中衍生」。他說，在 20 世紀的上半葉，中國小
說包含在三個子系統之中：「舊派小說」、「新文學小說」以及「現代大眾小說」。
「後者是前二者流變、整合的自然結果，新舊兩派小說對峙、交融、衍生，
最終整合成現代大眾小說。」〔註3〕雖則此一觀念極富創建意味，但是僅將前
兩者的交融看成是一種結果，又不免取消了文學創化的獨特性面貌與進程，
遮蔽了不同系統之間的根本性差異。換言之，考察「新文學之變」與「鴛蝴
派之變」，我們應當著意展示其在過程上的殊異特徵，而非它們殊途同歸的最
終結果，更何況這種結果也未必只呈現爲一，因爲它們是各自在不同的系統
內完成的。

　　爲此，我在本章內提出了「場域資源重新分配」的概念，希望借「重新」
二字凸現它們在原有的領域內到底作出了怎樣具體而微的變化。我將分開兩
個部分來進行這項討論。前一部分涉及鴛蝴派和新文學各自不同的「互識、
互補、互證」過程，它是文學史的一種自然演進形態。時間大致界定在抗戰
前後到 40 年代終了，它恰好接續了上一章三次鬥爭的時間，因爲它正是這三
次鬥爭所帶來的必然後果；後一部分，我將考察此次鬥爭所導致的文學史寫
作對它們截然不同的處理方式，這是一種人爲分派資源的結果。時間橫跨上
世紀的一百年，從表面上看，它可能逸離了本書的論述畛域，但它卻是引起
本項研究的關鍵所在，而且有助於我們重新認識鴛蝴派和新文學在文學史上
的位置，所以對它的討論並不會顯得多餘。

第一節　自然的流變與整合

　　1938 年，當新文學的作家們還在對鴛蝴的落後抱著極大的不滿和憤恨
時，一位美國作家卻在諾貝爾的獎授獎儀式上聲情並茂地談論著中國傳統小
說的種種妙處，她講：

　　　　恰恰是中國小說而不是美國小說決定了我在寫作上的成就。今
　　　天不承認這一點，在我來說就是忘恩負義。……我說的中國小說指
　　　的是地道的中國小說，不是那種雜牌產品，即現代中國作家所寫的

〔註 3〕徐德明：《中國現代小說雅俗流變與整合》，北京：社會科學文獻出版社，2000，
　　　　第 141 頁。

那些小說，這些作家過多的受了外國的影響，而對他們自己國家的
文化財富卻相當無知。〔註4〕

塞珍珠（Pearl Buck）的這段話委實切中肯綮，擊破了「五四」以來形成的那
種「傳統不能新」、「現代不能舊」的思想壁壘，隱隱地指正了新舊逕庭之外，
那股暗然滋生的融通力量。孔慶東曾以「超越雅俗」爲題談論抗戰時期的小
說〔註5〕，而實際上，這樣的「超越」遠比他所描述的這段時期來的爲早，至
少在二、三十年代反覆討論的大眾化問題中就已經初現端倪，更遑論之前的
歲月中，鴛蝴派曾多次被指爲「追逐時尚」，「跟蹤」新文學。

　　爲了能更好地展示此一交融過程，我將就「新文學的轉變」和「鴛蝴派
的轉變」做分頭的說明。我想以圍繞著它們的一些主要事件或刊物來討論這
些徵兆，前者我舉新文學的「文藝大眾化運動」，它範圍很廣，既包括 1930
年到 1934 年的三次，也包括延安時期的「民族形式」討論。後者我準備以陳
蝶衣主編的《萬象》等爲例來分析鴛蝴派的轉變。最後我還將舉證一些重要
的作家和作品，看看在他們的身上到底出現了怎樣的轉折或反映出新問題。

一、一場運動：新文學的變

　　當 1937 年的戰爭炮火起來之時，新文學的作家們爲了抗日的需要，或者
奔赴內地或者遠遷香港，一時間，整個上海文壇門前冷落了〔註6〕。不但他們
對鴛蝴批判漸次停息，甚至還表現出某種親近之意，接連幾次掀起有關文藝
大眾化的討論，決意要向鴛蝴派「虛心學習」。

　　表面上看，促成這一行爲的直接動因在於嚴峻的戰爭形式，他們需要借
那種通俗於民的文學形式來宣傳抗日。但事實上，除此之外，我們仍然不能
遺忘之前就已隱約顯露的諸般迹象。早於 1931 年，當巴金的《家》以《激流》
之名在上海《時報》連載之時，就已經開始注意借鑒鴛蝴和傳統小說那些膾
炙人口的文學母題了。而且後來的事實也證明，它確實也像鴛蝴的小說那樣
走俏於市場。從 1933 年出版第一個單行本到 1937 年，它已經銷行 10 版〔註7〕，

〔註 4〕賽珍珠：《中國小說》，《大地三部曲》，王逢振等譯，桂林：灘江出版社，1998，
　　　　第 956 頁。
〔註 5〕孔慶東：《超越雅俗——抗戰時期的通俗小說》，北京：北京大學出版社，1998。
〔註 6〕新文學方面僅有少數人留在了上海，如師陀、楊絳、柯靈、沈寂、錢鍾書、
　　　　王元化、丁景唐、許廣平、鄭定文、孔另鏡、趙景深等。
〔註 7〕有關《家》的風靡情形可見徐德明：《中國現代小說雅俗流變與整合》，第 173
　　　　頁。

林培瑞說：「巴金的《家》的浪漫主題如此廣泛地流行，如果用鴛蝴派愛情故事和《紅樓夢》這樣的傳統小說受到歡迎來解釋，要比把它看作是『五四』傳統受歡迎更為妥當。」〔註8〕對於這種題材上的借鑒，孔慶東亦持相似觀點，甚至他的看法走得更遠，涵蓋了整個流派的關係。他講：

> 談到通俗文學與新小說的關係，許多讀者不免都有一塊心病，以為「通俗小說大體上都是這樣」，比純文學「慢了半個節拍」，是不斷地學習純文學，亦步亦趨地向前的。文學史告訴我們，事實要複雜的多。在更多的情況下，不是純文學帶動俗文學，而是俗文學帶動純文學發展的。即以20世紀而言，五四新文學的特色固然是域外因素，但其情節模式和故事母題往往就有來自鴛鴦蝴蝶派。茅盾的第一篇小說《幻滅》的主人公在愛情乏味後前去參加南昌起義，正是鴛鴦派典型的「愛情破滅——參加革命——戰死武昌城下」的模式。這個模式在30年代的「革命加戀愛」的普羅小說中被發揮到泛濫的程度。多角戀愛、城鄉文明衝突等也是新文學最愛借用的舊派拿手節目。至於寫「人生或一段面」的小說結構方式和使用白話等，也均非新文學的專利，通俗小說早已試驗了多年。通俗文學的商業化傾向固然使其有模式化的一面。但另一面它又具有遊戲性，遊戲便促使它進行形式上的種種探索和創新，這些都是今日的學者們所根本忽視的。〔註9〕

除了直接向鴛蝴借鏡，新文學的轉變還表現在他的自我反思上。譬如，林培瑞曾敏銳地意識到曹禺的劇作《日出》之所以能夠風行，就是因為它「尖銳地諷刺了一個過分洋化的留學生張喬治——一個對西方的什麼都崇拜、對中國的什麼都藐視的笨蛋」〔註10〕。儘管「張喬治」這一形象不能絕對地等同於新文學，但至少影射了他們。關於這一點，瞿秋白也談得很清楚。在30年代的初期他就曾坦率地指出，新文學運動所作出來的成果並沒有真正通行於民，他們作品中大量存在的歐化語，在某種意義上甚至是一種「新文言」〔註11〕，還遠沒有實現文學革命最初的設想——「曰推倒雕琢的阿諛的貴族文學，建

〔註8〕林培瑞：《論一二十年代傳統樣式的都市通俗小說》，第140頁。
〔註9〕孔慶東：《評〈中國近現代通俗作家評傳〉》，《中國現代文學研究叢刊》，1996年第1期，第280～281頁。
〔註10〕林培瑞：《論一二十年代傳統樣式的都市通俗小說》，第141頁。
〔註11〕宋陽（瞿秋白）：《大眾文藝的問題》，《文學月報》（創刊號），1932。

立平易的抒情的平民文學」。

　　大概正是因爲這些反思與借鏡，並且加上政治形勢的日益惡化，新文學內部展開了一場曠日持久的「文藝大眾化」討論〔註12〕。一次是在1930～1932年圍繞著《大眾文藝》、《文學月報》、《北斗》等左翼刊物展開的「文藝大眾化」討論（包括 1930 年的無產階級革命文學的大眾化方向問題，以及 1931年冬開始的文學形式和文學語言的大眾化問題）；一次是在 1934 年由《申報・自由談》作俑的「大眾語文學」討論。這兩次討論儘管有著相同的主題，但是其在緣起、目的、方法乃至性質上都有著極大的不同。前者可以看作是左翼作家站在階級鬥爭立場上作出的文學功用主義論證。它主要就作家的主體意識和文學的語言形式兩個方面進行了深入討論。儘管在這些問題上，左翼內部並沒有完全達成一致，但是瞿秋白作爲當時中共的主要領導人之一，他的觀點很有代表性。在前一個問題上，他說：

　　　　有人說，不能把藝術的程度降低了去湊合大眾的程度，只有提
　　　高大眾的程度，來高攀藝術。這在現實的中國情形之下，簡直是荒
　　　謬絕倫的論調。現在的問題是：革命的作家要向群眾去學習。現在
　　　的作家，難道配講要群眾去高攀他嗎？老實說是不配。〔註13〕

這裡瞿秋白所提出的「作家生活的大眾化」見解，與魯迅所講的「應該多有爲大眾設想的作家，竭力來作淺顯易解的作品，使大家能懂，愛看，以擠掉一些陳腐的勞什子」〔註 14〕的觀點，是完全一致的。在大眾文化水平偏低的狀況下，他們都提倡以「作家的通俗化」來迎合大眾的審美水準。而作家的通俗化，也就意味著他所使用語言的平易化，但是這種平易又絕非是鴛蝴式的。瞿秋白說：

　　　　新的文學革命不但要繼續肅清文言的餘孽，推翻所謂白話的新
　　　文言，而且要嚴重的反對舊小說式的白話，舊小說式的白話眞正是
　　　死的言語。反對這種死的言語就要一切都用現代中國活人的白話來

〔註12〕1921 年在《文學旬刊》、《小說月報》等刊物上以文學研究會爲主體展開的關於「民眾文學」的爭論，可以說是文學大眾化討論的開始，不過正式以「文藝大眾化」爲名目的運動，發起於 1928 年 9 月郁達夫主編的《大眾文藝》，它一直持續到 1934 年。可參閱丁易編：《大眾文藝論集》，北京：北京師範大學出版部，1951。
〔註13〕史鐵兒（瞿秋白）：《普羅大眾文藝的現實問題》，《文學》（創刊號），1932。
〔註14〕魯迅：《文藝的大眾化》，《魯迅全集》（第 7 卷），第 773 頁。

寫，尤其是無產階級的話來寫。無產階級不比一般「鄉下人」的農民。「鄉下人」的言語是原始的，偏僻的。而無產階級在五方雜處的大都市裏面，在現代化的工廠裏面，他的言語事實上已經在產生一種中國的普通話（不是官僚的所謂國語）……

對於這種「中國的普通話」，瞿秋白的解釋是，它既能「容納許多地方的土話，消磨各種土話的偏僻性質，並且接受外國的字眼」，甚至還要「讀出來可以聽的懂」〔註 15〕。這「接受外國的字眼」一條，意圖明顯，針對的顯然是鴛蝴派的「舊式白話」。從這一點可以看出來，儘管新文學有意要向鴛蝴派學習通俗形式，但他仍然試圖維持自身的特性，與鴛蝴保持距離。可以佐證這一觀點的另一個例子是，當魯迅提出「舊瓶裝新酒」的問題時，立即有人提出了類似投降的說法〔註 16〕。而且郭沫若在此時也堅定地認為大眾文藝「不是大眾的文藝」，而應該「是教導大眾的文藝」〔註 17〕。吳福輝將新文學的這種曖昧轉移稱作文學的「虛擬」，他說：

　　　左翼文學的大眾文學是虛擬的，比如歐陽山用羅西的名義寫的
　　大眾小說，它沒有娛樂功能；瞿秋白寫東洋人出兵，把彈詞和民歌
　　改編成大眾詩歌，也是虛擬的，表現出的是新文學的特質。〔註 18〕

同「文藝大眾化」濃重的政治色彩不同，「大眾語運動」表現出更多的文化訴求。它最初起於對其時越演越烈的文學復古傾向的反撥，但是它很快突破了這一層次，轉而對五四的語言革命做出了全面的總結和反思，並提出漢字拉丁化的問題〔註 19〕。比如魯迅就說：

　　一、漢字和大眾，是勢不兩立的。

　　二、所以，要推行大眾語文，必須用羅馬字拼音（即拉丁化）……

〔註 15〕宋陽（瞿秋白）：《大眾文藝的問題》，《文學月報》（創刊號），1932。

〔註 16〕瞿秋白在《普洛大眾文藝的現實問題》一文中明確指出，在向舊文學學習的同時，「要預防一種投降主義」，「就是盲目去模仿舊式體裁」。

〔註 17〕郭沫若：《新興大眾文藝的認識》，轉引自陳平原：《「通俗小說」在中國》，舒乙、傅光明主編：《在文學館聽講座・生命的對話》，北京：中國社會科學出版社，2002，第 189 頁。

〔註 18〕吳福輝：《通俗文學與海派文學》，《中國現代文學研究叢刊》，2001 年第 2 期。

〔註 19〕1934 年汪懋祖在南京《時代公論》周刊 110 號上發表文章《禁習文言和強令讀經》，鼓吹文言，提倡讀經，提出了「文言復興運動」。作為回應，《申報・自由談》在同年的 6 月 18 和 19 兩日先後發表了陳子展和陳望道的文章，發起了有關語文改革的大眾語運動。簡要的描述見范伯群主編：《中國近現代通俗文學史》（下編），第 807～808 頁。

> 作更淺顯的白話文，採用較普通的方言，……仍要支持歐化文
> 法。〔註 20〕

這兩次「大眾化」的討論，由於過多地拘泥於政治意圖或對大眾化的形式仍有戒心，所以收效並不是很大。可是按照徐德明的意見，它們卻奠定了五四新文學和鴛蝴派最終融合衍生的理論基礎〔註 21〕。因為在這場「以階級論為中心命題的文藝大眾化討論中，已經內含了有關如何評價對待歐化與中國化、以及階級性遮蓋下的本土性、民族性與世界性等問題。」〔註 22〕而具體說到這些問題的落實和鋪展，那又是 40 年代的事情了。

那時候，抗日戰爭已經全面爆發，為了能動員群眾實現全民抗戰，新文學界又開始了新一輪的「大眾化」運動。以延續 4 年的「文藝大眾化」討論為理論動因，再加上抗戰宣傳的需要，可以說，充分地利用舊形式和通俗化來創作時代文藝的預想已經成為現實。以 1938 年毛澤東在中共六屆六中全會上提出的「民族形式」問題為開端，經過「新民主主義文化」理論發展，「大眾化」討論最終在 1942 年那篇改寫「中國文風」的講話——《在延安文藝座談會上的講話》中到達高潮，並一錘定音〔註 23〕。

《講話》作為中國現代文學時期的大眾文學的「宣言」和「總結」，明確指出了文藝「為工農兵服務」的方針，提出了「我們的文學藝術都是為人民大眾的」口號，主張「文藝工作者的思想情感和工農兵的思想情感打成一片」，「長期地無條件地全心全意地到群眾中去，到唯一的最廣大最豐富的源泉中去，觀察、體驗、分析、研究」，用群眾喜聞樂見的形式創作文藝作品。

在《講話》的帶動之下，解放區文藝出現了一個小小的創作高峰，湧現了一大批形式多元變化的作品，如秧歌劇《兄妹開荒》、新歌劇《白毛女》，李季、畢革飛的詩和快板，以及趙樹理、孔厥、馬烽等人的小說。這種文藝作品在內容上雖然帶著明顯的政治功利性，但在體式上卻是完全通俗的，情趣上也不再是從前的一本正經了。對於這種趣味，朱自清曾在 1947 年說過一番意味深長的話，他講：

> 在中國文學的傳統裏，小說和詞曲（包括戲曲）更是小道中的

〔註 20〕魯迅：《答曹聚仁先生》，《魯迅全集》（第 6 卷），第 78、80 頁。
〔註 21〕徐德明：《中國現代小說雅俗流變與整合》，第 166 頁。
〔註 22〕逄增玉：《中國現代文藝思潮中的現代性問題》，《作家》，1999 年第 3 期。
〔註 23〕簡要的描述見范伯群主編：《中國近現代通俗文學史》（下編），第 817～820 頁。

小道，就因為是消遣的，不嚴肅。不嚴肅也就是不正經；小說通常
稱為「閒書」，不是正經書。詞為「詩餘」，曲又是「詞餘」；稱為「餘」
當然也不是正經的了。鴛鴦蝴蝶派的小說意在供人們茶餘酒後的消
遣，倒是中國小說的正宗。

……

目下黃色和粉色刊物風起雲湧，固然是動亂時代的頹廢趨勢，
但是正經作品若是一味講究正經，只顧人民性，不管藝術性，死板
板的長面孔教人親近不得，讀者恐怕更會躲向那些刊物裏去。這是
運用「嚴肅」的尺度的時候值得平心靜氣算計算計的。〔註24〕

他的這兩段話，可以看作是從側面對大眾文藝化做了一個生動的總結，既給
了鴛蝴一個恰切的評價，又對新文學自身的發展做出了很好的檢討。而且他
的意見超脫了政治意識的拘囿，就文學論文學，所以又比三、四十年代那些
高談宏議，有著更佳的藝術指導性。

所以，綜合上面的這些討論，我認為新文學在「文藝大眾化」問題上的
層層推進，恰恰就是他從理論上和實踐上不斷向鴛蝴借鑒和靠近的過程，這
是新文學的變化。而這個過程中他又與政治、民族、啟蒙這樣的五四話語相
始終，這又是他的不變。

二、一份刊物：鴛蝴派的變

戰爭以及新文學方面的轉變，對鴛蝴是一個打擊，那時它已不復再壟斷
中下層市民的閱讀，轉而開始與新文學的「大眾文藝」共同分享市場。林培
瑞注意到了這一點，他說：

同樣是在 1930 年代，鴛蝴小說作為一個整體，開始喪失了它
在中國市民讀者中的主導地位。像巴金、茅盾、曹禺這樣的五四作
家在當時的學生和其他「新潮」讀者中頗有市場，而這些讀者在
1910 年代閱讀的可能全是鴛蝴派的故事。（但到了 1935 年大多數
的城市讀者無疑兩類作品都讀，雖然讀時的心情迥異。）30 年代
鴛蝴小說的相對衰落，還有另外一個同樣重要的原因，那就是日本
的對華入侵以及城市民眾中隨之而產生的民族危亡的緊迫感。民意

〔註24〕朱自清：《論嚴肅》，范伯群、芮和師等編：《鴛鴦蝴蝶派文學資料》，第818、
821 頁。

使得一些主要的通俗作家，包括張恨水、周瘦鵑、包天笑毫不含糊地登上了要求民族團結、抵抗日本侵略的政治舞臺，這種行為拉近了他們與五四作家的距離，最後雙方一致主張文學應當服務於現代國家。〔註25〕

此處需要強調的是，這一系列的事件僅僅標誌著「鴛蝴小說的相對衰弱」，而不是它最後的曲終人散。至到四十年代，它依然勢頭強勁，掌握著「真正的廣大的群眾」。徐文瀅在 1941 年的一篇文章中這樣寫到：

現在章回的潛在勢力不但仍然廣大的存在著，它據有的讀者群的確是真正的廣大的群眾。我們不能把它的勢力估計得太低。《江湖奇俠傳》等的廣銷遠不是《吶喊》、《子夜》所能比擬。而且我說句實話，若以前代小說的評論標準來估價，民國以來，實在不乏水準以上的章回作品，而我們的小說史中列著的新文藝作家們，何嘗沒有不成熟的濫竽充數的劣品。〔註26〕

鴛蝴派在 30 年代的式微，是促成它向新文學「拜師」的重要契機。但是，正如我所反覆強調的，這不過是諸多轉向中的一次而已。在這一點上，我們必須把它和新文學等量齊觀，因為他們都是在對立中互相學習，並在炮火的催迫下快速融合的。關於新文學在大眾化運動之前就已出現的諸般轉折迹象，我已多方指證，而這裡也讓我稍稍耗費點筆墨，來談談鴛蝴能和新文學在 40 年代做出大融合的各種先兆。

首先，它突出地表現在鴛蝴文人對新文學的密切關注和極高評價上。1921年 2 月至 3 月間，有署名「鳳兮」的鴛蝴派理論家在《申報·自由談》發表《我國現在之創作小說》一文。文中說：「魯迅先生《狂人日記》一篇，描寫中國禮教好行其吃人之德，發千載之覆，洗生民之冤，殆真為志意之創作小說，置之世界諸大小說家中，當無異議，在我國則唯一無二矣。」又說：「文化運動之軒然大波，新體之小說群起。……若葉楚傖之《牛》，陳衡哲之《老夫妻》，某君（適忘其名）之《一個兵的家》，均令人滿意者。」他對胡適的《論短篇小說》也很推崇。〔註27〕另外，鴛蝴派的秋山，還隨著新文學一起

〔註25〕 Perry Link. *Mandarin Ducks and Butterflies*, pp.14～15.

〔註26〕 范伯群、芮和師等編：《鴛鴦蝴蝶派文學資料》，第 139 頁。

〔註27〕 轉引自嚴家炎：《文學的雅俗對峙與金庸的歷史地位》，《西南師範大學學報》，2004 年第 5 期。

提倡寫社會小說；施冰厚主張「愛國小說的借鏡」〔註28〕。

再次，它也集中地表現在鴛蝴文人的自查和自省上。對於自己的作品，鴛蝴文人也不總是一味地敝帚自珍的。比如分載於 1933 年 7 月 16 日至 10 月 16 日《珊瑚》雜誌上的《說話》一文，就系統地總結了鴛蝴寫作中的利弊得失，並對其時的文學創作提出了一些很有見地的看法。而且在文章的一開頭，作者說話人就標明了自己的批評宗旨：

> 不管什麼「正統文學」，什麼「鴛鴦蝴蝶派」，什麼「自由主義」，什麼「革命」，什麼「不革命」，什麼「破鑼」，什麼「破鼓」等等，我以為有一點好處，足以引起我的同情的，應該褒他一下；我以為有一點破處，足以引起我的反感的，貶他一下。〔註29〕

此外，像鄭逸梅的《武俠小說的通病》也對當時武俠小說中充塞著各類神怪思想的現實予以了批評，而且名單中也不乏他自己的《玉霄雙劍記》〔註30〕。

正因為有了這兩方面的思想鋪墊，所以鴛蝴派在抗戰爆發後終於靠攏新文學，是一點也不奇怪的。而此處我就準備舉 40 年代最著名的《萬象》雜誌為例，來論說鴛蝴的這次轉變。但是我們知道，在《萬象》月刊存在的 4 年中，它是更易過一次主編的，即從 1941 年的 7 月起到 1943 年的 7 月止，它由鴛蝴派的陳蝶衣主編的；而從 1943 年的 7 月到 1944 年的 12 月，這一段又是由柯靈主編的〔註31〕。為了能更好地反映鴛蝴的轉變，我選擇前半段來討論。以下的文字，我將「述而不作」，意圖讓事實自己來說話。

首先讓我們來看它所牽涉的作家群體。創刊於 1941 年 7 月的《萬象》，在第 1 期的版權頁上就注明它的編輯是陳蝶衣，發行人是平襟亞〔註32〕。這兩位正是鴛蝴派的中堅人物，因此，即便不說《萬象》是鴛蝴雜誌〔註33〕，

〔註28〕 范伯群、芮和師等編：《鴛鴦蝴蝶派文學資料》，第98～100頁。
〔註29〕 范伯群、芮和師等編：《鴛鴦蝴蝶派文學資料》，第101～102頁。
〔註30〕 范伯群、芮和師等編：《鴛鴦蝴蝶派文學資料》，第135～136頁。
〔註31〕 關於這中間的變故可參見應國靖：《現代文學期刊漫話》，廣州：花城出版社，1986。
〔註32〕 范伯群主編：《中國近現代通俗文學史》（下卷），第666頁。
〔註33〕 在《萬象》創刊後一年（1942年）曾有人指責該刊是「鴛鴦蝴蝶派刊物」、「消閒文學刊物」，對此，陳蝶衣的回應是：「從我開始『操刀』的時候起，就根本沒有能夠趕上『鴛鴦蝴蝶派』的那一個時代，所以我對於所謂『鴛鴦蝴蝶派』，實在是很隔膜的，不過就我所知，『鴛鴦蝴蝶派』這一名稱，是從『卅六鴛鴦同命鳥，一雙蝴蝶可憐蟲』這兩句詩而產生的，這兩句詩代表了那一個時期所盛行的長短篇小說，而這一類的小說則是在我們《萬象》上似不太

那也定然少不了會有鴛蝴氣息。雖則他的主編是鴛蝴派，但是它門下的一班
「干將」卻是來路紛紛，各異其趣的。兩年內，被陳蝶衣羅致帳下的文人，
既包括了他自己一派的包天笑、周瘦鵑、張恨水、徐卓呆、顧明道、孫了紅、
范煙橋、程小青、王小逸等人，亦包含了新文學方面的傅雷、李健吾、趙景
深、周貽白、錢今昔等人。這些人在《萬象》的出鏡率很高，爲此還有讀者
指責說「總是將幾個知名之士的文章發表於每一期上」。對於這個問題，陳蝶
衣的回應是：

> ……我對於選稿的態度，自問相當公開，除了長篇小說，因成
> 名作家的寫作技巧純熟，可以信託，非請成名作家執筆不可之外，
> 其他的作品盡量錄取外稿，但看本刊每期的目錄中，多數都是「陌
> 生名字」，就可知編者並不是個「偶像主義」者。〔註34〕

而在陳蝶衣所說的這些「陌生名字」中，大致就有張愛玲、施濟美、鄭定文
等人。

接著，我們來看它的編輯方針。在《萬象》創刊號的「編輯室」一欄中，
有那麼幾句：

> 我們的編輯方針……第一：我們要使讀者看到一點言之有物的
> 東西，因此將特別側重於新科學知識的介紹，以及有時間性的各種
> 記述；第二：我們將竭力使內容趨向廣泛化，趣味化，避免單純和
> 沉悶，……此外，關於學術上的研究（問題討論之類）與雋永有味
> 的短篇小說，當然也是我們的主要材料之一。〔註35〕

同這編輯方針一脈連著的是它的欄目設置，而且刊如其名，它欄目眾多，包
羅萬千，有小說、傳記、問題討論、電影劇本、史料鉤沈、民間故事等等。
在方針所示的第一條——「科學性」上，《萬象》可謂作足了文章。據有學
者粗略統計，僅在《萬象》發行的第一年的 12 期中，就有不下百篇的譯作，
其中說明類文字 90 餘篇，約占全部內容（不算補白）的 25%，其餘爲小說、
戲劇、人物傳記及通訊。而且每一期中，幾乎都有一篇學術文章。考據性文
字、史料鉤沈更是屢見不鮮，在《萬象》創刊伊始，「補白大王」鄭逸梅就

容易找得到，然而那些傲岸的批評家們，都是戴著灰色眼鏡的。」見范伯群
　　主編：《中國近現代通俗文學史》（下卷），第 667～668 頁。
〔註34〕石娟：《解讀歷史上的〈萬象〉——40 年代淪陷區的「新的文藝之花」》，《作
　　家》，2003 年第 4 期，第 93 頁。
〔註35〕魏紹昌編：《鴛鴦蝴蝶派研究資料》（史料部分），第 464～465 頁。

被陳蝶衣羅致帳下，直到 1945 年 6 月最後一期，他的考據性文字一直是保留曲目。此外，魏如晦（阿英）、楊蔭深、譚正璧等人均在此欄目中不遺餘力。〔註 36〕

最後，我們來看它在 1942 年 10 月間發起的深有餘味的「通俗文學運動」討論。這時候毛澤東的《講話》已經發表，新文學方面關於大眾化的討論和實踐也已全面鋪開，且小有收益。而《萬象》在這樣的背景下刊登「通俗文學運動」專號，那就是有意要與新文學陣營接軌，借填補新舊文學的鴻溝，來爭奪文學的合法性空間。這中間陳蝶衣的觀點最具代表性，而且他又是第一個發言。在《通俗文學運動》一文中，他將《萬象》比作曹聚仁所說的「新的文藝之花」：「它是綜合新舊文藝，兼采新舊文藝之長，而為一般大眾所喜愛的」。文章在細緻地分析了五四以來出現的三種用於區分新舊文學界限的錯誤看法之後，提出新舊文學各有優劣的看法。他說，舊文學中的「那些古文和舊詩詞，和現代大眾的口語，乃至現代大眾的日常生活，愈離愈遠，……和一般民眾根本不發生關係」這是它的劣，但是舊文學中像《水滸傳》、《紅樓夢》之類「流行民間，深入大眾」的作品，它們「文筆的通俗，描寫的生動，以及擁有讀者數量的眾多，卻遠非新文學作品所能及」。新文學的缺點是那種「詰屈聲牙的歐化體裁的倒裝句法」，「以及不能把新的思想意識用活生生的具體的形象表現出來」，而它的優點是「不但在思想意識方面高出舊文學一籌」，而且像魯迅、巴金等人的作品「都寫得很通俗」。最後文章說：「我們倡導通俗文學的目的，是想把新舊雙方森嚴的壁壘打通，使新的思想和正確的意識可以藉通俗文學而介紹給一般大眾讀者。」〔註 37〕

借助上面的這些描述，我想有的東西已經不言自明了。鴛蝴的轉變儘管不如五四文學來的轟烈，而往往給人「慢半拍的感覺」。但事實上，無論是「革命」式的轉變，還是「改良」型的演進，它們都共同構成了新舊文學雙線演進，互為增補的面相。而且，五四文學最終又迴向「大眾」和「傳統」，這也說明鴛蝴的緩慢，在某種意義上更具現實意義和歷史意識。而秉持這樣思想的又何止這樣一本《萬象》呢，這幾乎是鴛鴦蝶派的總體認識，比如張恨水就在 1944 年的《總答謝》一文中這樣說道：

〔註 36〕 石娟：《解讀歷史上的〈萬象〉》，第 93 頁。
〔註 37〕 范伯群、芮和師等編：《鴛鴦蝴蝶派文學資料》，第 147～161 頁。

我覺得章回小說，不盡是可遺棄的東西，不然，《紅樓》、《水滸》
何以成爲世界名著呢？自然，章回小說有其缺點存在，但這個缺點，
不是無可挽救的（挽救的當然不是我）；而新派小說，雖一切前進，
而文法上的組織，非習慣讀中國書、說中國話的普通民眾所能接受。
正如雅頌之詩，高則高矣，美則美矣，而匹夫匹婦對之莫名其妙。
我們沒有理由遺棄這一班人，……大家若都鄙棄章回小說而不爲，
讓這班人永遠去看俠客口中吐白光，才子中狀元、佳人後花園私訂
終身的故事，拿筆桿的人，似乎要負一點責任。〔註38〕

所以，鴛蝴也不盡然只是爲「趣味」而趣味，爲「章回」而章回的，它們親
近讀者也是有其抱負的。但是又確如我指出的，他們要求思想上的先進，又
是絕然不放棄鴛蝴自己的愉快價值的，而這正是鴛蝴的變與不變。

三、一些作家：鬥爭中融合

　　40 年代的中國文學版圖，因戰爭情勢和地緣政治的不同，而被人爲地劃
割爲幾個自足的文學生態。通常的分法是解放區文學、國統區文學，以及淪
陷區文學〔註39〕。當然，這是比較籠統的區分，也有人曾對此作過精心的學
理勾勒。比如黃萬華先生就指出，這種文化上的多中心機制（格局）可以具
體地細分爲四：1、由進步的政治主導力量與作家的創作追求相一致而構築形
成的文化中心，如延安地區；2、在另外的政治力量與作家創作追求的抗衡性
中形成的文化中心，像重慶、成都等地；3、依靠內遷的學院文化、學術力量
而形成的中心，如昆明、桂林等地；4、還有一種則是在原先文化積累上重建
的中心，如北平、上海；另外，像香港等地也自成一體。〔註40〕

　　儘管說這樣的區劃極富啓發意味，而且爲了能夠全面地捕捉 40 年代新文
學與鴛蝴派的整合情勢，似乎也有必要對每一區域內的主要作家作品作一鳥
瞰，但是我下面的這些討論並不準備局限於此。因爲我想，既然是作爲融合
來考察，那麼我們就無需過分地糾纏於它們的地域屬性。雖然在不同的區域

〔註38〕 張恨水：《總答謝——並自我檢討》，張占國、魏守忠編：《張恨水研究資料》，
　　　　 天津：天津人民出版社，1986。
〔註39〕 如孔慶東即以這種三分法討論了「雅俗整合」的問題，見范伯群、孔慶東：《通
　　　　 俗文學十五講》，第 342～348 頁。
〔註40〕 黃萬華：《40 年代：文學開放性體系的形成——兼及林語堂小說的文化視角》，
　　　　 《理論學刊》，2002（2）：18～19。

內，它們會有不同的表現方式，但是上面的內容我已經是在描繪它們過程上的差異了，那麼下面的討論則最好就他們在結果上表現出來的各種殊異特徵作出說明，因為這樣可以讓我們集中精力看到，作為融合的結果不只惟一的一種款式。

我們知道，40 年代參與了這項「大融合工程」的作家，不在少數，而且多數又都是比較有名的。因為在當時，他們都是各自門下的先鋒和楷模，需要在文藝實踐上身先士卒，所以新文學的如巴金、老舍、茅盾、丁玲等，鴛鴦蝴蝶派的如包天笑、周瘦鵑、張恨水、秦瘦鷗等，其他的如徐訏、蘇青、予且、梅娘、無名氏諸位，都是行走在時代前列的。這裡我茲舉三例來討論，一邊是老舍、趙樹理，一邊則是劉雲若。

先看老舍。他在 1937 年離開北京來到漢口，並於翌年當選為中華全國文藝界抗敵協會的總務部主任。作為文協的主要負責人，他盡心盡職，全情投入文藝大眾化運動，致力於各種戲劇、曲藝以及朗誦詩的創作，為此他曾一度擱置其小說寫作。整個 40 年代，他只完成了一個長篇《火葬》和為數不多的幾個短篇，末期還創作了《四世同堂》的前兩部《惶惑》和《偷生》，而另一部《饑荒》則遲至 1950 年才開始在《小說月報》上連載。

《火葬》一篇是他在戲劇創作之餘寫出來的作品，結果差強人意，除了能夠用於宣傳，作者甚至認為它一無是處。在 1944 年出版的該書序言中，老舍這樣感歎道：「像《火葬》這樣的作品，要是擱在抗戰前，我一定會請它到字紙簍中去的。……我知道它不好，可是沒法子不厚顏去發表。我並沒瞎碰，而是作家的生活碰到了我。」〔註 41〕由於過分地強調文藝的政治功用，以致於讓老舍這樣的行家裏手都遭遇了寫作上的滑鐵盧，可見政治對文學創作帶來的衝擊是何等的強烈，某種意義上，它已經改寫了文學自身的屬性。

不過幸好，老舍最終還是從這些「抗戰文藝」中走出來了，並且延續 30 年代就已經開始的世俗題材和傳統母題〔註 42〕，他宣佈要創作一本堪比但丁《神曲》的長篇巨著——《四世同堂》。而且恰如標題所述，這部作品的主題應當是和巴金的《家》、張恨水的《金粉世家》一樣師承《紅樓夢》的，那便是要借一個世俗家庭的悲歡離合來展現一個時代的重軛與斷裂。當然，老舍的視野更為廣闊，他描寫的是一條巷子。通過這條巷子，他展示了八年日據

〔註 41〕轉引自夏志清：《中國現代小說史》，第 238 頁。
〔註 42〕徐德明：《中國現代小說雅俗流變與整合》，第 273～279 頁。

時期,各個家庭所受的苦難,以及他們內部的各種浮沉變化、生死苦痛。另外重要的是,老舍還將北京城內的各處民風、民情也都一一細描。通過述寫這些日常生活,他既批判傳統,又反思現代,並最終將傳統推倒了象徵性勝利的位置上。張英進說:「老舍是現代作家而不是保守作家。……他必須從傳統的基礎上,建設新文化」〔註43〕。老舍本人所說的一段話印證了這個觀點,他說:

> 做一個現代的中國人需擔當得起使這歷史延續下去的責任。……你須有很大的勇氣去背負它,還須有更大的勇氣去批判它;你須費很大的力量去認識它;還須嘔盡心血去分析它,矯正它,改善它。你必須知道古的,也必須知道新的;然後,你才能把過去的光榮重新使世界看清,教世界上曉得你是前年的巨柏,枝葉仍茂,而不是一個死屍啊!〔註44〕

與老舍藉文化反思來推進兩類文學的整合不同,趙樹理的意義在於他形式上的不斷推陳出新,善用通俗文藝的形式來表現抗戰的內容。而且有如嚴家炎指出的,當不少新文學家依然不改他們居高臨下的態度時,似乎比較清醒的只有趙樹理了〔註45〕。當然這中間是有原因的,他出現在解放區這樣一個特定的歷史環境中,而且自身又是從實際的革命工作者開始,而後才成長為作家的,所以比起魯迅、老舍等人來,他自然是少了很多的文藝「禁忌」和限制。再加上時局的封閉,這又導致他與西方文學的隔膜,為此,他所能啓用的資源就只能是他耳濡目染的民間文學了。周揚講他是一個「新人」〔註46〕,說的正是他這種別與從前的「大眾風格」。

在《講話》的指引下,趙樹理積極地探索文藝民族化和大眾化的問題。在對新文學存在的歐化現象進行反思的基礎上,他提出了要從民間文學中汲取藝術營養的主張,「他對中國以說唱文學為基礎的傳統小說的結構方式、敘述方式、表現手段進行了揚棄與改造,創造了一種評述體的現代小說形式,既使農民為主體的中國讀者樂意接受,又能夠反映現代生活,表現現代中國

〔註43〕 張英進:《中國現代文學與電影中的城市》,第99～114頁。

〔註44〕 轉引自徐德明:《中國現代小說雅俗流變與整合》,第192～193頁。

〔註45〕 嚴家炎:《文學的雅俗對峙與金庸的歷史地位》,《西南師範大學學報》,2004年第5期。

〔註46〕 錢理群、溫儒敏、吳福輝:《中國現代文學三十年》,北京:北京大學出版社,2002,第475頁。

人的理想、情感和心理」〔註47〕。而這就是以《小二黑結婚》、《李有才板話》
爲代表的文藝大眾化新路。

這類小說，可謂是眞正地實現了農民化，不但他所擬想的讀者和描寫的
對象是普通的中國農民，而且就是內中的語言、形式，表達的思想感情乃至
審美情趣，都有著農民的質樸和天眞，充滿著幽默氣息。趙樹理自己說：「他
們每個人的環境、思想和那思想所支配的生活方式、前途打算，我無所不曉。
當他們一個人剛要開口說話，我大體上能推測出他要說什麼——有時候和他
開玩笑，能預先替他說出或接他的後半句話。」〔註48〕

除了描寫內容上的貼近農民，趙樹理在表現技巧上也積極尋求喜聞樂見
的形式，力圖以最俗易的方式宣傳思想。比如《小二黑結婚》的故事，開始
於這樣的一段敘述：「劉家嶠有兩個神仙，鄰近各村無人不曉：一個是前莊上
的二諸葛，一個是後莊上的三仙姑。」這段記述顯然使我們想到了「從前有
座上，山上有座廟，廟裏有個老和尙」這樣的「元敘述」模型。而且故事接
著講那些人物的經歷，充滿了懸念、陡轉和誤會，又無時不顯示出傳統文學
敘事結構的影響，一波不平又起一波，關鍵時候作者還要賣個關子，以便抓
住讀者的心。

可以說，趙樹理的這些嘗試開啓了現代小說寫作的一個新路向，而且也
不啻是對高高在上的新文學的一個小小震動，使他們對所謂的以鴛蝴爲代表
的通俗文學的態度有了反省。但可惜，趙樹理的道路很快被擡高誇大成爲一
種「方向」，人人都須在這樣的方向下準確行事，而這就又一次使得「嘗試」
變成「正統」，「多元」變成「一尊」。

最後我們來看劉雲若。作爲北派鴛蝴的重要代表，劉雲若的聲名總是與
張恨水相始終，被人稱爲「天津張恨水」。但事實上，也有像鄭振鐸這樣的大
家認爲，劉雲若的文學造詣遠在張恨水之上。徐鑄成先生的《舊聞雜憶》中
的《張恨水與劉雲若》一文，就向我們轉述了這一意見，他道：

　　一九四九年三月，在由香港赴解放區的船中，曾和鄭振鐸先生
討論近年出版的章回小說。他對劉雲若的作品也極推許，認爲他的
造詣之深，遠在張恨水之上。……振鐸對劉的《紅杏出牆記》最爲
欣賞，認爲它是這類小說中最出色的作品。〔註49〕

〔註47〕錢理群、溫儒敏、吳福輝：《中國現代文學三十年》，第485頁。
〔註48〕錢理群、溫儒敏、吳福輝：《中國現代文學三十年》，第476頁。
〔註49〕轉引自范伯群：《中國現代通俗文學史》（插圖本），第454頁。

劉雲若一生創作社會言情小說 40 餘部，而且屢屢引發轟動，比如他的處女作
《春風回夢記》就曾因事中斷了在報紙上的連載，可讀者「要求賡續之函，
在數千封以上」〔註50〕。這些為人所愛的作品，據瞭解他的友人分析，往往
是有一個固定的結構模式在的，他說：

> 尤其是雲兄小說的結構，差不多都是兩個旦角，一個小生，一
> 個花臉。如果細想起來，也是千篇一律，但他卻能寫一百個旦角和
> 一百個旦角的言談笑語行動坐臥，而用筆尖的靈感能夠吸引人人都
> 覺得每一組自有其每一組的特點。〔註51〕

劉雲若以這千篇一律的才子佳人模式作小說，但又篇篇不同，足見他並非是
那種純為稿費而寫作的「文丐」。他不但天才奇恣，對生活體貼入微，能夠廣
閱人情，細摩世態，而且他還受過「新潮激陶」，但又不是隨風而倒，人云亦
云。他自認傳統還大有可為，有著它強大的生命力。他說：

> 吾人曾時作故紙堆中的蠹魚，習染很深，以後雖大受新潮激
> 陶，仍然不能不戀舊時骸骨。常覺得舉世詬病的死文字，固有它
> 新鮮活潑的精神，精微深秒的運用，足以和新文學並存，不必偏
> 廢。〔註52〕

正是受益於這種不偏不倚的文學主見，使得劉允若能在傳統與現代之間做出
有效的綜合。抗戰爆發，他閉門寫作，僅 1941 年就出版小說 6 部，其中有著
名的《小揚州志》和《舊巷斜陽》兩部。范伯群認為這是「民國通俗小說最
高水準的經典。從這些小說中，我們可以更清楚地發現劉氏繼承傳統小說技
法，又受西洋小說影響的痕迹。」〔註53〕

　　時人常拿曹雪芹、施耐庵、蘭陵笑笑生等人來比附他，他也希望「比肩
曹、施」，沿用傳統的章回體式作書，謀篇佈局、勾畫人物，無不見出他對古
典的熟稔〔註54〕。比如，《小揚州志》的開篇，也是「山上有廟，廟中有和尚」
的「元敘事」：「話說天津城東東街上，有一家朱戶銅環，巨家宅第……」以
「話說」起頭，又是傳統的說書人口吻，而接下來不下 400 字的場景描寫，
更是極盡傳統細描之功，點染鋪設，最後引出了人物，頗有《金瓶梅》裏借

〔註50〕轉引自范伯群：《中國現代通俗文學史》（插圖本），第 455 頁。
〔註51〕轉引自范伯群：《中國現代通俗文學史》（插圖本），第 457 頁。
〔註52〕轉引自范伯群主編：《中國近現代通俗文學史》（上卷），第 316 頁。
〔註53〕范伯群主編：《中國近現代通俗文學史》（上卷），第 315～316 頁。
〔註54〕轉引自范伯群主編：《中國近現代通俗文學史》（上卷），第 316 頁。

像具擺設來襯寫美人的影子。

又劉雲若是讀著林譯小說成長的，其間又接觸過一些西籍小說，特別是狄更斯和歐文對他影響最大，故而他說欲「與狄、華共爭短長」〔註55〕。但是他這種讀書的方式本身也就決定了他所受的這些外國影響又是經過了中國化的，所以，他於融合上表現出來的最大特點，既不是老舍式的反思，亦不是趙樹理式的再生，而是晚清翻譯式的意譯，它是融了創造性轉化在內的。比如他學狄更斯「把小說描摹的重心放在都市下層人物的生活上；把城市的地域風貌作為小說的一個特色」〔註56〕，這何嘗又沒有《金瓶梅》、《海上花列傳》的影子呢？

所以說，這新文學與鴛蝴派的融合，也不是一個表面上的你像我，我學你這樣簡單，這中間埋伏了傳統與現代、中與西、文學與政治等等不同話語的交媾與遞嬗。這資源的融合本身顯示了中國文學積極尋求現代的企圖，而且經由這些各不相同的面貌，又顯示出現代化的多元面貌。而無論是新文學的「正典」，還是鴛蝴派的「另類」，亦不過是這當中的一類而已。

第二節　人為的遮蔽與彰顯

在上一節我已經指證了新文學與鴛蝴派之間的相互融合與借鑒，作為一種資源的重新梳理，它表現為一種自覺的進程。誠如胡適那個著名的觀點顯示的那樣，這是一個自然的演化行為，但是這種演化難保不受到外在因素，特別是人為因素的左右與影響，故而它又使得我們相信，文學史從來不是一個自足的過程，它緊密地被各種勢力環繞著，以至於一步一步地走向某種事先準備好的意圖。儘管這樣的意圖起首並不引人注意，或者至少被時人視為理所當然、不可避免，但是當我們以後事諸葛的形象出現，並以福柯那個著名的知識考古法對其作出重新分辨時，會像葛兆光一樣清楚地認識到：

> 無論東方還是西方，所謂「經典」，其權威建築在對「真理」的獨佔上，它依靠「真理」權力保護著它的歷史記載、哲理思考、文學表現的絕對合理性。而所謂「歷史」，其權威性則建立在它對「真實」的獨佔上，它依靠「真實」，要求讀者相信它的敘述的合理性……

〔註55〕轉引自范伯群主編：《中國近現代通俗文學史》（上卷），第317頁。
〔註56〕轉引自范伯群主編：《中國近現代通俗文學史》（上卷），第317頁。

> 當一個「過去」被當作「歷史」而「敘述」出來的時候，它就成了
> 「知識」，特別是當這種知識又被權力認可而變成「常識」，寫入用
> 於考試的教科書，被當作辭典諸如百科全書的條目，它彷彿擁有了
> 逃避追究的豁免權。〔註57〕

而同樣的，為了鞏固對鴛鴦蝴蝶派的勝利，一種作為經典生成機制的文學史寫作開始進入新文學作家們的視野。這一書寫行為，既像我在前面反覆舉證的「新文學大系」的編撰工作一樣，本身就是那場曠日持久的場域鬥爭的重要方面，同時也是對某一階段鬥爭結果的直接評價和定位。這種人為分派資源的方式，儘管存在諸多可疑之處，但它確實也提供了想像歷史的具體途徑，獲得了解釋歷史的優先權——通過書寫和迴避某些作家作品或思潮流派，來態度昭彰地表明文學的「真理」何在。

唐弢說：「文學史，寫誰不寫誰，的確是一門很大的學問哪！」〔註58〕這學問不僅是對傳紀者審美能力的一種集中考察，同樣也是對其如何在各種勢力中依違抉擇，或表現個性或投奔集體的一次重點審查。但不論情形怎樣，這門學問都將無可置疑地受制於之前的歷史「現實」和當下的寫作環境，而且作為一種鬥爭策略，它將被適時地兌換成一種新的象徵資本，直接參與到下一輪的文學史寫作中去，並最終導向某個固定的文學史結構。下面，就讓我們一同來看一看新文學與鴛蝴派的鬥爭到底給他們帶來了怎樣不同的文學資本，並使得他們在文學史中獲得了如何不同的評說和界定。

一、50年的遮蓋：隱蔽的文化陳規

在1949年以前進行的文學史寫作中，充當主力的往往是那些著名的學者或大學教授，純粹的文學作家或報刊文人很少參與到這樣的事件中去。這至少從一個側面說明，他們並沒有真正領會到文學史寫作對於重新定義文學，並左右之前或之後的文學評論的重大意涵。而這些所謂的學者或大學教授通常都是新文學人士，因此，即便在不考慮其敘事真實性的前提下，這樣的一種憂慮不免存在，即新文學可以佔據文學史寫作的絕大篇幅。而實事上，真實的情形遠比憂慮來的嚴重，有關鴛鴦蝴蝶派的討論幾乎付之闕如。原因或

〔註57〕葛兆光：《中國思想史》（第2卷），上海：復旦大學出版社，2000，第51、65頁。

〔註58〕唐弢：《關於中國現代文學史的編寫問題》，北京師範大學中文系現代文學教研室編：《現代文學論爭》，北京：北京師範大學出版社，1984，第4頁。

許就在於它的作者有意迴避這樣一股與當時的文化現實格格不入的休閒文學、逸樂文學。而且，正如我們注意到的，這一時期內的（特別是新文化運動開始的最初幾年裏），文學史的作者們持續地對一個事件發生興趣，那就是重新評定過去的文學，並為現在文學的誕生尋找必要的出口和傳承。在《過去的終結：民國初年對文學史的重寫》一文中，宇文所安這樣敏銳地指出：

> 在他們所寫的文學史裏，他們必須講述這樣的一個故事：這個故事應該得出古典文學已然宣告終止的結論。這個結論控制了歷史的結構。在這裡，值得指出的是，由於這種具有履行性質的對現代性的宣告，現在與過去之間出現了一些簡單基本的對立。……產生了「我們」和「他們」，「現代」和「傳統」，而在書寫文學史的方面，傳統的多樣性和複雜性也被簡化為二元對立的。「五四」文學史家的最大成就，乃是勾畫了一條白話文學與永遠都處在垂死狀態中的「正統」文學不斷較量的發展線索：白話文學永遠都在上昇期。筆走至此，我希望讀者注意到，這樣的文學史恰好符合我在上文作出的結論：它把「五四」作家們自己的地位放在了文學史發展的一個頂峰。〔註59〕

出於自我肯定的需要，「五四」文學史家對歷史作了大篇幅的刪除，而這其中自然就包含了從傳統創化而來，且耽溺於消遣、興味主題的鴛鴦蝴蝶派。這個流派不論是作為「垂死的封建文學的餘孽」，還是「新興的幾無現實意義的小資產階級文藝」，都受到了新文學人士的大加撻伐。而且重要的是，如果對這樣一個勃然興盛於世紀之初的文學流派做出描述，根本就無異於搬起石頭砸自己的腳，因為它無法使人信服地認為新文學的發生確實預示著中國文學正確的走向，而且還有著那種摧枯拉朽的生命強力。所以，在最初的 50 年裏，文學史家幾乎沒有浪費任何一點筆墨來書寫鴛蝴，那既是出於不屑，也是緣自不敢。因而解放前的文史就是新文學自身的編撰史，這一點可以清楚地從此一時期內湧現的各種文學史著述中得到佐證。

在 1922 年 3 月應《申報》50 週年特刊而作的《五十年來中國之文學》一文中，胡適對其時聲勢壯大的鴛蝴派隻字不提，而是以一種歷史的連續主義觀點，反覆重申現代白話文學的出現有著其悠久的歷史傳統，而且還取得了

〔註59〕宇文所安：《他山的石頭記》，田曉菲譯，南京：江蘇人民出版社，2006，第261、262 頁。

不可否認的成績。這篇文章共有 10 個章節，前面的 9 節屬於近代文學部分，而第 10 節則是純粹的新文學史。雖然在謀篇佈局上前重後輕，但顯然前面 9 節都作了第 10 節的鋪墊，早期的文學現象被當成後來文學現象的先鋒。所以，從這一點上講，這部作品會漠視鴛蝴派那也是有情可諒的，原因就在於這本來就是一條新文學的發展線索，與鴛蝴派根本無涉。而延續這種表述方式，繼之而起的像趙景深的《中國文學小史》、陳子展的《最近三十年中國文學史》、錢基博的《現代中國文學史》以及馮沅君、譚正璧等人的論述，都是以這樣一種觀點來檢視中國文學，將其簡化處理成一部新文學的源流史、發迹史。

　　而後來的一些文學史編撰工作，更是性格鮮明地在標題上表明其所討論的範圍僅僅只限於「新文學」，而與其他任何在這一時期內發生的文學現象無關。比如，王哲甫的《中國新文學運動史》、伍啓元的《中國新文學運動概觀》、王豐園的《中國新文學運動述評》、吳文祺《新文學概要》、周揚的《新文學運動史講義提綱》、李一鳴的《中國新文學史講話》等等，都在標題中彰明「新文學」三個字，用以暗示整個中國現代文學史可供書寫的內容僅僅局限於新文學方面，而其他的文學活動幾乎沒有任何史學價值，或可供人們瞭解的意義。〔註 60〕

　　儘管說這樣的文學史書寫不免偏狹，但作為場域鬥爭的手段它確實是不可或缺的。至少在當時它就成功地扭轉了人們的注意力，並使得自己的判斷成為今後文學史上的老生常談。宇文所安說：「這在很大程度上應該歸功於大眾出版業的發達，使得他們的著作得到大量發行；也應歸用於他們編選的作品在學校系統內的廣泛應用。同時，還因為他們講述的故事是相當精彩的。」〔註 61〕

　　的確，正如宇文所安注意到的，文學史接受誰、拒絕誰都與教育體制有著直接關聯。在探討張愛玲與中國現代文學史寫作之複雜關係時，王宏志曾這樣指出：

> ……中國大陸的文學史書寫跟教育有緊密的關係。
> 作為最早的中國文學史著之一，林傳甲的《中國文學史》便是

〔註 60〕黃修己：《中國新文學史編纂史》，北京：北京大學出版社，1995，第 1～118 頁。
〔註 61〕宇文所安：《他山的石頭記》，第 260～261 頁。

他在京師大學堂上教授中國文學史時自編的講義；另外，我們所熟
悉朱自清的《中國新文學研究綱要》和王瑤的《中國新文學史稿》，
也是他們在清華大學教授新文學時的講義。可是，當文學史書寫跟
教育的關係變得密切時，文學史裏寫些什麼，便往往不是文學史家
的主觀願望所能完全決定的，而是跟國家的教育政策掛鈎。即使林
傳甲的《中國文學史》也使受到了《欽定京師大學堂章程》的制約。
這情形在 1949 年以後變得更嚴重。〔註62〕

應當同意，一旦文學史書寫跟教育掛鈎後，它便無可避免地要成爲一種意識
形態的傳播工具。而素以軟性、輕靡品性著稱的鴛蝴作品，根本不敷也不配
用以支撐那些張致作狀的國家論述，所以它會在解放前的文學史中被忽略得
一乾二淨，亦不是沒有原因的。當然，這樣的情形在建國以後將會被徹底改
寫，因爲僅僅是忽視已經完全不能用於表白新文學強烈的政治情結了，惟有
批判、再批判，方能眞正顯示人民性、階級性到底何在。

二、30 年的批判：明確的政治指向

曠新年曾在《猶豫不決的文學史》一文中尖銳地指出，人民共和國成立
後，「隨著當代政治事件的激進化，中國現代文學史，成了一部左翼文學史」。
〔註63〕而這一點最先表現在中央教育部對文學史寫作的控制上。早在 1950 年
5 月，教育部便頒發了《高等學校文法兩學院各系課程草案》，其中規定新文
學史爲各大學中國語文系主修課程，並作出這樣的說明：

> 運用新觀點、新方法，講述自五四直到現在的中國新文學的發
> 展史，著重在各階段的文藝思想鬥爭和發展狀況，以及散文、詩歌、
> 戲劇、小說等著名作家和作品的評述。〔註64〕

這裡所謂的「新觀點」、「新方法」，自然是指馬克思主義哲學的唯物史觀，而
所謂的「文藝思想鬥爭和發展狀況」，當然也包括了其與鴛蝴派的場域鬥爭
史。但是既然是作爲勝利者的教材，那麼所有與之鬥爭的勢力都將不可避免
地被推到反面教材的位置上，要加以批判解剖。

而與此批判行爲相配套的是，文學史家著力發掘出了一大批示範性的作

〔註62〕 王宏志：《張愛玲與中國大陸的現代文學史寫作》，劉紹銘、梁秉鈞、許子東
編：《再讀張愛玲》，濟南：山東畫報出版社，2005，第 253～254 頁。

〔註63〕 曠新年：《猶豫不決的文學史》，《文學評論》，1999 年第 1 期。

〔註64〕 轉引自劉紹銘、梁秉鈞、許子東編：《再讀張愛玲》，第 255 頁。

家和作品。通過對文學經典做出界定和選擇，來表明什麼是正確的、完美的文學，從而強化文學的秩序，使輿論趨於一律。關於這一點，洪子誠有如下一段論述，可供我們參考，他說：

> 在 50～70 年代，當時政治權力和文學權力對這個問題的理解是，文學經典對政治秩序和文化秩序的建立是至關重要的，它直接參與到對社會政治和文化秩序的建構中。因為有這種理解，所以對經典的確立有嚴格的監督和控制，並且提出了一些明確的評價尺度。雖然在某些問題上，對某些具體的作家作品的評價會有分歧，但是整體上有明確的尺度。這種監督和控制，主要通過理論批評、書刊出版、圖書流通等渠道來實現。哪些作家的作品可以出版，獲得什麼樣的評價；那些書可供借閱都有規定。出版方式也有區別：除了公開出版外，有的是限制讀者群的「內部發行」。〔註65〕

在洪子誠所說的這些評價尺度中，最突出的幾項就是思想傾向上的「民主」精神，「人民性」，以及創作方法上的「現實主義」〔註 66〕。而這些評價標準幾乎無一例外地都與鴛蝴作品風馬牛不相及，所以，鴛蝴派決沒有任何入史的可能，如果有，就如我們上面所說的，是作為新文學的對立面出現，被用來批評撻伐。而事實也就是如此。

在由北京大學中文系專門化 1955 級集體編著的《中國文學史》一書中，鴛蝴派被目為「小說逆流」，「反動逆流」。作者認為其「作品基本傾向是脫離時代精神，極力宣揚低級庸俗的感情。這是應該全部否定和嚴加批判的。」而與此相似，由復旦大學中文系古典文學組學生編寫的另一本《中國文學史》，也對其採用了相似的稱謂：「文壇上的逆流」。而其他接受對鴛蝴派「逆流」定位的文學史，還有北京大學中文系 1955 級的《中國小說史稿》、復旦大學中文系 1956 級的《中國近代文學史稿》。前者以「辛亥革命後小說的反動」為題，斥責鴛蝴派文學趣味低下，內容腐朽，雖偶有「一點點的積極意義」，但最終難逃被歷史淘汰的下場；而後文則直接冠以「小說中的逆流」的稱謂，指謫鴛蝴小說或「為維護封建禮教而存在」，或「露骨地宣揚了地主階級的人生觀」，麻痺了人民的鬥爭意志，具有反動的實質。

〔註65〕洪子誠：《問題與方法》，北京：生活·讀書·新知三聯書店，2004，第 245 頁。

〔註66〕洪子誠：《問題與方法》，第 248 頁。

　　同這種直接的批評稍有不同，另外幾部文學史則將對鴛蝴的批判揉和在新文學的思想鬥爭史中來談。他們分別以「對『名士派』、『鴛鴦蝴蝶派』的鬥爭」（復旦大學中文系 1957 級：《中國現代文藝思想鬥爭史》）、「辛亥革命小說發展中的鬥爭」（北京大學中文系：《中國小說史》）、「對復古派的鬥爭」（唐弢主編：《中國夏代文學史》），以及「對封建復古派和資產階級右翼文人的鬥爭」（田仲濟、孫昌熙主編：《中國現代文學史》；北京大學等九院校編：《中國現代文學史》）為標題，試圖借新文學的最終獲勝這樣一個結果表明：各種敵對勢力不過是歷史的反動與倒退，他們終將走入歷史的墳墓，退出文學的舞臺。〔註67〕

　　正是在這 30 年「政治正確」掛帥的歷史中，鴛鴦蝴蝶派開始走向了文學的谷底，並幾近為人遺忘，而與此同時，現代文學史寫作的經典模式也開始成形，「魯郭茅、巴老曹」的論述結構成為文學史的主潮。一部分文學被擡高了，而另一部分則被無情地埋葬，中國現代文學史畸形的構造正期待著新的評價和發現。

三、20 年的摸索：朦朧的審美意識

　　在經歷了文革的十年浩劫之後，80 年代的中國進入了一個撥亂反正的時代，文學史研究中以階級、政治立場作為基準的分析方法逐漸削弱，衰減。許多作家、作品得到平反，並被重新評定。而且在這一過程中，還出現了一大批重要的討論，其中影響最為深遠的莫過於 1985 年由錢理群、黃子平和陳平原提出的「二十世紀中國文學」的觀念，以及 1988 年由王曉明、陳思和提出的「重寫文學史」的口號。王宏志曾將這些議題的中心概括為四：

　　　　第一、把文學史寫作從政治中解放出來；
　　　　第二、以文學史家的個人審美和藝術觀作為評價作家作品的標準；
　　　　第三、打破現、當代文學分成兩個範疇的格局，以二十世紀中國文
　　　　　　　學這樣的一個觀念來做涵蓋；
　　　　第四、強調由個人書寫文學史，取替從前的集體著作模式。〔註68〕
儘管這樣一些的打算被視為理所當然，且深有餘意，但事實上，重寫文學史還是遭受了來自內外兩個方面的牽制。首先是由官方作家出面，指責其為「資

〔註67〕魏紹昌編：《鴛鴦蝴蝶派研究資料》，第 134～174 頁。
〔註68〕劉紹銘、梁秉鈞、許子東編：《再讀張愛玲》，第 271 頁。

產階級自由化」思潮的產物，需要特別「端正指導思想」。其次，就是來自文學史寫作自身的問題。如何安排各種傾向不同的作家、作品入史成為一個難題，特別是在安置鴛鴦蝴蝶派這類不容忽視的「俗文學」入史時，問題更是棘手。陳平原在總結將通俗小說作為小說史（文學史）研究對象時曾指出，通常的研究有三種趨向：

> 第一種，在原有的文學史、小說史框架中納入個別通俗小說家，如唐弢、嚴家炎主編的《中國現代文學史》和楊義的《中國現代小說史》都論及張恨水的小說。這比視而不見或一筆抹殺自是一大進步，而且就目前學術界的研究水平，這樣處理操作起來也比較切實可行。可這種方法也有明顯的缺陷，只講張恨水而不講其它同樣有成就的通俗小說家，孤零零一個張恨水根本無法體現通俗小說的發展軌迹，也就是說，對張恨水個人來說，入史意味著被學術界承認；可對於整個通俗小說創作來說，張恨水的入史並沒有什麼實質性的意義。因為說到底，史家仍是從高雅小說（文人小說、嚴肅小說）的角度來閱讀、評判張恨水的小說，讚賞的是張恨水如何擺脫通俗小說的套路而向高雅小說靠攏，亦即肯定的是通俗小說中的非通俗小說因素。……
>
> 第二種，在原有的文學史、小說史之外，另編獨立的通俗文學史和通俗小說史，如范煙橋的《民國舊派小說史略》和范伯群主持的正在撰寫的《中國近現代通俗文學史》。……讓通俗小說獨立成史，好處是可以依據對象調整評價標準，也能講清大量通俗小說的來龍去脈及基本特徵，對糾正目前學界對通俗小說知之不多而偏要放言空論的傾向頗有好處，不過，這樣處理也有弊病。把高雅小說和通俗小說割裂開來各自成史，整個小說界的發展面貌未免模糊不清。……
>
> 第三種，強調雅俗對峙是 20 世紀中國小說的一個基本品格，把高雅小說和通俗小說作為一個整體來把握。〔註69〕

不可否認，單獨修史或者查漏補缺式的寫法，都無法使文學史的整體面貌清晰地現顯出來。但是，就目前所進行的各項有關鴛鴦蝴蝶派與新文學的討論

〔註69〕陳平原：《小說史：理論與實踐》，北京：北京大學出版社，1993，第 118～119 頁。

來看，大都是以這樣的方式進行的（這一點我在導論中已經表明，此處就不再添蛇足了）。在雅俗互動、新舊交戰中尋找整個時代文化、文學特質的努力還有待開拓，在雅俗對峙中發掘出現代小說發展變化動力的嘗試也有待推進。而我想，這可能也是本書借對鴛蝴派和新文學場域占位鬥爭考察試圖達到的目標之一。儘管本書只是在客觀地描述這個過程，而不是推導出一些預設的結論，但是我希望這些描述對我們持續地考察其後果有著直接的作用。同樣，我也希望藉此建立起屬於鴛蝴派自己的美學準則，而不再是以新文學的標尺去衡量它、否定它，並重新發現其在文學史上的地位和影響，進而改寫我們對文學史的認識。

結語：補繪中國現代文學的另一面

　　中國現代文學發展一百餘年，地覆天翻。它取道西方，效法歐美，「以極端短暫凝縮的形式」，上演了一場「遲到的現代性」〔註1〕。儘管這段文史常常為人詬病，背離傳統，照搬西方，甚至只為取悅歐美讀者而不斷兜售它的「政治美德」和「東方風情」〔註2〕，但是不可否認，它已經成為中國現代文學生成模式最清晰的一面，即「衝擊——回應」模式已經成為我們解釋文學現代化的主要路徑，同時也成為「影響的焦慮」下不可迴避的「現代性創傷」。

　　但是檢視百年現代文學經驗，歷史與文學之間複雜的對話正構成「迷魅」的另一面。古典中國的想像魅域和記憶暗流正不斷返回當下，重寫一段「被壓抑的現代性」。尋求中國文學自身的「劇情主線」已經浮出歷史地表〔註3〕，並日益引起文學史家的反思。「全盤性反傳統主義」被修正為「借鑒革新」和「繼承改良」的雙線交匯〔註4〕，文學接受和文化過濾正成為理解現代性進程不可或缺的兩面。「另類現代性」、「對抗現代性」、「反思現代性」等諸觀念，眾聲喧嘩，遙相呼應，決意要與那「單一的現代性」作一針鋒，而著力提示「創化傳統」的主導性力量〔註5〕。

〔註1〕柄谷行人：《日本現代文學的起源》，趙京華譯，北京：生活‧讀書‧新知三聯書店，2006，第219頁。

〔註2〕宇文所安：《什麼是世界詩歌？》，洪越譯，田曉菲校，《新詩評論》，2006年第1輯。

〔註3〕柯文（Paul Cohen）：《在中國發現歷史——中國中心觀在美國的興起》，林同奇譯，北京：中華書局，1997。

〔註4〕范伯群：《中國現代通俗文學史》（插圖本），第1頁。

〔註5〕陳平原：《小說史：理論與實踐》，第62頁。

　　誠此，文學發展的「外部取向」和「內部選擇」都已不能單獨構成「解魅」20 世紀中國文學演進路向的利器。「跨越」和「綜合」已經成爲晚清以降的中國現代文學的關鍵詞。「失語」的中國，已經開始在傳統和現代的會通中重新發出聲響。

　　而持續追蹤那些被我們放置了和遺棄了的面向或流派，會有助於建立我們更爲宏闊的文學視野，也有益於我們形成更爲開放的文學史觀。同時它也是反思當下文學史寫作的必要通道。唯有不斷地反躬自省，我們才能更好地應對各種突如其來責難和評騭。

　　恰如宇文所安夫婦在不久前結束的上海演講中提到的那樣，「要讓歷史的邊緣進入文學史」，「要關注那些被文學史過濾的詩人」。宇文所安講：

> 傳統中國文學史在關照了那些我們耳熟能詳的詩人、小說家、劇作家的同時，忽略了許多其他本該在中國文學史上佔據重要地位的文學家。就算是李白、杜甫他們也可能只是千年來各種歷史因素選擇甚至過濾的產物。……目前大部分文學史作品忽略了更多的偉大詩人和詩歌，如果不選擇杜甫而是選擇其他人，那我們看到的將是另外一部文學史。……前代的文學史已經成爲我們理解文學的方式，內化在文學閱讀之中，所以我們要產生自覺意識，檢視自己的文學閱讀中哪些受到了文學史的影響。

誠哉斯言，可謂意寓深遠，到最後，他還提醒我們注意：「我們……不可能書寫一部完美的文學史，也不可能存在唯一的文學史，我們的目的是保護文化傳統，而不是確立唯一絕對眞理。」〔註6〕的確，並不存在一部絕對正確的文學史，所謂的雅與俗、正與反、對與錯，這些觀念都是意識形態化的結果。爲文造情，是寫作中的惡劣表現；而同樣的「寫史弄情」，也是一種不健康的文學史觀。文學應當擁有它豐富多采的面相，而不是唯一的面孔。

　　本書講新文學與鴛鴦蝴蝶的不同美學抉擇，講新文學的宏大敘事，鴛鴦蝴蝶派的日常小景，並不是必要把它們往那個「現代的戀物癖」〔註7〕上去靠，而是說它們的發達自成一格。不論是要品評它的落後，還是要稱讚它的先進，它們都是中國文學發展史上不容忽視的洋洋大觀。

〔註 6〕石劍峰：《田曉菲夫婦：關注那些被文學史過濾了的詩人》，《東方早報》，2007
　　　　年 11 月 6 日。
〔註 7〕劉劍梅：《狂歡的女神》，北京：生活‧讀書‧新知三聯書店，2007，第 238
　　　　～239 頁。

　　文學本無對錯，而只有優劣之別。我們不能強行將各種西方的模子拿來剪裁中國的文學，也不能用各種道德律令、政治條文來規範文學寫作的內文。對於西洋的文學，胡蘭成說：「給我們刺激是好，但是不必學它。如聞雞起舞，但是不要學雞叫。」〔註8〕對於國家正義，我們說，不需要處處記掛，只需大義當前，是非瞭然就行。田曉菲評論《金瓶梅》，人人都以爲詞話本爲佳，道德彰明，每每指點停當，然而她卻力排眾議，認爲繡像本妥貼安穩，雖不評斷是非，但也是大慈大悲，無限風光〔註9〕。文學就是文學，政治便是政治，有時交錯有時分離，那是美的，但文學成了政治那就不美，因爲它本末倒置，混淆了根本。所以，寫文學的、讀文學的、最後還有講文學的，都不應當帶著有色眼鏡來看問題，是是非非，還它一個本貌最要緊。可愛之人自有可恨之處，可恨之人也必有可愛之舉，文學和文學史都不應當只有一種聲音、一個樣子。

　　中國百年文學、千年文學，乃至萬世文學，也都應當是亦莊亦諧、歡樂有時，悲傷有時的。如果人人都是李白、杜甫、魯迅、茅盾那就乏味了，更何況宇文所安說，那些被遺忘的人群也許比我們此刻見到的、聽到的、學到的人物還要緊呢。

　　爲此，我們講文學中沒有哪個比哪個更重要的說法，有的只是評者的個人審美偏好。文學不必因噎廢食，也不要誅此刑彼，而是看他如何前擷後取，寫情狀物，自成一體的。換言之，文學之好壞優劣，最終還在於艾略特那個經典的命題：傳統與個人能力。正如孫康宜在《抒情與描寫》一書的序言中寫道的那樣：

　　　　每一個詩人，在發展自己的個人風格時，都尋求將自己的抒情
　　與過去的詩歌典範聯繫在一起。在詩人表現自我的衝動（這是一個
　　方面）與遵循傳統的冷靜（這是另一方面）之間，存在著一種恒久
　　的辯證法。因爲只有自覺而努力地遵循抒情詩的傳統，詩人才可以
　　與前輩們競爭，甚或超越他們。但有些時候，爲了給傳統重下定義，
　　詩人需要與傳統決裂。變革如此之激烈，以至於他又可能受到同時
　　代人的忽視或嘲笑。然而對這樣一位詩人的最終酬勞，在於他所堅
　　信的那樣，他的作品將會使他不朽；在於如他所感覺到的那樣，將
　　來的某一天在後人中會出現「知音」。這種希望得到後人理解的想

〔註8〕胡蘭成：《中國文學史話》，上海：上海社會科學院出版社，2004，第54頁。
〔註9〕田曉菲：《秋水堂論金瓶梅》，天津：天津人民出版社，2003。

法，正是中國文學復興最重要的決定要素之一。〔註10〕

個人的成敗於此，文學的隆替亦寓於此，描繪另類的目的也寓於此。那就是要提醒我們現代與傳統的兩兩不能或忘。最後，謹讓我以浦安迪（Andrew Plaks）的一段話來結束這篇冗長的文章，儘管他談論的是十六世紀的士大夫文化，但他也使我們看到了晚清和五四，希望借他的良言為本書劃上一個雋永發聵的句號：

> 我們看到該時期的許多文化活動揭示出晚近末世的藝術家掙扎著要界定他們與古老文化遺產的關係。我覺得把狄百瑞（W. T. deBary）的「文化負擔」一語用在這裡非常妥貼，它如實傳達了這一時代自覺藝術家們的印象，他們面對一個過於龐大、非任何個人所能全部掌握的文化遺產，迫切要求重申自己的立場。這就好像「古今交融」這種由來已久的觀念到了千百年累積重壓下的今日逐漸淡薄了，我們開始有一種更近於艾略特（T. S. Eliot）所稱「往昔不堪回首」的感受，而已不像從古代以來中國人原有的那種認識在同一大傳統之內會有今昔兩者互補階段的概念。難怪當時及稍後的思想家們開始強調文學和繪畫的直線發展的歷史觀；與此同時，一些人著手把類似的看法應用於物質和歷史進步的過程上。至少，在作家們竭力去重新捕捉那些傳統文體的「古」精神時，我們發現了一種歷史相對論的微妙表現。結果，整個士大夫文化的面貌常常變成一種矯揉造作的東西，一種相當自覺的企圖，即按照文人想必應該如此的方式行事，而不再像宋代大師們似曾有過的那樣去自發地體現理想。因為該時期的世界觀出現了那麼多歪曲，自相矛盾和反諷焦點。

> 這種對文人特性的探索貫穿整個晚明的文化生活，而這種自我確定的企圖往往只是導致不安的折衷。這樣，我們就看到文人藝術家們在一幅超然離世的屏風后面玩著自我實現的遊戲，這種屏世之幕雖還不能稱作「異化」，但卻足以招致冷嘲和反諷的前景——時而情趣橫溢，時而陷入相當沉重甚至痛苦的冥想。〔註11〕

〔註10〕孫康宜：《抒情與描寫》，第4頁。

〔註11〕浦安迪（Andrew H. Plaks）：《明代小說四大奇書》，沈亨壽譯，生活・讀書・新知三聯書店，2006，第35～36頁。

參考文獻

一、外文文獻

1. Michel Hockx, *Questions of Style: Literary Societies and Literary Journals in Modern China, 1911～1937*, Leiden: Brill, 2003.

2. Michel Hockx ed, *The Literary Field of Twentieth-century China*, Surrey: Curzon, 1999.

3. Perry Link, *Mandarin Ducks and Butterflies: Popular Fiction in Early Twentieth Century Chinese Cities*, California :University of California Press, 1981.

4. Rey Chow, *Woman and Chinese Modernity: the Politics of Reading between West and East*, Minnesota: University of Minnesota Press, 1991.

二、中文論著

1. 阿英，晚清文藝報刊述略，上海：古典文學出版社，1958。

2. 阿英，晚晴小說史，北京：東方出版社，1996。

3. （美）安敏成，現實主義的限制：革命時代的中國小說，姜濤譯，南京：江蘇人民出版社，2001。

4. 包天笑，釧影樓回憶錄，香港：大華出版社，1971。

5. 包天笑，釧影樓回憶錄續編，香港：大華出版社，1973。

6. （日）柄谷行人，日本現代文學的起源，趙京華譯，北京：生活・讀書・新知三聯書店，2003。

7. （法）布爾迪厄，藝術法則，劉暉譯，北京：中央編譯出版社，2001。

8. （法）布爾迪厄，文化資本與社會煉金術——布爾迪厄訪談錄，包亞明譯，上海：上海人民出版社：1997。

9. 曹而雲，白話文體與現代性——以胡適的白話文理論為個案，上海：三聯書店，2006。

10. 陳伯海、袁進主編，上海近代文學史，上海：上海人民出版社，1993。

11. 陳平原，小說史：理論與實踐，北京：北京大學出版社，1993。

12. 陳平原，中國現代小說的起點——清末民初小說研究，北京：北京大學出版社，2005。

13. 陳平原，中國小說敘事模式的轉變，北京：北京大學出版社，2006。

14. 陳平原、夏曉虹編，二十世紀中國小說理論資料（第一卷）1897～1916，北京：北京大學出版社，1997。

15. 陳子善編，張愛玲的風氣：1949 年前的張愛玲評說，濟南：山東畫報出版社，2004。

16. 陳子善、羅崗主編，麗娃河畔論文學，上海：華東師範大學出版社，2006。

17. 程光煒主編，都市文化與中國現當代文學，北京：人民文學出版社，2005。

18. 程光煒主編，大眾媒介與中國現當代文學，北京：人民文學出版社，2005。

19. 程光煒主編，文人集團與中國現當代文學，北京：人民文學出版社，2005。

20. 程文超，1903：前夜的湧動，濟南：山東教育出版社，1998。

21. 董麗敏，想像的現代性：革新時期的《小說月報》研究，桂林：廣西師範大學出版社，2006。

22. 范伯群，禮拜六的蝴蝶夢・論鴛鴦蝴蝶派，北京：人民文學出版社，1989。

23. 范伯群，中國現代通俗文學史（插圖本），北京：北京大學出版社，2006。

24. 范伯群、孔慶東，通俗文學十五講，北京：北京大學出版社，2003。

25. 范伯群主編，中國近現代通俗文學史，南京：江蘇教育出版社，2000。

26. 范伯群、芮和師等編，鴛鴦蝴蝶派文學資料，福州：福建人民出版社，1984。

27.（美）韓南，中國近代小說的興起，徐俠譯，上海：上海教育出版社，2004。

28. 韓毓海，從紅玫瑰到紅旗：變遷的中國現代觀，上海：上海遠東出版社，1998。

29. 姜進主編，都市文化中的現代中國，上海：華東師範大學出版社，2007。

30.（美）柯文，在中國發現歷史——中國中心觀在美國的興起，林同奇譯，北京：中華書局，1989。

31. 孔慶東，1921：誰主浮沉，濟南：山東教育出版社，1998。

32. 孔慶東，超越雅俗——抗戰時期的通俗小說，北京：北京大學出版社，1998。

33. 李今，海派小說與現代都市文化，合肥：安徽教育出版社，2000。

34. 李楠，晚晴、民國時期上海小報研究——一種綜合的文化、文學考察，北京：人民文學出版社，2005。

35.（美）李歐梵，中國現代文學與現代性十講，上海：復旦大學出版社，2002。

36.（美）李歐梵，現代性的追求，北京：生活、讀書、新知三聯書店，2000。

37. （美）李歐梵，未完成的現代性，北京：北京大學出版社，2005。

38. （美）李歐梵，上海摩登——一種新都市文化在中國 1930～1945，毛尖譯，北京：北京大學出版社，2005。

39. （美）李歐梵，中國現代作家中浪漫的一代，北京：新星出版社，2005。

40. 李孝悌，戀戀紅塵：中國的城市、欲望和生活，上海：上海人民出版社，2007。

41. 李孝悌編，中國的城市生活，北京：新星出版社，2006。

42. 劉家慶，鴛鴦蝴蝶派研究，天津：延邊大學出版社，2001。

43. 劉家慶，鴛鴦蝴蝶派散論，天津：天津社會科學出版社，2005。

44. （美）劉禾，跨語際實踐：文學、民族與被譯介的現代性（中國：1900～1937），宋偉傑等譯，北京：生活·讀書·新知三聯書店，2002。

45. 劉紹銘等，再讀張愛玲，濟南：山東畫報出版社，2004。

46. 劉揚體，流變中的流派——「鴛鴦蝴蝶派」新論，北京：中國文聯出版公司，1997。

47. 劉揚體選評，鴛鴦蝴蝶派作品選評，成都：四川文藝出版社，1987。

48. 魯迅，魯迅全集，北京：人民文學出版社，1973。

49. （捷）米列娜編，從傳統到現代——19 至 20 世紀轉折時期的中國小說，伍曉明譯，北京：北京大學出版社，1997。

50. 孟悅，人·歷史·家園：文化批評三調，北京：人民文學出版社：2006。

51. （捷）普實克，普實克中國現代文學論文，李燕喬等譯，長沙：湖南文藝出版社，1987。

52. 時萌，晚清小說，上海：上海古籍出版社，1989。

53. （美）史書美，現代的誘惑：書寫半殖民中國的現代主義（1917～1937），何恬譯，南京：江蘇人民出版社，2007。

54. 水晶，替張愛玲補妝，濟南：山東畫報出版社，2004。

55. （美）孫康宜，抒情與描寫：六朝詩歌概論，鍾振振譯，上海：上海三聯書店，2006。

56. （美）王德威，被壓抑的現代性——晚清小說研究，宋偉傑譯，北京：北京大學出版社，2005。

57. （美）王德威，想像中國的方法：歷史·小說·敘事，北京：生活、讀書、新知三聯書店，2003。

58. （美）王德威，現代中國小說十講，上海：復旦大學出版社，2002。

59. （美）王德威編，落地麥子不死：張愛玲與「張派」傳人，濟南：山東畫報出版社，2004。

60. 王曉明主編，二十世紀中國文學史論（修訂版），北京：東方出版社，2000。

61. 王一川，中國現代性體驗的發生，北京：北京師範大學出版社，2001。

62. 魏紹昌編，鴛鴦蝴蝶派研究資料（史料部分），上海：上海文藝出版社，1984。

63. 魏紹昌，我看鴛鴦蝴蝶，香港：中華書局，1990。

64. 吳福輝，都市漩流中的海派小說，長沙：湖南教育出版社，1995。

64.（美）夏志清，中國現代小說史，劉紹銘等譯，上海：復旦大學出版社，2005。

66. 徐德明，中國現代小說雅俗流變與整合，社會科學文獻出版社，2000。

67. 楊聯芬，晚晴至五四：中國文學現代性的發生，北京：北京大學出版社，2003。

68. 楊澤編，閱讀張愛玲，桂林：廣西師範大學出版社，2003。

69. 袁進，鴛鴦蝴蝶派，上海：上海書店出版社，1994。

70. 袁進，中國小說的近代變革，北京：中國社會科學出版社，1992。

71.（美）張英進，中國現代文學與電影中的城市：空間、時間與性別構形，秦立彥譯，南京：江蘇人民出版社，2007。

72. 趙家璧主編，胡適編選，中國新文學大系·建設理論集（影印版），上海：上海文藝出版社，2003。

73. 趙家璧主編，鄭振鐸編選，中國新文學大系·文學論爭集（影印版），上海：上海文藝出版社，2003。

74. 趙孝萱，「鴛鴦蝴蝶派」新論，蘭州：蘭州大學出版社，2004。

三、研究論文

1. 陳平原，「通俗小說」在中國，舒乙、傅光明主編，在文學館聽講座：生命的對話，北京：中國社會科學出版社：2002。

2. 陳思和，20 世紀中國文學的世界性因素，中國當代文學關鍵詞十講，上海：復旦大學出版社，2003。

3. 陳思和，試論「五四」新文學運動的先鋒性，復旦學報，2005, 6。

4. 陳思和，「五四」文學：在先鋒性與大眾化之間，北京大學研究生學誌，2006, 2。

5. 龔鵬程，論鴛鴦蝴蝶派：民初的大眾通俗文學，文化、文學與美學，臺北：時報出版公司，1988。

6. 韓毓海，春花秋月何時了，往事知多少——鴛鴦蝴蝶派告訴我們什麼，作家，1996, 1。

7.（荷）賀麥曉，布狄厄的文學社會學思想，讀書，1996, 11。

8. （荷）賀麥曉，二十年代中國的「文學場」，學人，13。

9. 唐小兵，蝶魂花影惜紛飛，讀書，1993, 3。

10. 夏濟安，夏濟安對中國俗文學的看法，夏濟安選集，瀋陽：遼寧教育出版社，2001。

11. （美）夏志清，《玉梨魂》新論，聯合文學，1985，12。

12. （美）林培瑞，論一二十年代傳統樣式的都市通俗小說，賈植芳編，中國現代文學的主潮，上海：復旦大學出版社，1990。

13. （美）宇文所安，什麼是世界詩歌？，洪越譯，田曉菲校，新詩評論，2006，1。

14. （美）宇文所安，過去的終結：民國初年對文學史的重寫，他山的石頭記——宇文所安自選集，田曉菲譯，南京：江蘇人民出版社，2003。

15. （美）詹明信，處於跨國資本主義時代的第三世界文學，晚期資本主義的文化邏輯，北京：生活・讀書・新知三聯書店，1997。

16. 張松建，重繪現代主義的文化地圖——史書美《摩登的誘惑》評介，當代，2004, 3（199）。

17. 張松建，現代中國「文學場」的形塑——賀麥曉《文體問題》閱讀感言，世紀周刊（電子），2004, 4。